西南山区高速铁路建设工程技术研究丛书
四川省2019—2020年度重点图书出版规划项目

西南山区有砟轨道高速铁路沉降预测数学模型

王明慧　曹成度　张　桥　编著

西南交通大学出版社
·成　都·

内容简介

本书概述了预测理论研究的现状与发展趋势，以西南山区有砟轨道高速铁路为例，系统介绍了沉降预测模型的基本原理，以及各种沉降预测模型在工程实践中的应用。

本书适合高等院校路基工程、岩土工程专业的本科生、研究生学习参考，也可供高速铁路建设工程技术人员和管理人员参考。

图书在版编目（CIP）数据

西南山区有砟轨道高速铁路沉降预测数学模型／王明慧，曹成度，张桥编著. —成都：西南交通大学出版社，2021.12

ISBN 978-7-5643-8392-3

Ⅰ.①西… Ⅱ.①王… ②曹… ③张… Ⅲ.①山区铁路－高速铁路－轨道（铁路）－路基沉降－数学模型 Ⅳ.①U238

中国版本图书馆 CIP 数据核字（2021）第 232660 号

Xinan Shanqu Youzha Guidao Gaosu Tielu Chenjiang Yuce Shuxue Moxing

西南山区有砟轨道高速铁路沉降预测数学模型

王明慧　曹成度　张　桥　编著

出 版 人	王建琼
策 划 编 辑	王 旻
责 任 编 辑	王 旻
特 邀 编 辑	王玉珂
封 面 设 计	何东琳设计工作室
出 版 发 行	西南交通大学出版社 （四川省成都市金牛区二环路北一段 111 号 西南交通大学创新大厦 21 楼）
发 行 部 电 话	028-87600564　028-87600533
邮 政 编 码	610031
网　　　　址	http://www.xnjdcbs.com
印　　　　刷	四川煤田地质制图印刷厂
成 品 尺 寸	210 mm × 285 mm
印　　　　张	11
字　　　　数	220 千
版　　　　次	2021 年 12 月第 1 版
印　　　　次	2021 年 12 月第 1 次
书　　　　号	ISBN 978-7-5643-8392-3
定　　　　价	68.00 元

图书如有印装质量问题　本社负责退换

版权所有　盗版必究　举报电话：028-87600562

前 言

铁路是国民经济的大动脉，在国民经济中发挥着重大的作用。而高速铁路具有运能大、速度快、能耗省、污染小、占地少、安全性高、经济效益好等优点。世界上把新线设计速度达到 250 km/h 以上、既有线改造速度达到 200 km/h 的铁路统一定义为高速铁路。高速铁路是现代化铁路的重要标志，集中体现了当代高新技术的发展成果，代表着当今世界铁路的发展方向。我国已成为世界上高速铁路发展最快、系统技术最全、集成能力最强、运营里程最长、运营速度最高、在建规模最大的国家。近年来，铁路部门还紧密围绕高速铁路建设运营和技术装备现代化，深化关键技术创新，扩大技术创新成果，完善铁路技术创新体系，搞好技术成果的运用，开展铁路主要技术政策和技术规程的修订工作，以形成具有我国铁路特色的高速铁路技术标准体系。

高速铁路对轨道的平顺性提出了更高的要求，而路基是铁路线路工程的一个重要组成部分，是承受轨道结构重量和列车荷载的基础，它也是线路工程中最薄弱、最不稳定的环节。路基几何尺寸的不平顺，自然会引起轨道的几何不平顺，因此需要轨下基础有较高的稳定性和较小的永久变形，以确保列车高速、安全、平稳运行。由于软土特殊的工程性质和高速铁路路基的特点，在一般情况下，多数路段地基的强度与稳定性的处理难度都不大，不成为控制因素；给工程带来的主要难题是沉降变形及其各种处理措施条件下的固结问题，所以路基沉降变形问题是高速铁路设计中所要考虑的主控因素。

目前，计算沉降量与时间关系的方法有两大类。第一类为根据固结理论，结合各种土的本构模型，计算沉降量的各种有限元法；第二类为根据实测资料推算沉降量与时间关系的预测方法。

随着工程实践与科研工作的深入开展，第一类方法得到很大发展，相关人员提出了各种计算地基沉降的理论与方法。在这些方法中，有基于某些基本假设的理论公式，也有基于实测资料统计形成的经验公式。从学科发展的角度来说，采用严密的理论假设并通过先进的计算方法（如有限元程序等）来推算地基沉降的探索是我们应努力的方向，但要使这些新的理论研究达到推广应用的程度，还需要一个较长的过程。

第一类方法由于其分析方法是建立在小土样试验得到的应力-应变关系基础上的，这种试验在应力水平、加载速率、边界条件等方面，都和实际工程有很大差别，而且计算参数较多，一般又需通过三轴试验确定，而有些单位还不具备做三轴试验的条件，且不同的单位做出来的结果有较大的差别，加之压缩、固结理论自身的缺陷性，导致沉降计算得不准确性和地区差异性。相对而言，第二类方法以实测资料为依据，估算地基沉降的平均趋势，是一种实用价值比较高的方法。

重庆至万州铁路（也称渝万铁路客运专线）是西南山区第一条有砟轨道高速铁路，设计速度为 250 km/h。设计要求一般地段工后沉降不大于 10 cm，过渡段不大于 5 cm，年沉降速率不大于 3 cm。其路基分布为谷地相呈集窝状，地基处理形式有高压旋喷桩、多向搅拌桩、换填、CFG 桩、螺杆桩，下卧地层多为软质岩泥岩、泥质砂岩，受地下水影响容易软化和风化，桥隧及桥路、路隧过渡段多，沉降变形控制分析离散性大，不易进行综合性评价。如何确定相应的沉降变形评估参数，建立适用的分析模型，在施工过程中更为精确地对路基变形进行评估分析和控制，实现运营安全质量与效益，是该线建设的关键控制技术之一。

本书是在总结"西南山区有砟轨道高速铁路沉降预测数学模型研究"的基础上，经过修改、补充、整理而成，以渝万铁路客运专线为例，对高速铁路有砟轨道路基的沉降预测模型进行了系统的介绍，以期推动沉降预测技术的发展，有助于西南山区有砟轨道高速铁路线下工程沉降变形分析和评估工作。本书既有理论模型，又有实证分析，可作为高速铁路建设技术人员和高等院校相关专业本科生、研究生的参考用书。

参加课题研究的还有高玉明、陈林、毕立栋、绕雄、王作钰、张桥、蒋树平、李开兰等，他们为本书的完成提供了许多研究成果和实践经验。参加编写的还有王昊天、郑亚辉、齐华等，在此一并表示衷心的感谢。

在资料的收集、调研和写作过程中，作者得到了中铁第四勘测设计院集团有限公司、渝万铁路有限公司、西南交通大学等单位有关领导、专家和学者的大力支持和热忱帮助，谨向他们表示诚挚的谢意。

书中参阅了许多国内外著作、学术论文等文献资料，在此谨向文献的作者表示由衷的感谢。

由于作者水平有限，不妥之处敬请批评指正。

编著者

2021 年 5 月

目 录

1 绪 论 ··· 001
   1.1 沉降预测模型研究现状 ·· 001
   1.2 沉降预测模型分类 ·· 004
   1.3 沉降预测模型选择 ·· 004

2 双曲线模型 ·· 006
   2.1 基本原理 ··· 006
   2.2 实际应用 ··· 007

3 三点模型 ·· 016
   3.1 基本原理 ··· 016
   3.2 实际应用 ··· 017

4 抛物线模型 ·· 023
   4.1 基本原理 ··· 023
   4.2 实际应用 ··· 023

5 指数曲线模型 ·· 029
   5.1 基本原理 ··· 029
   5.2 实际应用 ··· 031

6 沉降速率模型 ·· 036
   6.1 基本原理 ··· 036
   6.2 实际应用 ··· 036

7 星野模型 ····· 042
7.1 基本原理 ····· 042
7.2 实际应用 ····· 043

8 Asaoka 模型 ····· 048
8.1 基本原理 ····· 048
8.2 实际应用 ····· 049

9 泊松曲线模型 ····· 054
9.1 基本原理 ····· 054
9.2 实际应用 ····· 055

10 灰色理论预测模型 ····· 060
10.1 基本原理 ····· 060
10.2 实际应用 ····· 065

11 人工神经网络 ····· 077
11.1 基本原理 ····· 077
11.2 实际应用 ····· 079

12 ARMA 模型 ····· 085
12.1 基本原理 ····· 085
12.2 实际应用 ····· 086

13	皮尔曲线模型	092
	13.1 基本原理	092
	13.2 实际应用	095

14	Sloboda 模型	101
	14.1 基本原理	101
	14.2 实际应用	101

15	朗格缪尔模型	107
	15.1 基本原理	107
	15.2 实际应用	107

16	Boltzmann 模型	113
	16.1 基本原理	113
	16.2 实际应用	113

17	Gompertz 模型	119
	17.1 基本原理	119
	17.2 实际应用	120

18	Kalman 滤波模型	125
	18.1 基本原理	125
	18.2 实际应用	126

19	幂指函数模型	131
	19.1 基本原理	131
	19.2 实际应用	133

20 对数曲线模型 ··· 138
　20.1　基本原理 ·· 138
　20.2　实际应用 ·· 138

21 Richards 模型 ··· 143
　21.1　基本原理 ·· 143
　21.2　实际应用 ·· 144

22 移动算数平均预测模型 ··· 149
　22.1　基本原理 ·· 149
　22.2　实际应用 ·· 150

23 Weibull 曲线模型 ·· 155
　23.1　基本原理 ·· 155
　23.2　实际应用 ·· 155

参考文献 ·· 161

1 绪 论

1.1 沉降预测模型研究现状

在沉降预测推算方面，著名的一维固结理论由 Terzaghi 在 1923 年提出。根据 Terzaghi 的一维固结理论，得到对于弹性土体的单向固结孔隙水压力解析解，也就是得到了反映孔隙水压力消散程度的固结度 U 与土体变形间的函数关系，所以土体压缩变形的过程符合指数曲线发展规律，沉降曲线也就拟合于指数曲线。《地基处理手册》《建筑地基处理技术规范》(JGJ 79—2002)，以及国内的一些文献均推荐采用指数曲线法。不过使用指数曲线法计算，起点宜选择在曲线变缓段，而且要求恒载一年以上，预报结果的最初一段和实际相差较大，如果在曲线后段选择计算起始点，推算出的最终沉降就较为接近实测值。

固结度对数配合法（三点法）是基于曾国熙提出的一维固结度方程 $U = 1 - \alpha e^{-\beta t}$ 推导而出的，其中 α、β 为与地基排水条件、地基土性质等有关的参数，从而导出公式 $S_t = (S_\infty - S_d) \cdot (1 - \alpha \cdot e^{-\beta t}) + S_d$，其中 S_∞ 为最终沉降，S_d 为瞬时沉降，地质沉降最后由 $s-t$ 算出。

经过一个工程实例的检验，魏汝龙（1993 年）认为软黏土压缩曲线的整个形状更符合双曲线。双曲线法是沉降变形计算方法中较为常用的方法之一，从沉降与时间曲线的后部取任意两点，就可以预测最终沉降以及任意时间的沉降变形。但是双曲线法同样存在一个局限性，即只能在沉降基本趋于稳定的曲线后段取点计算，如果在曲线前段应用便会出现较大偏差。国内的很多工程也采用了双曲线的沉降推算方法。也有不少学者以此为基础，在特定的工程条件下，改进了传统双曲线法：例如泊松双曲线法、修正双曲线法和复合双曲线法。复合双曲线法对于土的本构关系做了线弹性假设，这种假设对于推算以后有填土情况下的未来沉降会有一定的误差。

Asaoka（1978 年）将 Mikasa 在一维固结状态下用体积应变来表示的固结方程，表示为一个含有待定系数的级数形式的微分方程，利用已有的沉降观测资料求出这些待定系数，然后根据这些系数带回原方程来预估总沉降量，即 Asaoka 法，也称为浅冈法。但是 Asaoka 法及泊松曲线法只能在数据是等时间距的条件下使用，然而工程实际中的观测数据很难满足这一要求。

另外，根据实测的沉降数据发展变化的特点，国内外学者也提出了一些其他的沉降推算方法。邓聚龙（1982 年）提出了灰色预测模型 GM（1，1），其基本思想是在一定程度上对无规则的数据序列做变缓，得到比较有规律的序列，从而可以比较准确地用曲线逼近，其实质就是将指数函数作为拟合函数，对等时间距沉降数据序列进行拟合。GM（1，1）只能描述单调的变化过程，要求沉降数据必须等时间距数据，如荷载突然变化，则所建立模型精度可能就会达不到较为理想的效果。对于实测时间较短，要求推算的日期较短时，用灰色系统理论更为合适。

目前国内对基于实测数据的沉降预测方法已经开展了很多相关方面的研究：

陈善雄、王星运等基于武广高速铁路路基沉降量级小、数据相对波动大的实测数据，探讨了指数曲线法对无轨道路基沉降预测的适用性，并把三点法的思想引入指数曲线模型，对指数曲线法进行了优化和改进，而且分析了3点修正的指数曲线模型的特性。

罗浩、马建林等根据北京环线特大桥的沉降观测数据提出了"变形过程指数法"。该方法在预测模型中加入了荷载变化，以及与土层性质、桩基布置、施工方法和工艺等有关的参数 α，并且讨论该新模型的特性以及变形指数 α 的建议取值。

高燕希、莫志兵等根据湖南省岳阳市城陵矶（松阳湖）进港道路工程，针对该工程软土地区的沉降数据进行分析，对指数曲线法进行了优化，并讨论了3点的取值不同对最后预测结果的影响。总结并提出，对于该工程，选取3点的时间越晚，时间跨度越大，拟合精度就越高，预测结果也就越准确。

杨涛、李国维等针对在软土中采用分级施工方法修筑的路基，在传统的双曲线沉降预测方法的基础上提出了新的双曲线预测模型，新模型考虑了土体变形的非线性和固结性随荷载的变化。即将沉降拟合方程中的两个待定参数分别在两个不同荷载级中确定，利用有较长预压期的前一级实测沉降，确定与土的固结性质有关的参数，待预测沉降荷载级的最终沉降量由该级较短预压期内实测沉降量确定。

王星运、陈善雄等以某铁路客运专线施工现场观测数据为依据，针对高速铁路路基小变形的特点，对双曲线法、三点法、指数曲线法和Asaoka法这4种方法在小变形路基情况下的适用性进行了研究，并探论了这4种方法选取不同时间起点和样本值的起止时间间隔对相关系数的影响，且验算后期观测值的预测效果，研究表明：数据的波动会造成指数曲线法无法计算；沉降数据波动较小时，双曲线法、三点法、Asaoka法的拟合效果均较好；当沉降数据波动较大时，仅三点法、Asaoka法的拟合效果较好，双曲线法较差。

许小健、李士奎等提出对软土地基沉降预测Gompertz曲线的参数拟合是一个非线性优化问题，如果对其参数采用传统方法进行估计，会给最终估计的结果带来很大误差，因此，应用改进的差分进化算法（AADE算法）对沉降预测Gompertz曲线模型的参数进行优化拟合，大大提高了计算的速度、精度及通用性。

王志亮、黄景忠等基于直线最小二乘法和抛物线插值法编制了Asaoka法预测地基最终沉降的程序，并探讨了时间间隔 Δt 对Asaoka法的预测结果及其相关指标的影响，同时还给出了 Δt 的建议取值范围。

彭满红、徐许杭探讨了应用 Asaoka 法进行越级预测的方法，进而提出了该法图解中每级荷载下沉降数据对应的直线在纵坐标轴上截距与路堤高度之间的近似关系，并且结合某工程实例进行研究，得到令人满意的结果精度。

张成良、刘小泉采用江苏沿江高速公路常熟段的沉降观测资料，系统地对 Asaoka 法从理论基础到沉降递推结果进行分析，并利用三次样条插值法来处理非等时间间隔的沉降数据，结果表明这种处理方法是可行的。

李洪然、张阿根等在传统 GM(1,1) 灰色模型的基础上引入了参数累积估计方法来代替最小二乘法，从而构建了参数累计估计的灰色沉降预测模型。并以上海地面沉降的观测数据为依据，证实了模型的可行性，预测结果给出了上海沉降的发展趋势，为地面沉降的合理防治提供了帮助。

常方强、涂帆等以福建泉州大坪山隧道连接线道路工程为依托，通过对沉降数据及 Verhulst 预测模型的分析，得出该模型有效削弱原始数据中不规则数据随机性的影响，具有很强的适应性。尽管施工期的预测值与实测值有一定差距，但随着时间的增长，二者逐步接近，因此该模型可用于最终沉降的预测。

李宗坤、乔小琴等针对传统 GM(1,1) 模型的不足，分别从提高原始序列的光滑度、优化背景值、优化时间响应函数三方面对其进行了改进，建立了一种新的 GM(1,1) 模型，并将改进了的模型应用于大坝沉降预测中，结果显示，新的 GM(1,1) 模型拟合预测精度明显高于传统模型。

杜颜良、姬来等以京津城际客运专线沉降数据为基础，分别采用传统灰色系统和修正灰色预测模型对试验段的铁路路基进行沉降预测，研究结果表明：一方面，因为修正灰色预测模型对原始资料中已有信息的利用更加充分，所以，模型的精度更高；另一方面，修正灰色预测模型突破了传统灰色预测模型等间隔时序系统的限制，拓宽了模型在实际预测中的适用范围。因此，在实际应用中，推荐采用修正的非等时距灰色预测模型。

蔡君君、王星华将灰色理论应用到桥梁群桩基础的工后沉降预测当中。通过应用等时距 GM(1,1) 模型及改进的新陈代谢模型对沉降进行预测，再与蕴藻浜特大桥一墩的沉降观测资料的对比分析，证明文中提出的工后沉降灰色理论预测方法，在工程实际中是可行的。

总体上在沉降预测方面存在以下不足：目前沉降预测模型较多，但由于推导公式假设条件有所不同，或因地基土的物理力学性质不同，因而，各种推算方法对于某一地区的适用程度也不一样，需要结合具体工程项目中沉降变形的特点，选择合适的预测方法进行沉降预测分析。此外，高速铁路沉降曲线具有"小量级、大波动"特性，而目前国内外对于沉降预测方法的研究大多针对沉降变形量较大的数据进行分析，而关于量级小、相对波动大情形下的沉降预测方法的研究甚少，对于高速铁路而言，缺乏相关的经验。

因此，需要结合高速铁路线下工程的结构特征、地质特征以及沉降变形量级小、数据相对波动大等特点，对沉降预测方法进行系统分析和选择，得到稳定性好、精度高、操作方便的预测方法。

1.2 沉降预测模型分类

目前，高速铁路路基工后沉降值的主要计算方法的基本思路是：通过分析地基现场前期实测的沉降数据，预测沉降发展的规律，推算后期工后沉降量，并由此指导现场的施工。基于这种思路的沉降预测方法大致可分为 3 类（见表 1.1）：一是曲线拟合法，这类方法一般是用简单函数来拟合沉降的发展规律，有些方法有一定的理论基础，如双曲线法、指数曲线法、星野法、三点法、Asaoka 算法（浅岗法）、沉降速率法等；二是系统理论法，如灰色系统理论法、神经网络法等；三是数值分析法，这类方法一般是先建立有限元法模型，然后反演计算参数，最后正演预测后期沉降。这 3 类方法中第一类方法在工程中运用相当广泛，例如拓展双曲线就在德国相关工程中得到过成功的运用。

表 1.1 沉降预测方法分类

分 类	预测方法
曲线拟合法	双曲线法、指数曲线法、星野法、三点法、Asaoka 算法（浅岗法）、沉降速率法等
系统理论法	灰色系统理论法、神经网络法等
数值分析法	参数反演法

1.3 沉降预测模型选择

铁路的沉降观测是验证设计与指导施工的重要手段，以沉降观测数据为基础进行分析，选择适当的沉降预测方法，可以推算地基的最终沉降量，确定铺筑路面的时间。但由于沉降受多种因素的影响，所以在沉降观测资料的分析工作中，很难找到一种适合各种情况的完善方法来确定沉降量，往往需要采用多种不同的方法来分析实测沉降观测资料，并根据多种方法得出的结果进行分析比较，以最终确定采用哪种方法。而不同的方法有不同的要求，在合理选择沉降预测方法的同时还应充分考虑各沉降预测方法的适用性。现有规范推荐的方法有双曲线模型、指数曲线模型、三点模型、沉降速率模型等；常用的还有 Asaoka 模型、GM（1，1）灰色模型、Gompertz 模型、皮尔曲线模型、Weibull 曲线模型、人工神经网络模型等。这些方法中大都有各自的适用性，对实测沉降数据都有一定的要求。沉降预测模型的适用性如表 1.2 所示。

表1.2 沉降预测模型的适用性

预测模型	对实测数据的要求	是否包含次固结
双曲线模型	恒载期沉降数据	是
Gompertz 模型	全沉降曲线	是
Pearl 曲线模型	全沉降曲线	是
Weibull 曲线模型	全沉降曲线	是
指数曲线模型	需沉降曲线拐点数据	是
Asaoka 模型	等时距，恒载期	否
GM（1，1）灰色模型	等时距，恒载期	否
三点模型	恒载期沉降数据，三个数据点等时距	否
沉降速率模型	自加载起的所有加荷及沉降数据	否
神经网络模型	等时距（处理）	是
Boltzmann 模型	全沉降曲线	是
Richards 模型	全沉降曲线	是
泊松曲线模型	静压期观测，等时距	否

2 双曲线模型

2.1 基本原理

曲线拟合，是选择一条适当的连续曲线拟合离散观测数据 (x_i, y_i)，从而得到 y 关于 x 的近似函数 $y = f(x)$。在沉降预测过程中，y 则表示沉降量，x 表示沉降时间，根据任意时间点即可求得预测沉降量，该公式代表了随着沉降时间的变化，沉降量随之变化的沉降规律。

双曲线法是曲线拟合法的一种，是指沉降量的变化与沉降时间呈双曲线形式，当沉降量逐渐趋于稳定时，双曲线的末端延长至某一相对固定值，以此来推算到达某个时间点取最终沉降量。双曲线法的基本方程为

$$S_t = S_0 + \frac{t - t_0}{\alpha + \beta(t - t_0)} \tag{2-1}$$

式中：S_t 为任意时刻 t 的沉降量；S_0 为时刻 t_0 的沉降量；α、β 为待定系数。当 $t \to \infty$ 时，即 $(t - t_0) \to \infty$，则由公式（2-1）可得出最终的沉降量

$$S_\infty = \lim_{t \to \infty} S_t = S_0 + \lim_{t \to \infty} \frac{t - t_0}{\alpha + \beta(t - t_0)} = S_0 + \lim_{t \to \infty} \frac{1}{\frac{\alpha}{(t - t_0)} + \beta} = S_0 + \frac{1}{\beta} \tag{2-2}$$

式中：S_∞ 为最终沉降量；S_0 为时刻 t_0 的沉降量。

公式（2-1）、（2-2）中都存在待定系数 α、β，因此，利用双曲线法预测沉降量就要先求解待定系数 α、β。为了求解待定系数 α、β，将公式（2-1）改写为

$$\frac{\Delta t}{\Delta S} = \frac{t - t_0}{S_t - S_0} = \alpha + \beta(t - t_0) = \alpha + \beta \Delta t \tag{2-3}$$

由公式（2-3）可知，待定系数 α、β 分别为 $\frac{\Delta t}{\Delta S}$ 与 Δt 直线方程图中的截距和斜率。因此，可通过已知的实测沉降数据作图求解待定系数 α、β，再代入公式（2-1）就可以求解任意时刻 t 的沉降量 S_t。此外，由公式（2-2）可知，最终沉降量与待定系数 α 无关，只由选择的初始时刻的沉降量 S_0 和待定系数 β 共同决定，常取 $t_0 = 0$，则有 $S_0 = 0$，此时最终沉降量由待定系数 β 决定。

2.2 实际应用

为了对各模型的建模精度进行比较，本节从工程实际出发，从重庆至万州铁路（简称"渝万铁路"）中抽取了3段典型路基为例进行分析，其施工里程分别为DK84+920~DK85+760、DK169+737~DK171+031、DK180+418~DK181+126，其中DK84+920~DK85+760段路基在施工过程中进行了加固和防护措施（包含对基地增加土工格栅、水泥搅拌桩或多向水泥搅拌桩），后两段路基填土高度5~7 m，为本线路路基填筑高度较高段，3段路基填筑完成后观测最短周期已达6个月，观测频次满足设计及相关文件要求。

2.2.1 DK84+920~DK85+760段

DK84+920~DK85+760段地质情况为：背斜成条状中低山，向斜成宽缓低山丘陵谷地，构造线与山脊一致，呈北东向展布，丘陵区内，地形起伏较小，条状低山区内，地形起伏较大，地势陡峻。此段主要地质问题有：顺层、岩溶、岩溶水、煤层瓦斯和采空区、软土、松软土等。沿线不良地质主要有：地震区（及活动性断裂）、滑坡、溜坍、危岩落石、岩堆、岩溶、岩溶水、泥石流、断层破碎带、顺层、浅层天然气、泥岩风化剥落、人工填土等。从中选取测点0085500G1、0085500G2和0085500L1进行所得数据统计，观测时间从2014年12月29日开始，到2015年8月1日为止。观测时间及沉降数据如表2.1、表2.2和表2.3所示。

表2.1 0085500G1观测时间及沉降量

观测期次	1	2	3	4	5	6	7	8
天数/d	0	3	6	9	12	15	18	21
沉降量/mm	0.00	0.76	1.49	2.31	3.07	3.65	4.26	4.55
观测期次	9	10	11	12	13	14	15	16
天数/d	24	29	34	39	44	49	64	69
沉降量/mm	5.33	5.81	6.22	6.50	6.82	7.10	6.75	7.05
观测期次	17	18	19	20	21	22	23	24
天数/d	74	79	84	89	103	117	131	145
沉降量/mm	6.83	7.02	6.74	7.16	6.98	6.85	7.03	6.84
观测期次	25	26	27	28	29			
天数/d	159	173	187	201	215			
沉降量/mm	6.96	6.82	6.97	6.72	6.94			

表 2.2 0085500G2 观测时间及沉降量

观测期次	1	2	3	4	5	6	7	8
天数/d	0	3	6	9	12	15	18	21
沉降量/mm	0.00	0.81	1.61	2.42	3.26	3.88	4.41	4.85
观测期次	9	10	11	12	13	14	15	16
天数/d	24	29	34	39	44	49	64	69
沉降量/mm	5.56	5.93	6.42	6.66	6.99	7.32	6.89	7.23
观测期次	17	18	19	20	21	22	23	24
天数/d	74	79	84	89	103	117	131	145
沉降量/mm	7.46	7.30	7.46	7.33	7.39	7.76	7.38	7.61
观测期次	25	26	27	28	29			
天数/d	159	173	187	201	215			
沉降量/mm	7.25	7.55	7.30	7.58	7.21			

表 2.3 0085500L1 观测时间及沉降量

观测期次	1	2	3	4	5	6	7	8
天数/d	0	3	6	9	12	15	18	21
沉降量/mm	0.00	0.68	1.13	1.64	2.20	2.57	3.04	3.30
观测期次	9	10	11	12	13	14	15	16
天数/d	24	29	34	39	44	49	64	69
沉降量/mm	4.07	4.39	4.75	5.14	5.41	5.64	5.78	5.63
观测期次	17	18	19	20	21	22	23	24
天数/d	74	79	84	89	103	117	131	145
沉降量/mm	5.40	5.63	5.30	5.77	5.58	5.41	5.65	5.41
观测期次	25	26	27	28	29			
天数/d	159	173	187	201	215			
沉降量/mm	5.68	5.58	5.76	5.55	5.67			

以沉降数据作为样本值进行模型建模，模型的实测结果与预测结果如图 2.1～图 2.3 所示，沉降预测成果如表 2.4 所示。

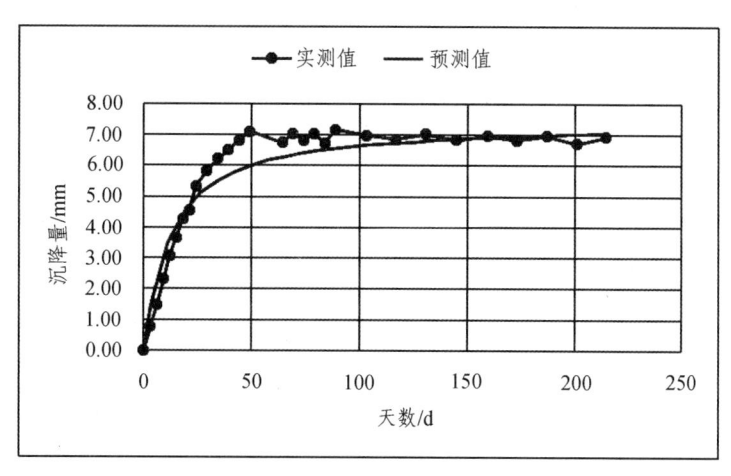

图 2.1 双曲线模型在 0085500G1 的实测曲线与预测曲线对比图

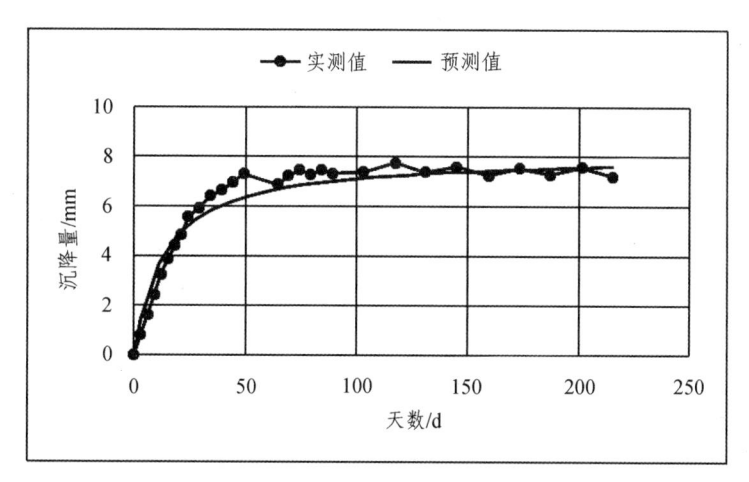

图 2.2 双曲线模型在 0085500G2 的实测曲线与预测曲线对比图

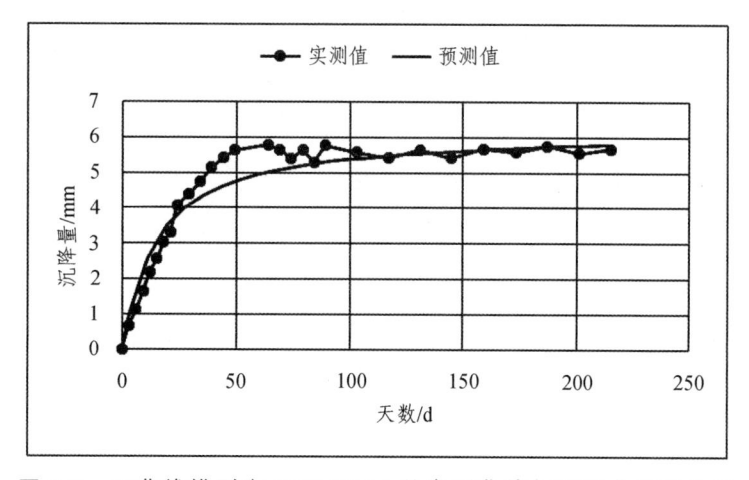

图 2.3 双曲线模型在 0085500L1 的实测曲线与预测曲线对比图

表 2.4　DK84+920~DK85+760 段沉降预测成果表

测点编号	实测总沉降量/mm	预测模型	预测工后沉降量/mm	相关系数	S_t/S_∞
0085500G1	6.94	双曲线模型	0.51	0.972	0.930
0085500G2	7.21	双曲线模型	0.86	0.980	0.890
0085500L1	5.67	双曲线模型	0.51	0.970	0.920

2.2.2　DK169+737~DK171+031 段

DK169+737~DK171+031 段地质情况为：背斜成条状中低山，地势陡峻，向斜成平状低山区，深切沟谷处砂岩多形成陡崖，地形起伏较小。沿线主要地质问题有：顺层、软土、松软土、泥岩风化剥落等。沿线主要的特殊岩土为：人工弃土、软土、松软土等。从中选取测点 0170495L2、0170900L2 和 0171031L2 进行所得数据统计，其中，0170495L2 和 0170900L2 的观测时间从 2015 年 3 月 17 日开始，到 2015 年 12 月 8 日为止，0171031L2 的观测时间从 2015 年 3 月 29 日开始，到 2015 年 12 月 8 日为止。观测时间间隔及沉降数据如表 2.5、表 2.6 和表 2.7 所示。

表 2.5　0170495L2 观测时间及沉降量

观测期次	1	2	3	4	5	6	7	8
天数/d	0	1	2	3	4	5	12	14
沉降量/mm	0.00	0.89	1.62	2.82	2.89	3.90	5.01	6.77
观测期次	9	10	11	12	13	14	15	16
天数/d	28	31	32	33	34	36	37	44
沉降量/mm	7.58	8.39	8.73	8.90	9.02	8.83	9.25	10.12
观测期次	17	18	19	20	21	22	23	24
天数/d	47	51	54	57	64	71	78	85
沉降量/mm	10.37	10.80	10.30	10.77	10.62	10.57	10.89	10.37
观测期次	25	26	27	28	29	30	31	32
天数/d	92	99	106	113	128	144	159	175
沉降量/mm	10.26	10.73	10.53	10.21	10.30	10.76	10.16	10.63
观测期次	33	34	35					
天数/d	205	236	266					
沉降量/mm	10.39	10.74	10.40					

表 2.6　0170900L2 观测时间及沉降量

观测期次	1	2	3	4	5	6	7	8
天数/d	0	1	2	3	4	5	12	13
沉降量/mm	0.00	0.81	1.51	3.28	3.40	4.47	5.99	7.88
观测期次	9	10	11	12	13	14	15	16
天数/d	14	15	18	22	24	26	31	32
沉降量/mm	9.18	8.83	8.74	9.19	9.90	9.47	10.21	10.29
观测期次	17	18	19	20	21	22	23	24
天数/d	33	34	36	37	44	47	51	54
沉降量/mm	10.61	10.69	10.88	11.21	11.37	11.66	11.80	11.59
观测期次	25	26	27	28	29	30	31	32
天数/d	57	64	71	78	85	92	99	106
沉降量/mm	12.00	11.73	11.60	11.79	11.65	11.61	11.75	11.76
观测期次	33	34	35	36	37	38	39	40
天数/d	113	128	144	159	175	205	236	266
沉降量/mm	11.55	11.60	11.80	11.57	11.76	11.66	11.93	11.67

表 2.7　0171031L2 观测时间及沉降量

观测期次	1	2	3	4	5	6	7	8
天数/d	0	1	2	3	6	10	12	14
沉降量/mm	0.00	1.24	2.20	2.76	2.60	2.53	3.62	3.45
观测期次	9	10	11	12	13	14	15	16
天数/d	19	20	21	22	24	25	32	35
沉降量/mm	4.06	4.13	4.16	4.49	4.66	4.97	5.16	5.36
观测期次	17	18	19	20	21	22	23	24
天数/d	39	42	45	52	59	66	73	80
沉降量/mm	5.49	5.29	5.66	5.49	5.34	5.45	5.37	5.35
观测期次	25	26	27	28	29	30	31	32
天数/d	87	94	101	116	132	147	163	193
沉降量/mm	5.40	5.44	5.32	5.34	5.43	5.32	5.41	5.37
观测期次	33	34						
天数/d	224	254						
沉降量/mm	5.56	5.37						

以沉降数据作为样本值进行模型建模，模型的实测结果与预测结果如图 2.4～图 2.6 所示，沉降预测成果如表 2.8 所示。

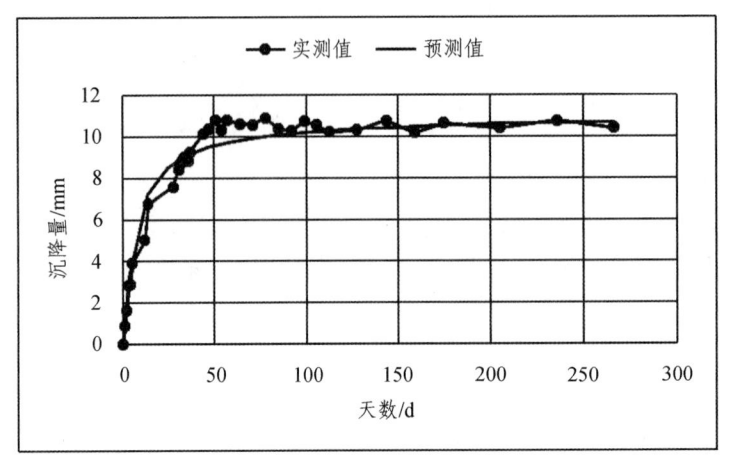

图 2.4 双曲线模型在 0170495L2 的实测曲线与预测曲线对比图

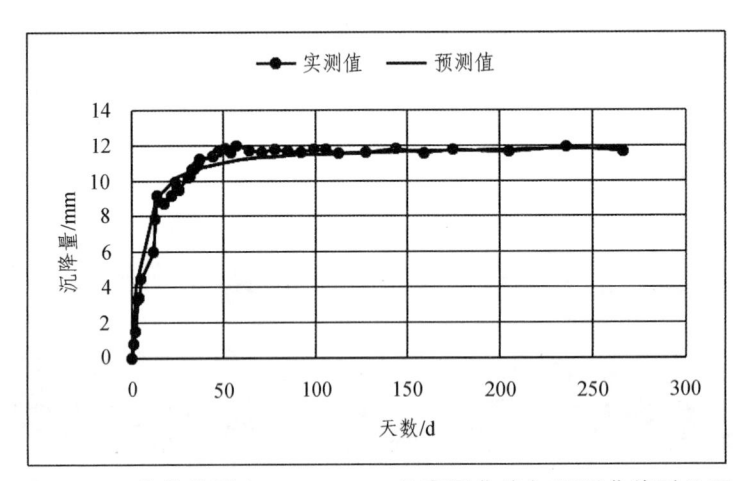

图 2.5 双曲线模型在 0170900L2 的实测曲线与预测曲线对比图

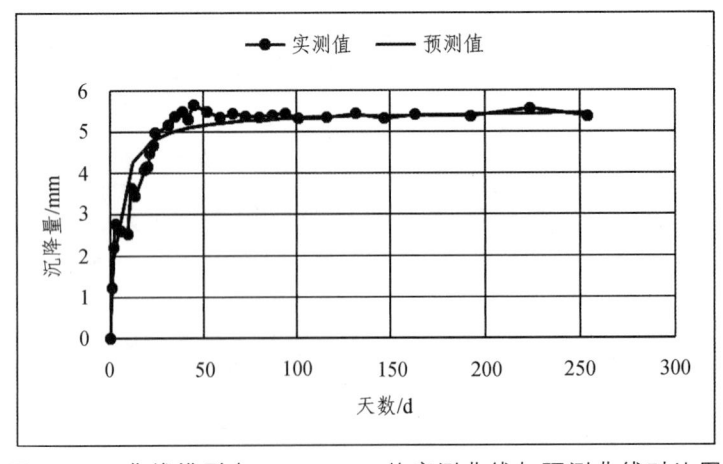

图 2.6 双曲线模型在 0171031L2 的实测曲线与预测曲线对比图

表 2.8 DK169+737~DK171+031 段沉降预测成果表

测点编号	实测总沉降量/mm	预测模型	预测工后沉降量/mm	相关系数	S_t/S_∞
0170495L2	10.40	双曲线模型	0.52	0.755	0.950
0170900L2	11.67	双曲线模型	0.27	0.858	0.970
0171031L2	5.37	双曲线模型	0.14	0.853	0.970

2.2.3 DK180+418~DK181+126 段

DK180+418~DK181+126 段地质情况为：背斜成条状中低山，地势陡峻，向斜成平状低山区，深切沟谷处砂岩多形成陡崖，地形起伏较小。沿线主要地质问题有：顺层、软土、松软土、泥岩风化剥落等；沿线主要的特殊岩土为：人工弃土、软土、松软土等。从中选取测点 0180418G1、0180418G2 和 0180495G1 进行所得数据统计，观测时间从 2015 年 3 月 22 日开始，到 2015 年 12 月 26 日为止。观测时间间隔及沉降数据如表 2.9、表 2.10 和表 2.11 所示。

表 2.9 0180418G1 观测时间及沉降量

观测期次	1	2	3	4	5	6	7	8
天数/d	0	1	3	5	9	13	16	20
沉降量/mm	0.00	−0.44	1.16	1.62	1.82	2.33	3.30	3.15
观测期次	9	10	11	12	13	14	15	16
天数/d	23	27	30	35	50	65	80	96
沉降量/mm	4.42	4.61	4.17	4.79	3.94	5.64	5.26	5.64
观测期次	17	18	19	20	21	22		
天数/d	126	157	188	218	249	279		
沉降量/mm	4.67	5.53	4.58	5.48	5.80	4.75		

表 2.10 0180418G2 观测时间及沉降量

观测期次	1	2	3	4	5	6	7	8
天数/d	0	1	3	5	9	13	16	20
沉降量/mm	0.00	−0.31	1.05	1.52	1.83	2.33	3.30	2.97
观测期次	9	10	11	12	13	14	15	16
天数/d	23	27	30	35	50	65	80	96
沉降量/mm	3.81	4.07	3.66	4.30	3.57	5.15	4.77	5.15
观测期次	17	18	19	20	21	22		
天数/d	126	157	188	218	249	279		
沉降量/mm	4.02	5.29	4.36	5.00	5.69	4.04		

表 2.11　0180495G1 观测时间及沉降量

观测期次	1	2	3	4	5	6	7	8
天数/d	0	1	3	5	9	13	16	20
沉降量/mm	0.00	0.23	1.58	2.65	2.58	3.57	4.54	4.35
观测期次	9	10	11	12	13	14	15	16
天数/d	23	27	30	35	50	65	80	96
沉降量/mm	5.75	6.20	5.84	6.73	6.45	7.18	6.88	7.18
观测期次	17	18	19	20	21	22		
天数/d	126	157	188	218	249	279		
沉降量/mm	6.28	7.34	6.45	7.17	7.64	6.55		

以沉降数据作为样本值进行模型建模，模型的实测结果与预测结果如图 2.7~图 2.9 所示，沉降预测成果如表 2.12 所示。

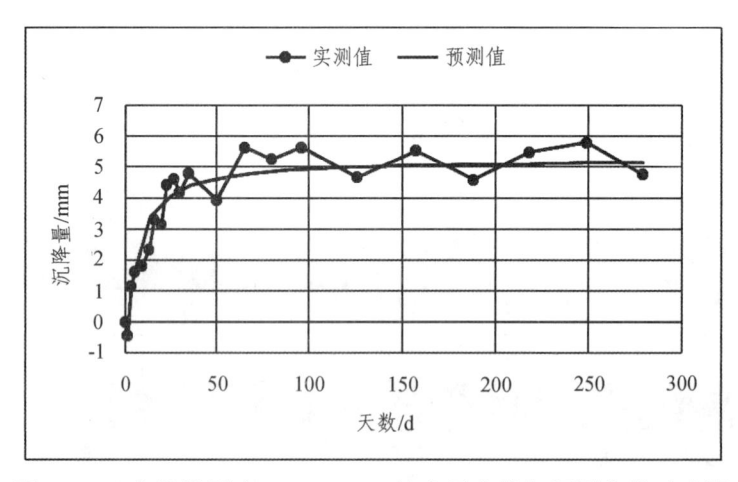

图 2.7　双曲线模型在 0180418G1 的实测曲线与预测曲线对比图

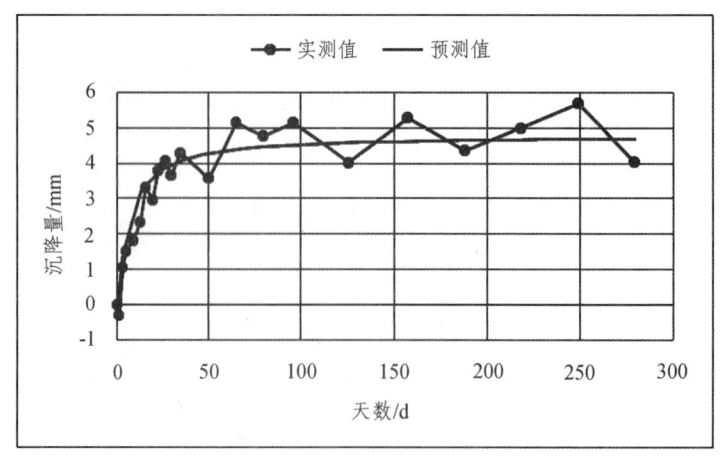

图 2.8　双曲线模型在 0180418G2 的实测曲线与预测曲线对比图

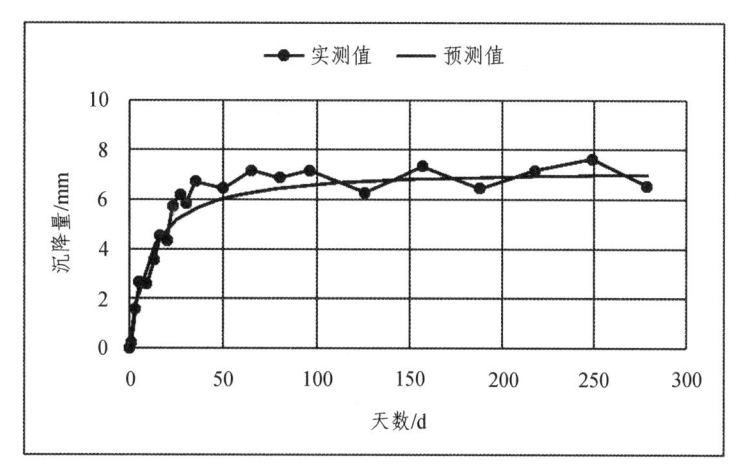

图 2.9 双曲线模型在 0180495G1 的实测曲线与预测曲线对比图

表 2.12 DK180+418~DK181+126 段沉降预测成果表

测点编号	实测总沉降量/mm	预测模型	预测工后沉降量/mm	相关系数	S_t/S_∞
0180418G1	4.75	双曲线模型	0.58	0.954	0.890
0180418G2	4.04	双曲线模型	0.78	0.945	0.840
0180495G1	6.55	双曲线模型	0.76	0.967	0.900

通过运用双曲线模型对渝万铁路实测沉降数据的分析，得到以下结论：

（1）从图 2.1~图 2.9 可以看出，双曲线模型均能大体反映出沉降趋势。但在不同的路基段拟合效果不同，如在 DK180+418~DK181+126 段，实测数据波动较大，预测曲线的拟合效果较差。

（2）从表 2.4、表 2.12 可以得出，DK84+920~DK85+760 段、DK180+418~DK181+126 段中实测沉降量与预测沉降量的相关系数较高，均大于 0.92，达到了《客运专线铁路变形观测评估技术手册》中的要求。而由表 2.8 可得，路基段 DK169+737~DK171+031 段相关系数较低，均小于 0.92。S_t/S_∞ 的值均大于 0.75，说明主要沉降已经完成。

综合以上分析，当数据波动较大时，双曲线模型预测结果和实测沉降量的相关系数较高，但拟合效果较差。当实测数据波动较小时，相关系数较低。故对于渝万高速铁路量级小、波动大的观测数据的适用性较差，稳定性较差。

3 三点模型

3.1 基本原理

"三点法"预测模型是根据土力学的相关理论知识,确定桥梁地基土体固结沉降量与时间的关系,再用这一关系组合表达式来拟合沉降观测曲线,最终通过这个拟合后的曲线来预测沉降量的一种方法。

三点法由于其具有计算简便、预测精度较高等优点,因而在拟合具有 3 个未知参数的曲线趋势预测模型时,人们比较喜欢采用三点法。传统三点法可以用来估计二次抛物线趋势预测模型、修正指数曲线趋势预测模型、罗吉斯缔曲线趋势预测模型和龚珀兹曲线趋势预测模型的参数。用三点法来估计这些曲线预测模型的参数,其基本思想是:在这些曲线上选取 3 个代表点来求该模型的 3 个参数估计值。而这 3 个点的选取原则一般是:当时间序列的总项数 $n \geqslant 15$ 时,在序列的首尾和正中各取五项数据,求出 3 个加权平均数,权数由近及远分别取 5、4、3、2、1,用以加重近期信息在平均数中的比重。这 3 个加权平均数就作为这一曲线的纵坐标。若 $12 \leqslant n < 15$ 时,则在序列初、中、近期各取 4 项求出 3 个加权平均数,权数由近及远分别是 4、3、2、1;若 $9 \leqslant n < 12$ 时,则取 3 项数据,相应的权数由近及远改为 3、2、1。但有时为了计算的方便起见,3 个点的坐标仅采用简单算术平均数。同时为了保证这 3 个点所包含的期数相同,时间序列的总项数应为奇数,如为偶数,则可考虑删去最早的一项。

在任意时刻 $t(t \geqslant t_0)$,主固结沉降量为

$$S_1(t) = \overline{U}_1 \cdot S_t \tag{3-1}$$

式中,$\overline{U}_1$ 为 t 时刻地基的平均固结度。曾国熙(1959 年)建议地基不同条件下的固结度计算可用一个普遍表达式表示为

$$\overline{U}_1 = 1 - A \cdot e^{-Bt} \tag{3-2}$$

式中,A、B 为待定系数。

将式(3-2)代入式(3-1)得

$$S_1(t) = S_1(1 - A e^{-Bt}) \tag{3-3}$$

式(3-3)中,有 A、B、S_1 3 个未知数,从实测的早期 s-t 曲线上选择荷载停止施加以后的 3 个时间 t_1、t_2、t_3,其中,t_3 应尽可能与曲线末端接近,时间差 (t_1-t_2) 和 (t_2-t_3) 必须相等且尽量大些

$$\left.\begin{aligned}S_1 &= \frac{S_1(t_3)[S_1(t_2)-S_1(t_1)] - S_1(t_2)[S_1(t_3)-S_1(t_2)]}{[S_1(t_2)-S_1(t_1)] - [S_1(t_3)-S_1(t_2)]} \\ B &= \frac{1}{t_2-t_1}\ln\frac{S_1(t_2)-S_1(t_1)}{S_1(t_3)-S_1(t_2)} \\ A &= e^{b_1}\left(1-\frac{S_1(t)}{S_1}\right)\end{aligned}\right\} \quad (3\text{-}4)$$

对于 A，一般也可采用一维固结理论的近似值，即 $A = 8/\pi^2$。

采用三点法推算最终沉降量，一般要求观测资料持续时间较长，实测沉降曲线基本处于收敛阶段才可进行。在计算时尽可能取较长的时间段，并应根据实际情况，多取几个不同的时间段来分别计算，最后取其平均值作为推算的最终沉降值。

综上预测模型的表达式可以发现，表达式中含有 3 个未知的参数，因此至少在沉降曲线上选取 3 个点，将这些点的坐标代入组成的方程组中，解算之后即可得出未知参数的值，最终得到任意时刻预测模型的完整表达式。

与传统的桥梁沉降预测模型相比，三点法预测模型有以下几方面的特点：

（1）与传统的预测模型相比较，三点法预测模型简单易掌握。从以上的论述不难看出，三点法只要选取观测曲线上的任意 3 个点就可以得出完整的预测表达式，可以直接参与桥梁沉降的预测工作。

（2）与传统的预测模型比较，三点法预测模型需要数据量小，但是可靠性更高。如上面所述，只需选取 3 组数据既可以完成预测模型的表达式；但是数据少的同时仍然具有较高的可靠性，因为三点法预测模型本身应用土体固结相关理论进行拟合，因此对沉降体沉降的发展趋势大致进行把握，仅需较少的数据进行建模和精度验证，就可以保证预测的可靠性。

3.2 实际应用

如前所述，为了对各模型的建模精度进行比较，本节从工程实际出发，从渝万铁路中抽取了 3 段典型路基为例进行分析，其施工里程分别为 DK84+920~DK85+760、DK169+737~DK171+031、DK180+418~DK181+126，其中 DK84+920~DK85+760 段路基在施工过程中进行了加固和防护措施（包含对基地增加土工格栅、水泥搅拌桩或多向水泥搅拌桩），后两段路基填土高度 5~7 m，为本线路路基填筑高度较高段，3 段路基填筑完成后观测最短周期的已达 6 个月，观测频次满足设计及相关文件要求。

3.2.1 DK84+920~DK85+760 段

DK84+920~DK85+760 段地质情况与第 2.2 节所述相同。从中选取测点 0085500G1、

0085500G2 和 0085500L1 进行所得数据统计，观测时间从 2014 年 12 月 29 日开始，到 2015 年 8 月 1 日为止。观测时间间隔及实测沉降数据见第 2 章。

以沉降数据作为样本值进行模型建模，模型的实测结果与预测结果如图 3.1～图 3.3 所示，沉降预测成果如表 3.1 所示。

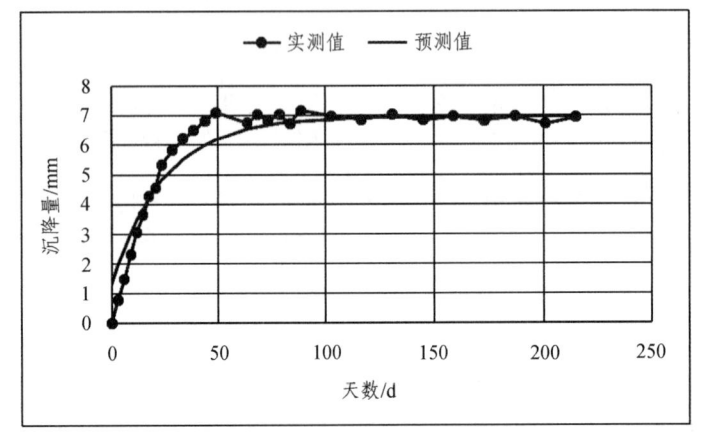

图 3.1　三点模型在 0085500G1 的实测曲线与预测曲线对比图

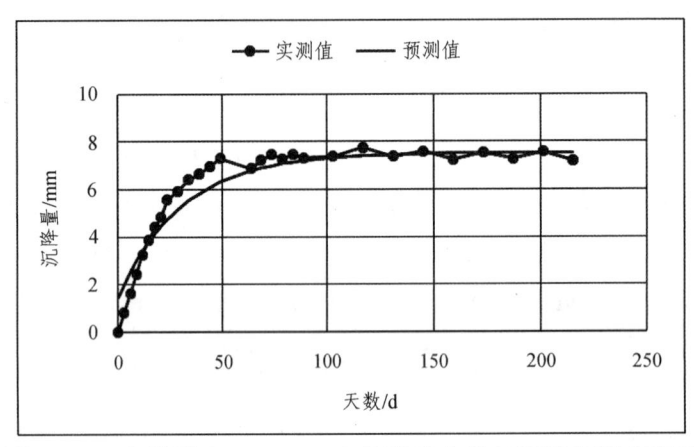

图 3.2　三点模型在 0085500G2 的实测曲线与预测曲线对比图

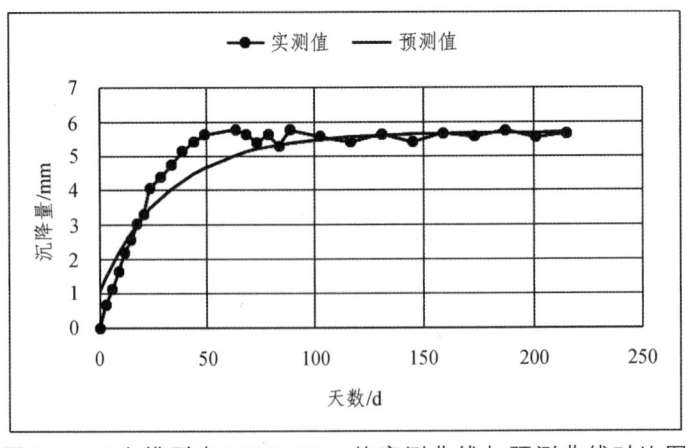

图 3.3　三点模型在 0085500L1 的实测曲线与预测曲线对比图

表 3.1　DK84+920~DK85+760 段沉降预测成果表

测点编号	实测总沉降量/mm	预测模型	预测工后沉降量/mm	相关系数	S_t/S_∞
0085500G1	6.94	三点模型	0.03	0.980	0.995
0085500G2	7.21	三点模型	0.34	0.973	0.954
0085500L1	5.67	三点模型	0.03	0.966	0.994

3.2.2　DK169+737~DK171+031 段

DK169+737~DK171+031 段地质情况与第 2.2 节所述相同。从中选取测点 0170495L2、0170900L2 和 0171031L2 进行所得数据统计，其中，0170495L2 和 0170900L2 的观测时间从 2015 年 3 月 17 日开始，到 2015 年 12 月 8 日为止，0171031L2 的观测时间从 2015 年 3 月 29 日开始，到 2015 年 12 月 8 日为止。观测时间间隔及实测沉降数据见第 2 章。

以沉降数据作为样本值进行模型建模，模型的实测结果与预测结果如图 3.4~图 3.6 所示，沉降预测成果如表 3.2 所示。

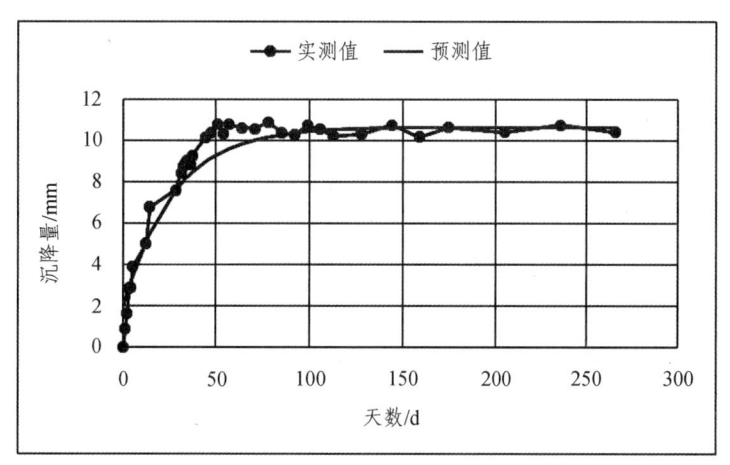

图 3.4　三点模型在 0170495L2 的实测曲线与预测曲线对比图

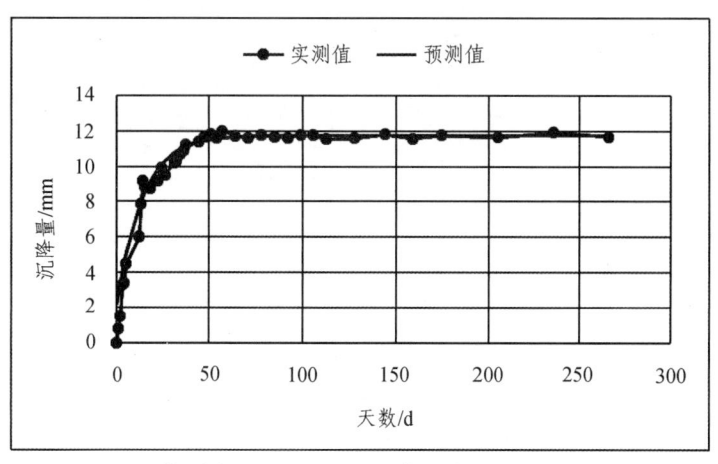

图 3.5　三点模型在 0170900L2 的实测曲线与预测曲线对比图

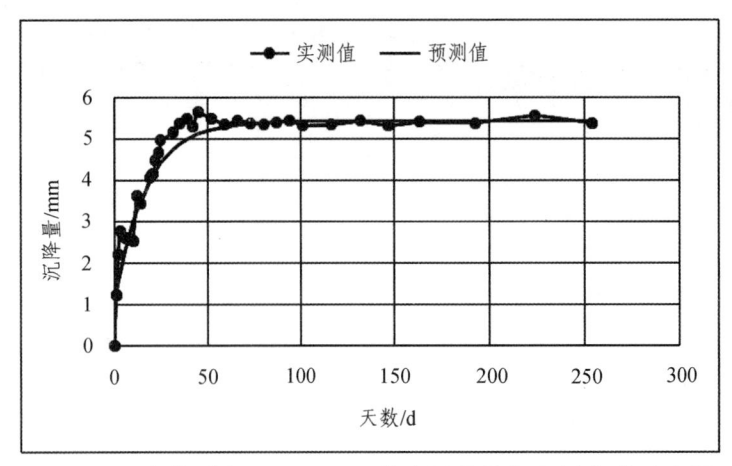

图 3.6 三点模型在 0171031L2 的实测曲线与预测曲线对比图

表 3.2　DK169+737～DK171+031 段沉降预测成果表

测点编号	实测总沉降量/mm	预测模型	预测工后沉降量/mm	相关系数	S_t/S_∞
0170495L2	10.40	三点模型	0.23	0.978	0.977
0170900L2	11.67	三点模型	0.09	0.992	0.992
0171031L2	5.37	三点模型	0.06	0.969	0.988

3.2.3　DK180+418～DK181+126 段

DK180+418～DK181+126 段地质情况与第 2.2 节所述相同。从中选取测点 0180418G1、0180418G2 和 0180495G1 进行所得数据统计，观测时间从 2015 年 3 月 22 日开始，到 2015 年 12 月 26 日为止。观测时间间隔及实测沉降数据见第 2 章。

以沉降数据作为样本值进行模型建模，模型的实测结果与预测结果如图 3.7～图 3.9 所示，沉降预测成果如表 3.3 所示。

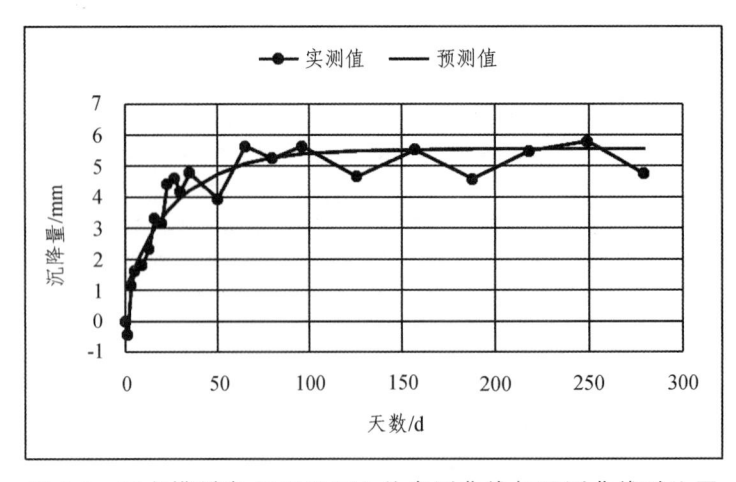

图 3.7　三点模型在 0180418G1 的实测曲线与预测曲线对比图

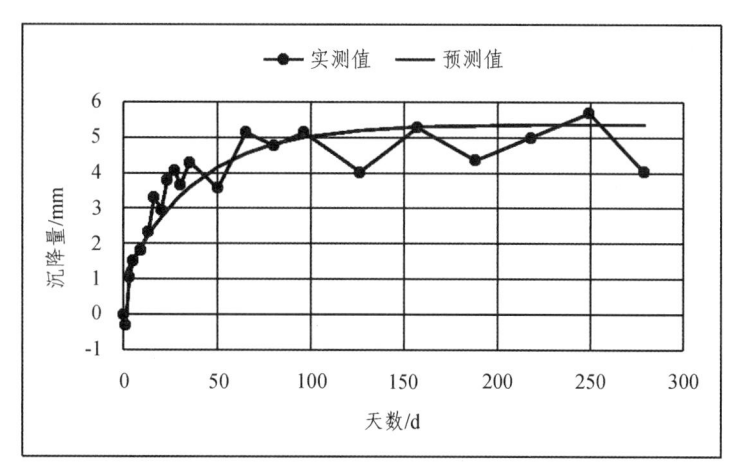

图 3.8　三点模型在 0180418G2 的实测曲线与预测曲线对比图

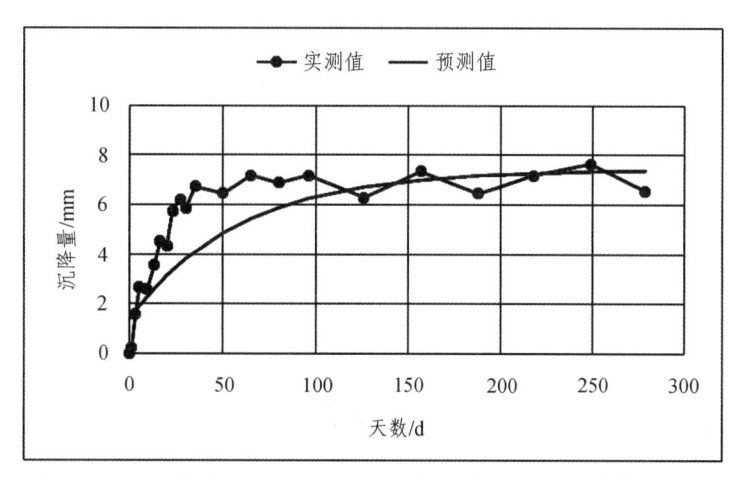

图 3.9　三点模型在 0180495G1 的实测曲线与预测曲线对比图

表 3.3　DK180+418~DK181+126 段沉降预测成果表

测点编号	实测总沉降量/mm	预测模型	预测工后沉降量/mm	相关系数	S_t/S_∞
0180418G1	4.75	三点模型	0.80	0.942	0.855
0180418G2	4.04	三点模型	1.33	0.906	0.751
0180495G1	6.55	三点模型	0.87	0.858	0.881

通过运用三点模型对渝万铁路实测沉降数据的分析，得到以下结论：

（1）高速铁路对沉降观测频次要求较高，由于沉降观测数据的起伏波动，不少时段出现 $\Delta S<0$ 的情况，导致参数 $B=\dfrac{1}{t_2-t_1}\ln\dfrac{S_1(t_2)-S_1(t_1)}{S_1(t_3)-S_1(t_2)}$ 的计算无意义。此外，该模型需要人工选点，主观性太强，从而导致该模型不能得到最佳的预测曲线。

（2）从图3.1~图3.9可以看出，三点模型能大体反映出沉降趋势。从表3.1~表3.3可以看出，该模型在前6个点位预测效果较好，但在后3个点位预测效果不佳，残差较大，尤其是在0180418G2和0180495G1点位，相关系数均小于0.92，不满足《客运专线铁路变形观测评估技术手册》中的要求。因此认为该模型泛化能力不强，不能直接运用于渝万铁路沉降量级小、相对波动大的情形，需要做进一步的处理与分析。

4 抛物线模型

4.1 基本原理

在数学中，抛物线是一个平面曲线，它是镜像对称的，并且当定向大致为 U 形（如果不同的方向，它仍然是抛物线）。它适用于几个表面上不同的数学描述中的任何一个，这些描述都可以被证明是完全相同的曲线。

抛物线的一个描述涉及一个点（焦点）和一条线（准线）。焦点并不在准线上。抛物线是该平面中与准线和焦点等距的点的轨迹。抛物线的另一个描述是作为圆锥截面，由圆锥形表面和平行于锥形母线的平面的交点形成。

在有些时候，沉降曲线在填筑初期并没有以双曲线或者指数曲线的形式表现，而是分为两部分表示的。第一部分是以抛物线的形式表示的，所以可以由抛物线的方式来拟合；第二部分也即次固结部分可由直线拟合，则可按照直线的方式来拟合。这两部分发生的时间和量级主要取决于土层固结后达到的孔隙比所对应的当量固结应力，假如运营期的有效应力小于预压期末的固结应力，则次固结就可以忽略不计，反之，则就要考虑次固结的影响。通过大量的实践验证，除了有机质含量很高的土之外，其余的沉降量都主要集中在第一部分，用抛物线进行拟合，其沉降曲线的一般表达式为：

$$S = a(\ln t)^2 + b\ln t + c \tag{4-1}$$

式中，S 为沉降量；a、b、c 为系数；t 为时间。

4.2 实际应用

为了对各模型的建模精度进行比较，本节从工程实际出发，从重庆至万州铁路（简称"渝万铁路"）中抽取了三段典型路基为例进行分析，其施工里程分别为：DK84+920~DK85+760、DK169+737~DK171+031、DK180+418~DK181+126，其中 DK84+920~DK85+760 段路基在施工过程中进行了加固和防护措施（包含对基地增加土工格栅、水泥搅拌桩或多向水泥搅拌桩），后两段路基填土高度 5~7 m，为本线路路基填筑高度较高段，3 段路基填筑完成后观测最短周期的已达 6 个月，观测频次满足设计及相关文件要求。

4.2.1 DK84+920~DK85+760 段

DK84+920~DK85+760 段地质情况与第 2.2 节所述相同。从中选取测点 0085500G1、

0085500G2 和 0085500L1 进行所得数据统计,观测时间从 2014 年 12 月 29 日开始,到 2015 年 8 月 1 日为止。观测时间间隔及实测沉降数据见第 2 章。

以沉降数据作为样本值进行模型建模,模型的实测结果与预测结果如图 4.1～图 4.3 所示,沉降预测成果如表 4.1 所示。

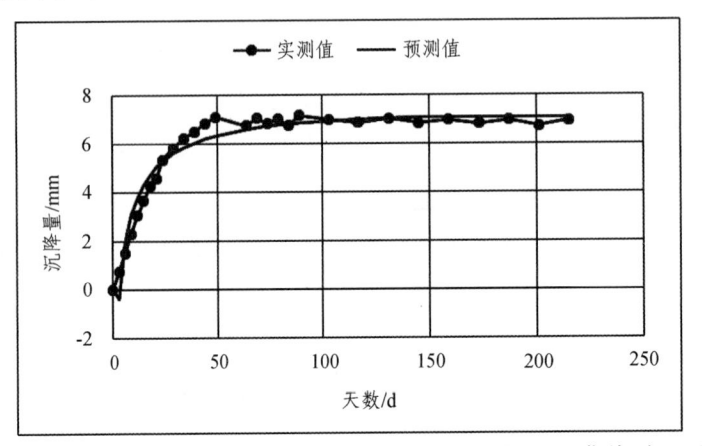

图 4.1 抛物线模型在 0085500G1 的实测曲线与预测曲线对比图

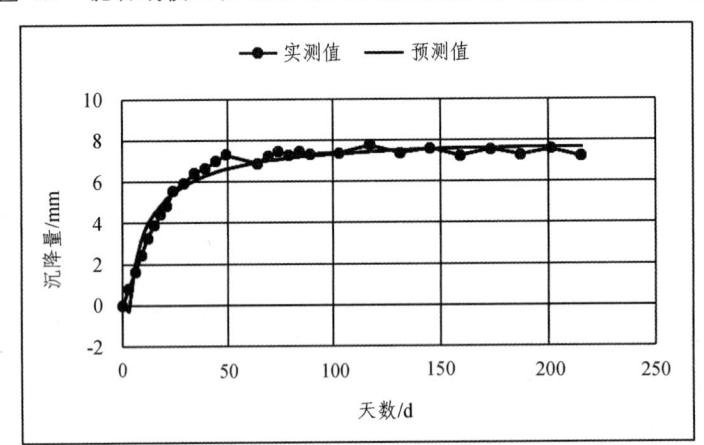

图 4.2 抛物线模型在 0085500G2 的实测曲线与预测曲线对比图

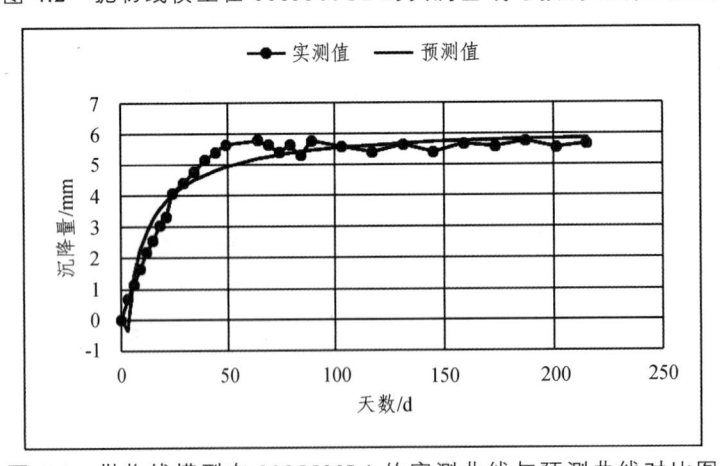

图 4.3 抛物线模型在 0085500L1 的实测曲线与预测曲线对比图

表 4.1　DK84+920~DK85+760 段沉降预测成果表

测点编号	实测总沉降量/mm	预测模型	预测工后沉降量/mm	相关系数	S_t/S_∞
0085500G1	6.94	抛物线模型	−12.351	0.978	1.000
0085500G2	7.21	抛物线模型	−9.941	0.982	1.000
0085500L1	5.67	抛物线模型	−6.620	0.970	1.000

4.2.2　DK169+737~DK171+031 段

DK169+737~DK171+031 段地质情况与第 2.2 节所述相同。从中选取测点 0170495L2、0170900L2 和 0171031L2 进行所得数据统计,其中,0170495L2 和 0170900L2 的观测时间从 2015 年 3 月 17 日开始,到 2015 年 12 月 8 日为止,0171031L2 的观测时间从 2015 年 3 月 29 日开始,到 2015 年 12 月 8 日为止。观测时间间隔及实测沉降数据见第 2 章。

以沉降数据作为样本值进行模型建模,模型的实测结果与预测结果如图 4.4~图 4.6 所示,沉降预测成果如表 4.2 所示。

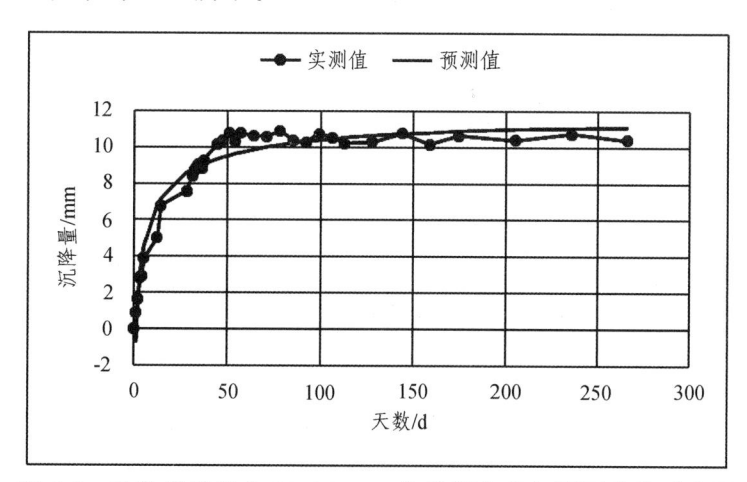

图 4.4　抛物线模型在 0170495L2 的实测曲线与预测曲线对比图

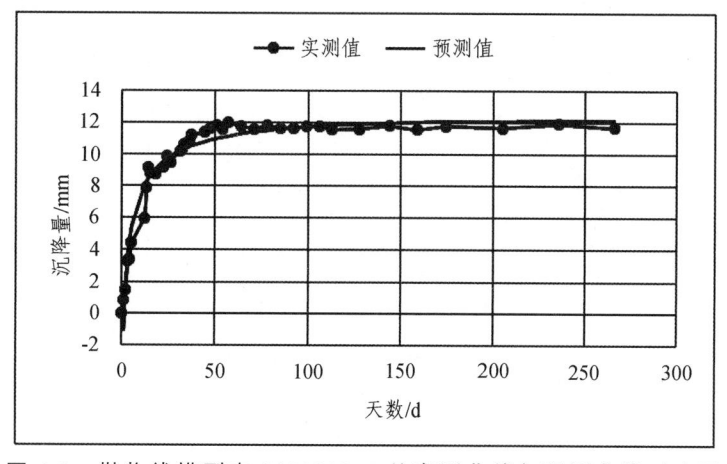

图 4.5　抛物线模型在 0170900L2 的实测曲线与预测曲线对比图

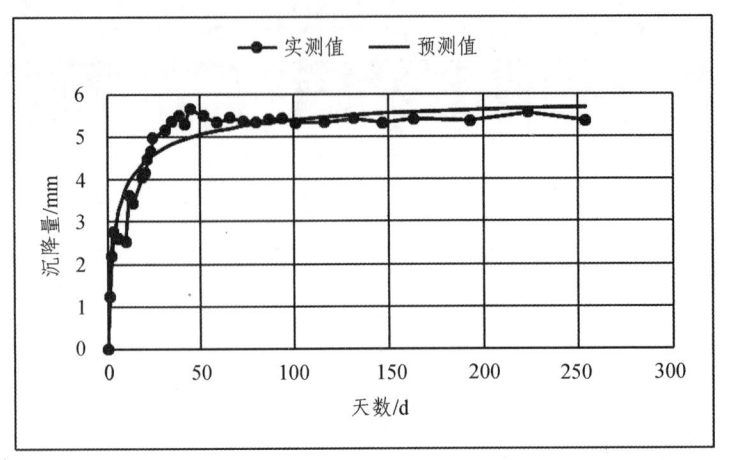

图 4.6 抛物线模型在 0171031L2 的实测曲线与预测曲线对比图

表 4.2 DK169+737~DK171+031 段沉降预测成果表

测点编号	实测总沉降量/mm	预测模型	预测工后沉降量/mm	相关系数	S_t/S_∞
0170495L2	10.40	抛物线模型	-3.98	0.976	1.000
0170900L2	11.67	抛物线模型	-9.99	0.981	1.000
0171031L2	5.37	抛物线模型	-1.60	0.959	1.000

4.2.3　DK180+418~DK181+126 段

DK180+418~DK181+126 段地质情况与第 2.2 节所述相同。从中选取测点 0180418G1、0180418G2 和 0180495G1 进行所得数据统计,观测时间从 2015 年 3 月 22 日开始,到 2015 年 12 月 26 日为止。观测时间间隔及实测沉降数据见第 2 章。

以沉降数据作为样本值进行模型建模,模型的实测结果与预测结果如图 4.7~图 4.9 所示,沉降预测成果如表 4.3 所示。

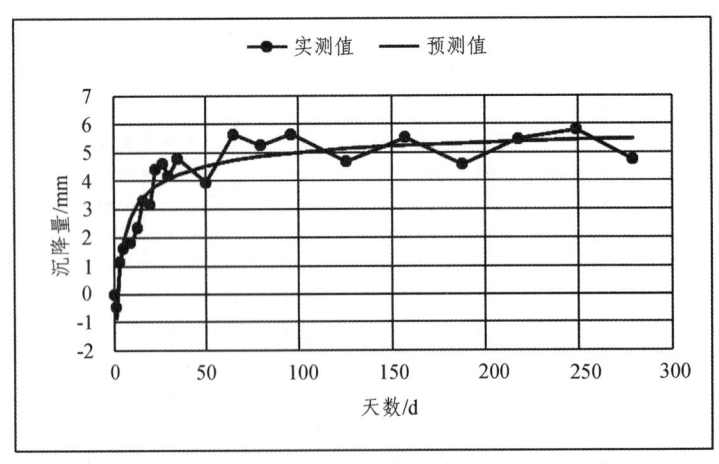

图 4.7 抛物线模型在 0180418G1 的实测曲线与预测曲线对比图

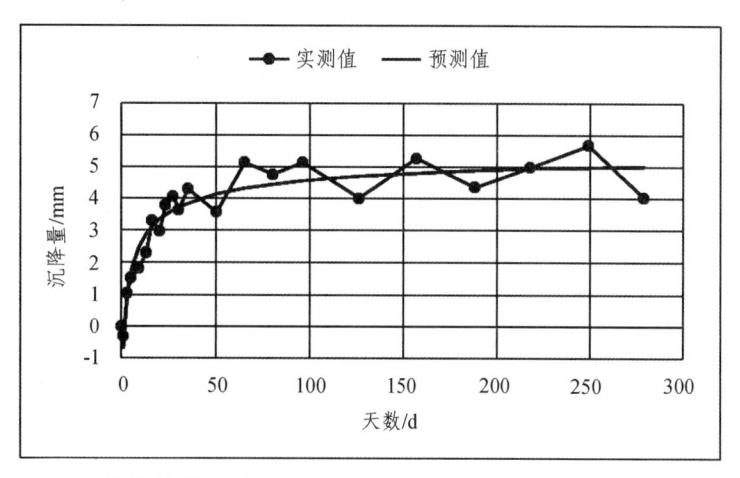

图 4.8 抛物线模型在 0180418G2 的实测曲线与预测曲线对比图

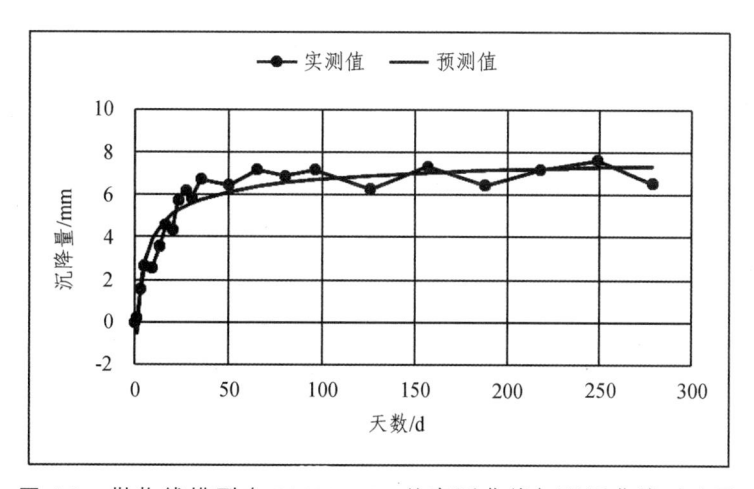

图 4.9 抛物线模型在 0180495G1 的实测曲线与预测曲线对比图

表 4.3 DK180+418~DK181+126 段沉降预测成果表

测点编号	实测总沉降量/mm	预测模型	预测工后沉降量/mm	相关系数	S_t/S_∞
0180418G1	4.75	抛物线模型	-1.29	0.955	1.000
0180418G2	4.04	抛物线模型	-0.47	0.953	1.000
0180495G1	6.55	抛物线模型	-1.57	0.964	1.000

本章通过运用抛物线模型对渝万铁路实测沉降数据的分析,得到以下结论:

(1)从图 4.1~图 4.9 可以看出,抛物线模型能大体反映出沉降趋势,且实测数据越多,拟合效果越好。

（2）从表4.1~表4.3可以看出，抛物线模型的相关系数较高，均大于0.92，满足《客运专线铁路变形观测评估技术手册》中的要求，但抛物线模型的预测工后沉降量全为负值，说明该模型只适合短期的沉降预测，随着时间的延长，该模型就不适用了。

综合以上分析，对于渝万高速铁路量级小、波动大的观测数据而言，运用抛物线模型进行短期预测的可靠性比较稳定，但采用抛物线模型进行长期预测所达到的效果较差，不太适用于长期预测。

5 指数曲线模型

5.1 基本原理

5.1.1 常规指数曲线模型

指数曲线预测法又称指数曲线外推法或简单外推法，是指对符合指数增长规律的一组观测数据，建立指数曲线方程，并据此作为预测的数学模型来推测预测事件的未来发展趋势与状态的方法。

在工程沉降指数曲线预测模型中，假定工程平均沉降速率符合指数曲线规律减小，其经验公式为

$$S_t = S_\infty - (S_\infty - S_0) e^{-\frac{t-t_0}{\eta}} \quad (5\text{-}1)$$

式中，S_t 为推算到时间点 t 时的沉降量；S_∞ 为最终沉降量；S_0 为 t_0 时刻的沉降量；η 为待定常数。

对式（5-1）进行变换可得

$$\ln \frac{\Delta S}{\Delta t} = -\frac{1}{\eta} t_m + \left(\ln \frac{S_\infty - S_0}{\eta} + \frac{t_0}{\eta} \right) \quad (5\text{-}2)$$

取 $y = \ln \frac{\Delta S}{\Delta t}$，$x_t = t_m$，由实测的 $\ln \frac{\Delta S}{\Delta t}$ 和 t_m 的拟合直线，求得截距 $\left(\ln \frac{S_\infty - S_0}{\eta} + \frac{t_0}{\eta} \right)$ 和斜率 $-\frac{1}{\eta}$，联立解得最终沉降量 S_∞，并可利用式（5-1）求得任意时间的沉降量。

5.1.2 修正指数曲线模型

对于高速铁路客运专线沉降观测数据而言，整体变形量小，观测数据不可避免地存在起伏波动的情况，即可能出现后一个时间点的沉降观测值小于或者等于前一个时间点的沉降观测值，也即可能出现式（5-2）中 $\Delta S \leq 0$ 的情况，式（5-2）将无法进行计算。因此，常规指数曲线模型不能直接适应铁路客运专线沉降小，实测数据存在起伏波动的特点。因此，有必要对常规指数曲线模型进行修正，以适应观测数据起伏波动的情况。常见的修正方法是 3 点修正法，这种方法只取观测数据的 3 个点，大量的现场观测数据会得不到利用，而且选点也会受人为因素的影响。

利用泰勒展开式修正指数曲线模型，在指数曲线模型的基本方程，即式（5-1）中取 t_1、t_2 时刻的沉降量 S_1、S_2，即

$$\begin{cases} S_1 = S_\infty - (S_\infty - S_0)\mathrm{e}^{-\frac{t_1-t_0}{\eta}} \\ S_2 = S_\infty - (S_\infty - S_0)\mathrm{e}^{-\frac{t_2-t_0}{\eta}} \end{cases} \tag{5-3}$$

式（5-3）中的上下两式相减得

$$\nabla S = S_2 - S_1 = (S_\infty - S_0)(\mathrm{e}^{-\frac{t_1-t_0}{\eta}} - \mathrm{e}^{-\frac{t_2-t_0}{\eta}}) = (S_\infty - S_0)\mathrm{e}^{\frac{t_0}{\eta}}(\mathrm{e}^{-\frac{t_1}{\eta}} - \mathrm{e}^{-\frac{t_2}{\eta}}) \tag{5-4}$$

根据 e^x 的泰勒展开式

$$\mathrm{e}^x = 1 + x + \frac{x^2}{2!} + \cdots + \frac{x^n}{n!} \tag{5-5}$$

在式（5-4）中，$\mathrm{e}^{-\frac{t_1}{\eta}}$ 和 $\mathrm{e}^{-\frac{t_2}{\eta}}$ 取泰勒展开式的前三项得

$$\begin{cases} \mathrm{e}^{-\frac{t_1}{\eta}} = 1 - \frac{t_1}{\eta} + \frac{1}{2!}\cdot\left(-\frac{t_1}{\eta}\right)^2 \\ \mathrm{e}^{-\frac{t_2}{\eta}} = 1 - \frac{t_2}{\eta} + \frac{1}{2!}\cdot\left(-\frac{t_2}{\eta}\right)^2 \end{cases} \tag{5-6}$$

将式（5-6）代入式（5-4），则式（5-4）变为

$$\frac{\Delta S}{\Delta t} = \frac{(S_\infty - S_0)\mathrm{e}^{\frac{t_0}{\eta}}}{\eta} - \frac{(S_\infty - S_0)\mathrm{e}^{\frac{t_0}{\eta}}}{\eta^2}\cdot\frac{t_1+t_2}{2} \tag{5-7}$$

令 $y_1 = \dfrac{\Delta S}{\Delta t}$，$x_1 = \dfrac{t_1+t_2}{2}$，则式（5-7）变换为

$$y_1 = \frac{(S_\infty - S_0)\mathrm{e}^{\frac{t_0}{\eta}}}{\eta} - \frac{(S_\infty - S_0)\mathrm{e}^{\frac{t_0}{\eta}}}{\eta^2}\cdot x_1 \tag{5-8}$$

实测的 $y_t = \dfrac{\Delta S}{\Delta t}$ 和 $x_1 = \dfrac{t_1+t_2}{2}$ 的拟合直线，利用线性回归函数求得截距 α 和斜率 β，联立解得 η 和最终沉降量 S_∞

$$\begin{cases} \eta = -\dfrac{\alpha}{\beta} \\ S_\infty = S_0 + \eta\alpha\mathrm{e}^{-\frac{t_0}{\eta}} \end{cases} \tag{5-9}$$

将式（5-9）代入式（5-1），即可求得任意时刻的沉降量。

对于泰勒展开式修正指数曲线模型，当出现观测数据起伏波动的情况，即式（5-7）中 $\Delta S \leqslant 0$ 的情况时，式（5-7）将仍然能够继续进行计算，而且模型可采用沉降趋于稳定后的几乎所有观测数据，从而可以反映全过程沉降量与时间的关系。

5.2 实际应用

为了对各模型的建模精度进行比较，本节从工程实际出发，从重庆至万州铁路（简称"渝万铁路"）中抽取了三段典型路基为例进行分析，其施工里程分别为：DK84+920~DK85+760、DK169+737~DK171+031、DK180+418~DK181+126，其中 DK84+920~DK85+760 段路基在施工过程中进行了加固和防护措施（包含对基地增加土工格栅、水泥搅拌桩或多向水泥搅拌桩），后两段路基填土高度 5~7 m，为本线路路基填筑高度较高段，3 段路基填筑完成后观测最短周期的已达 6 个月，观测频次满足设计及相关文件要求。

5.2.1 DK84+920~DK85+760 段

DK84+920~DK85+760 段地质情况与第 2.2 节所述相同。从中选取测点 0085500G1、0085500G2 和 0085500L1 进行所得数据统计，观测时间从 2014 年 12 月 29 日开始，到 2015 年 8 月 1 日为止。观测时间间隔及实测沉降数据见第 2 章。

以沉降数据作为样本值进行模型建模，模型的实测结果与预测结果如图 5.1~图 5.3 所示，沉降预测成果如表 5.1 所示。

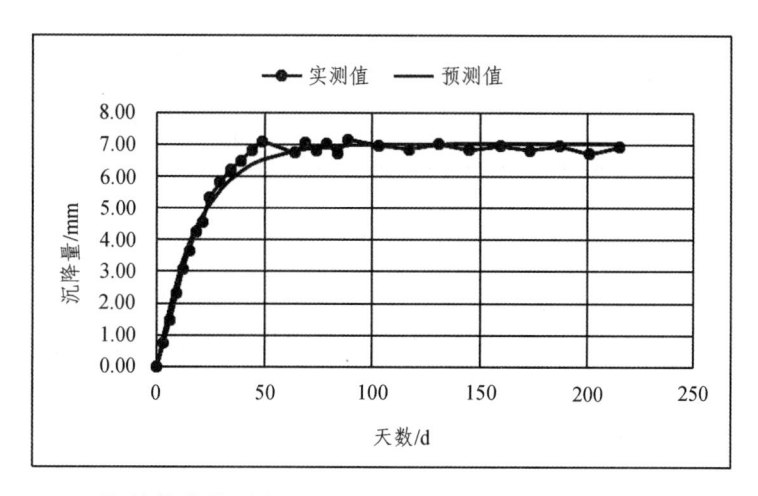

图 5.1 指数曲线模型在 0085500G1 的实测曲线与预测曲线对比图

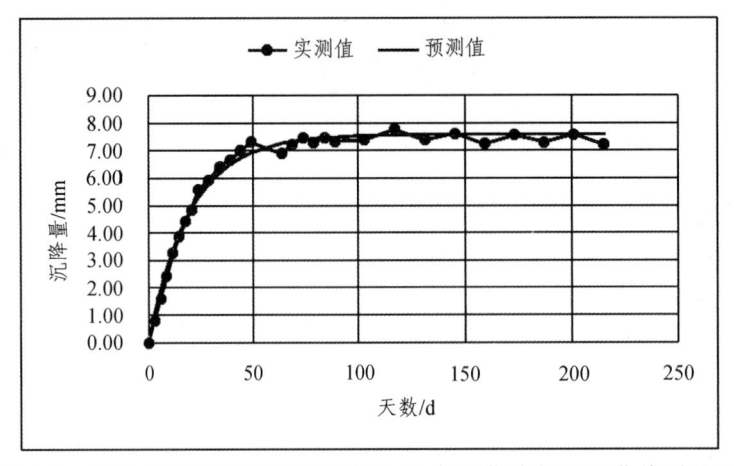

图 5.2 指数曲线模型在 0085500G2 的实测曲线与预测曲线对比图

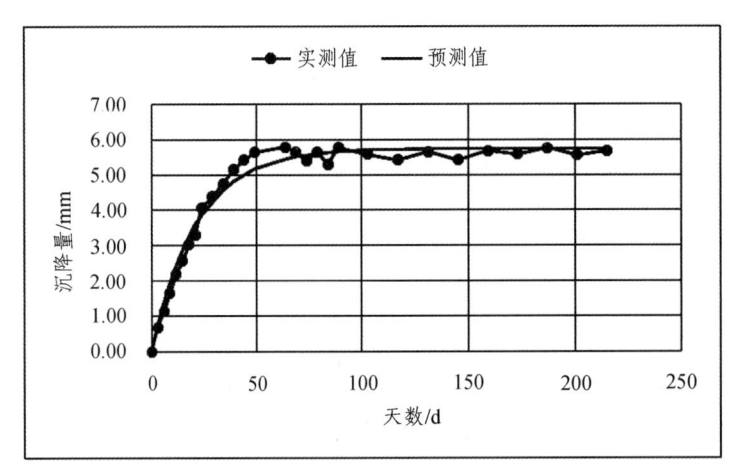

图 5.3 指数曲线模型在 0085500L1 的实测曲线与预测曲线对比图

表 5.1 DK84+920～DK85+760 段沉降预测成果表

测点编号	实测总沉降量/mm	预测模型	预测工后沉降量/mm	相关系数	S_t/S_∞
0085500G1	6.94	指数曲线模型	0.10	0.994	0.986
0085500G2	7.21	指数曲线模型	0.30	0.996	0.961
0085500L1	5.67	指数曲线模型	0.04	0.991	0.994

5.2.2 DK169+737～DK171+031 段

DK169+737～DK171+031 段地质情况与第 2.2 节所述相同。从中选取测点 0170495L2、0170900L2 和 0171031L2 进行所得数据统计,其中,0170495L2 和 0170900L2 的观测时间从 2015 年 3 月 17 日开始,到 2015 年 12 月 8 日为止,0171031L2 的观测时间从 2015 年 3 月 29 日开始,到 2015 年 12 月 8 日为止。观测时间间隔及实测沉降数据见第 2 章。

以沉降数据作为样本值进行模型建模，模型的实测结果与预测结果如图 5.4~图 5.6 所示，沉降预测成果如表 5.2 所示。

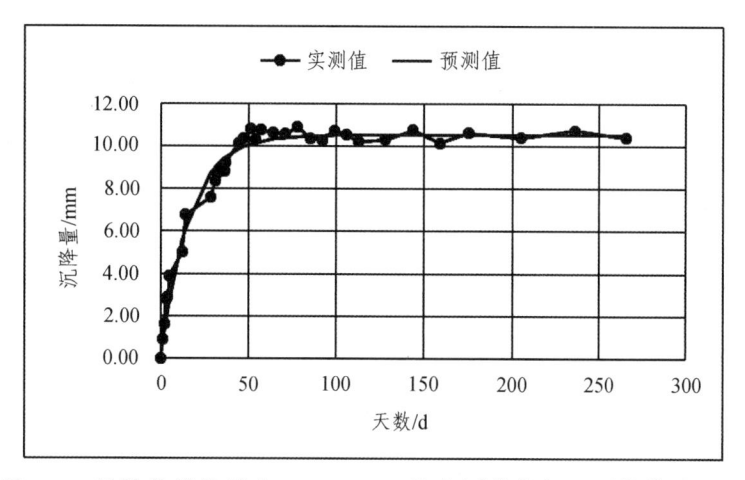

图 5.4 指数曲线模型在 0170495L2 的实测曲线与预测曲线对比图

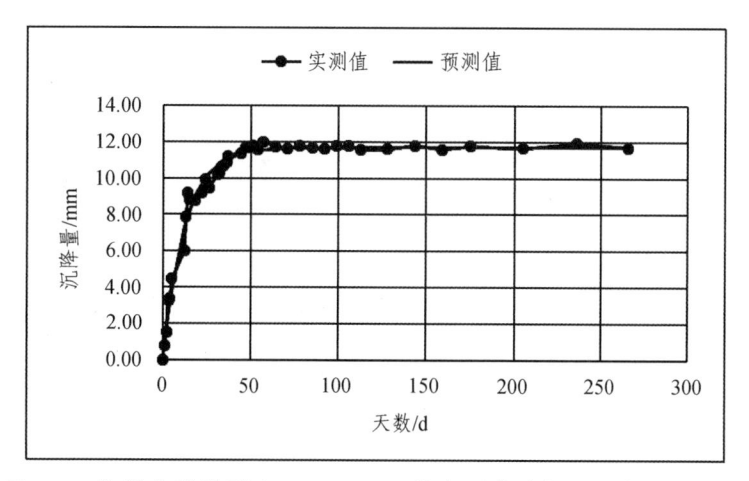

图 5.5 指数曲线模型在 0170900L2 的实测曲线与预测曲线对比图

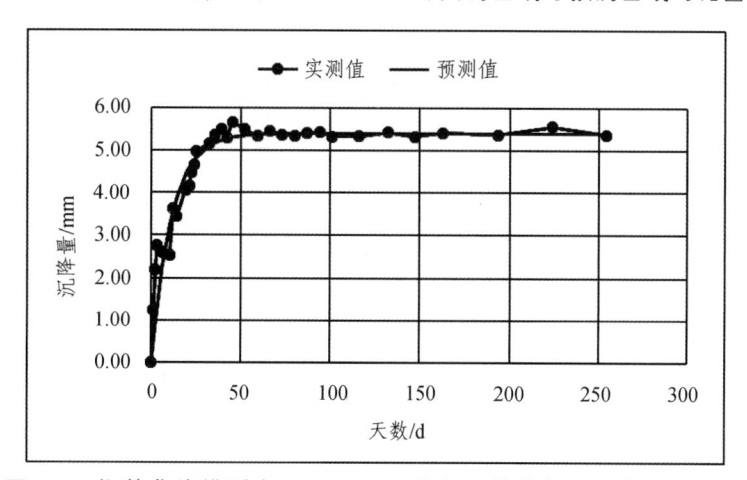

图 5.6 指数曲线模型在 0171031L2 的实测曲线与预测曲线对比图

表 5.2　DK169+737~DK171+031 段沉降预测成果表

测点编号	实测总沉降量/mm	预测模型	预测工后沉降量/mm	相关系数	S_t/S_∞
0170495L2	10.40	指数曲线模型	0.12	0.991	0.988
0170900L2	11.67	指数曲线模型	0.00	0.993	1.000
0171031L2	5.37	指数曲线模型	0.02	0.966	0.995

5.2.3　DK180+418~DK181+126 段

DK180+418~DK181+126 段地质情况与第 2.2 节所述相同。从中选取测点 0180418G1、0180418G2 和 0180495G1 进行所得数据统计,观测时间从 2015 年 3 月 22 日开始,到 2015 年 12 月 26 日为止。观测时间间隔及实测沉降数据见第 2 章。

以沉降数据作为样本值进行模型建模,模型的实测结果与预测结果如图 5.7~图 5.9 所示,沉降预测成果如表 5.3 所示。

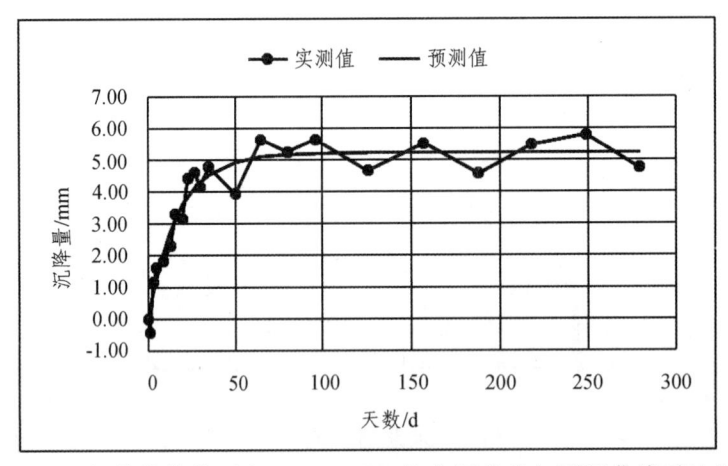

图 5.7　指数曲线模型在 0180418G1 的实测曲线与预测曲线对比图

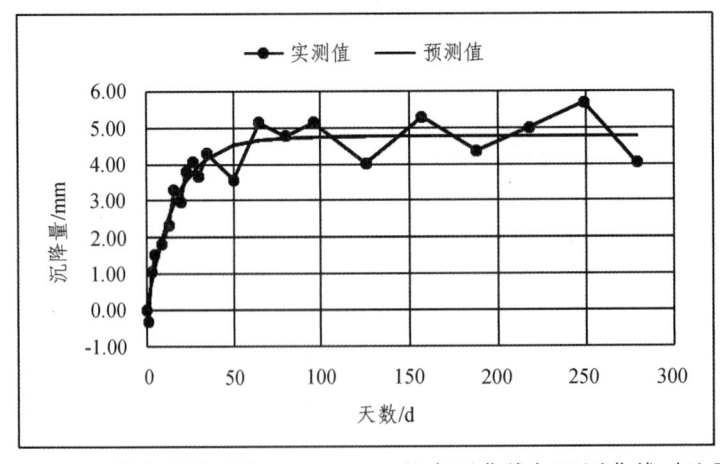

图 5.8　指数曲线模型在 0180418G2 的实测曲线与预测曲线对比图

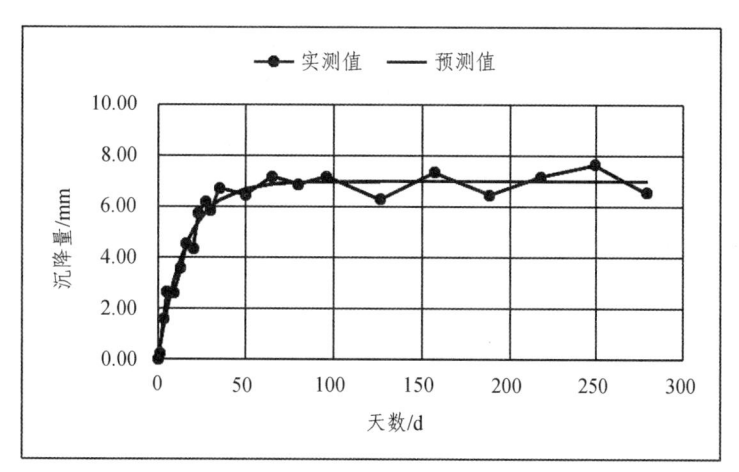

图 5.9　指数曲线模型在 0180495G1 的实测曲线与预测曲线对比图

表 5.3　DK180＋418～DK181＋126 段沉降预测成果表

测点编号	实测总沉降量/mm	预测模型	预测工后沉降量/mm	相关系数	S_t/S_∞
0180418G1	4.75	指数曲线模型	0.47	0.967	0.909
0180418G2	4.04	指数曲线模型	0.73	0.960	0.847
0180495G1	6.55	指数曲线模型	0.44	0.983	0.983

本章通过运用指数曲线模型对渝万铁路实测沉降数据的分析，得到以下结论：

（1）从图 5.1～图 5.9 可以看出，指数曲线模型能反映出累计沉降量随着沉降时间变化的全过程，但指数曲线模型对观测数据的单调性有着严格的要求，无法很好拟合数据的局部波动。

（2）从表 5.1～表 5.3 可以看出，指数曲线模型的相关系数较高，均达到了 0.92，能够满足《客运专线铁路变形观测评估技术手册》中的要求，且 S_t/S_∞ 的值较高，波动较小，说明指数曲线模型的适用性和稳定性较好。

综合以上分析，指数曲线模型相关性较高，精度和稳定性都较为良好，可以用于渝万高速铁路量级小、波动大的观测数据的预测。

6 沉降速率模型

6.1 基本原理

根据固结理论,不同条件、不同时间的平均固结度可以表示为

$$U_t = 1 - \alpha e^{-\beta t} \tag{6-1}$$

式中,α、β 为排水固结参数。

任意时刻的主固结沉降量 S_t 可以表示为

$$S_t = U_t \times S_\infty \tag{6-2}$$

式中,S_∞ 为最终主固结沉降。

将式(6-1)式代入式(6-2),得

$$S_t = (1 - \alpha e^{-\beta t}) S_\infty \tag{6-3}$$

$$V_s = S_t = e^{-\beta t + b} \tag{6-4}$$

$$\ln V_s = -\beta t + b \tag{6-5}$$

式中,β、b 为整理的 $\ln V_s$-t 线性关系图中求得的系数。

所以,剩余主固结沉降量为

$$\Delta S = \int_{t_1}^{t_2} V_s dt = \left[\frac{e^{-\beta t + b}}{-\beta}\right]_{t_1}^{t_2} = \frac{e^{-\beta t_1 + b} - e^{-\beta t_2 + b}}{\beta} \tag{6-6}$$

当 $t_2 \to \infty$ 时,剩余主固结沉降量为

$$\Delta S = \frac{e^{-\beta t_1 + b}}{\beta} = \frac{V_{s_1}}{\beta} \tag{6-7}$$

6.2 实际应用

为了对各模型的建模精度进行比较,本节从工程实际出发,从重庆至万州铁路(简称"渝万铁路")中抽取了三段典型路基为例进行分析,其施工里程分别为:DK84+920~DK85+760、DK169+737~DK171+031、DK180+418~DK181+126,其中 DK84+920~

DK85+760段路基在施工过程中进行了加固和防护措施（包含对基地增加土工格栅、水泥搅拌桩或多向水泥搅拌桩），后两段路基填土高度5~7米，为本线路路基填筑高度较高段，三段路基填筑完成后观测最短周期的已达6个月，观测频次满足设计及相关文件要求。

6.2.1　DK84+920~DK85+760段

DK84+920~DK85+760段地质情况与第2.2节所述相同。从中选取测点0085500G1、0085500G2和0085500L1进行所得数据统计，观测时间从2014年12月29日开始，到2015年8月1日为止。观测时间间隔及实测沉降数据见第2章。

以沉降数据作为样本值进行模型建模，模型的实测结果与预测结果如图6.1~图6.3所示，沉降预测成果如表6.1所示。

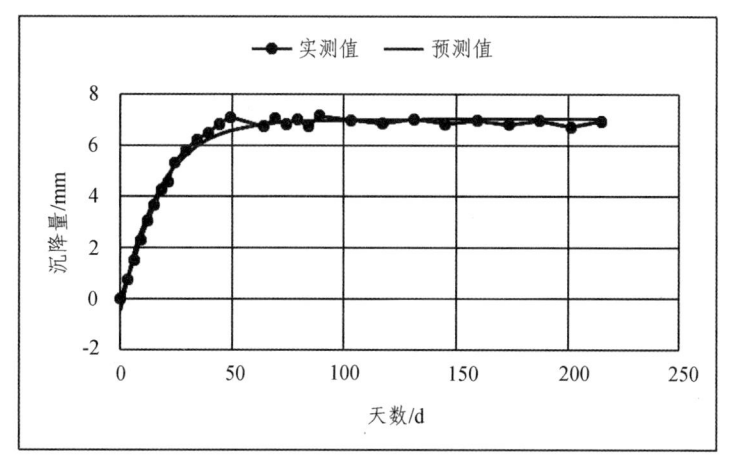

图6.1　沉降速率模型在0085500G1的实测曲线与预测曲线对比图

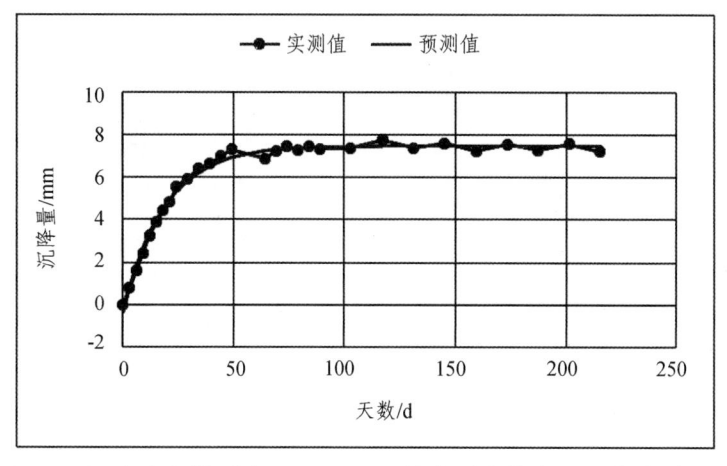

图6.2　沉降速率模型在0085500G2的实测曲线与预测曲线对比图

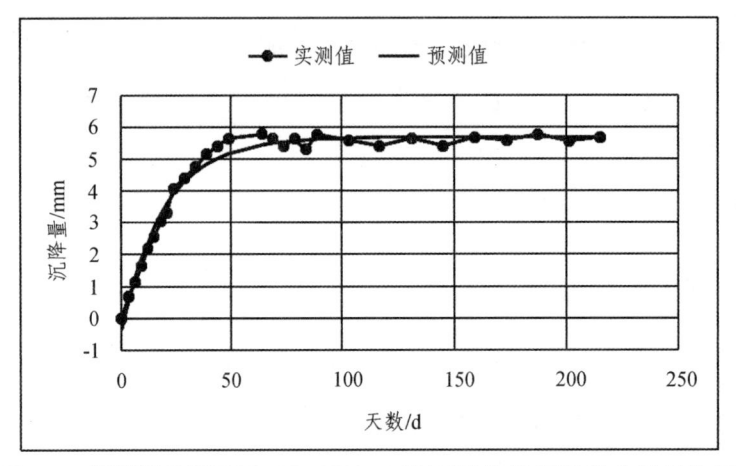

图 6.3 沉降速率模型在 0085500L1 的实测曲线与预测曲线对比图

表 6.1　DK84+920~DK85+760 段沉降预测成果表

测点编号	实测总沉降量/mm	预测模型	预测工后沉降量/mm	相关系数	S_t/S_∞
0085500G1	6.94	沉降速率模型	0.08	0.994	0.989
0085500G2	7.21	沉降速率模型	0.28	0.996	0.963
0085500L1	5.67	沉降速率模型	0.02	0.992	0.996

6.2.2　DK169+737~DK171+031 段

DK169+737~DK171+031 段地质情况与第 2.2 节所述相同。从中选取测点 0170495L2、0170900L2 和 0171031L2 进行所得数据统计，其中，0170495L2 和 0170900L2 的观测时间从 2015 年 3 月 17 日开始，到 2015 年 12 月 8 日为止，0171031L2 的观测时间从 2015 年 3 月 29 日开始，到 2015 年 12 月 8 日为止。观测时间间隔及实测沉降数据见第 2 章。

以沉降数据作为样本值进行模型建模，模型的实测结果与预测结果如图 6.4~图 6.6 所示，沉降预测成果如表 6.2 所示。

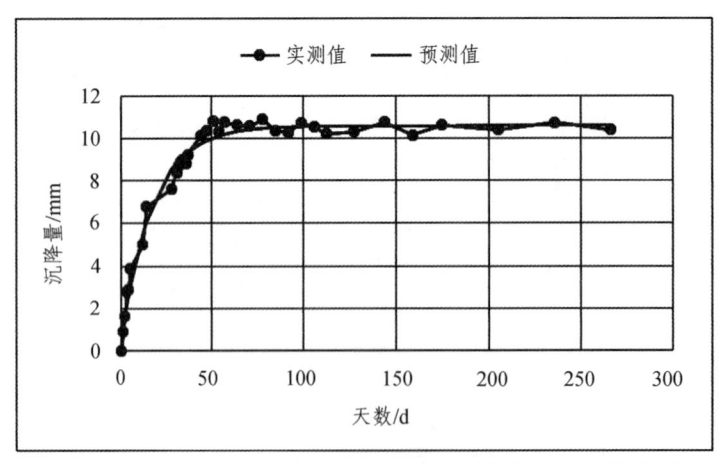

图 6.4　沉降速率模型在 0170495L2 的实测曲线与预测曲线对比图

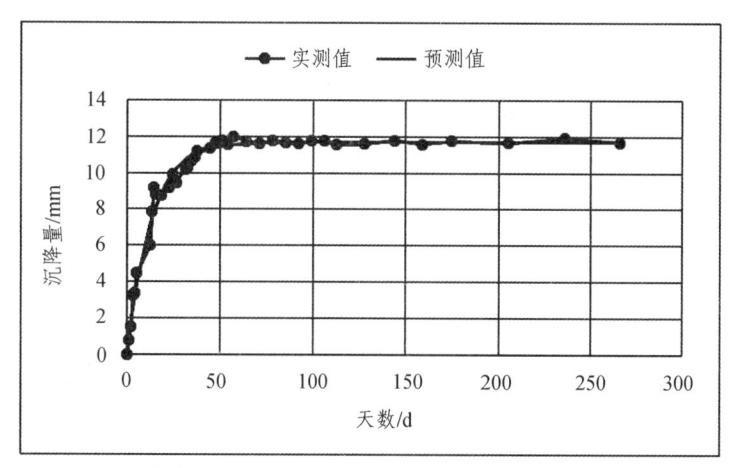

图 6.5 沉降速率模型在 0170900L2 的实测曲线与预测曲线对比图

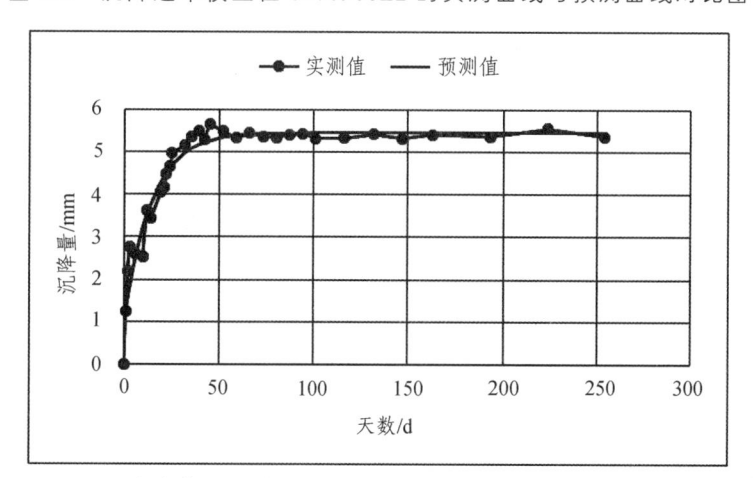

图 6.6 沉降速率模型在 0171031L2 的实测曲线与预测曲线对比图

表 6.2　DK169+737~DK171+031 段沉降预测成果表

测点编号	实测总沉降量/mm	预测模型	预测工后沉降量/mm	相关系数	S_t/S_∞
0170495L2	10.40	沉降速率模型	0.19	0.992	0.982
0170900L2	11.67	沉降速率模型	0.02	0.993	0.998
0171031L2	5.37	沉降速率模型	0.09	0.972	0.984

6.2.3　DK180+418~DK181+126 段

DK180+418~DK181+126 段地质情况与第 2.2 节所述相同。从中选取测点 0180418G1、0180418G2 和 0180495G1 进行所得数据统计，观测时间从 2015 年 3 月 22 日开始，到 2015 年 12 月 26 日为止。观测时间间隔及实测沉降数据见第 2 章。

以沉降数据作为样本值进行模型建模，模型的实测结果与预测结果如图 6.7~图 6.9 所示，沉降预测成果如表 6.3 所示。

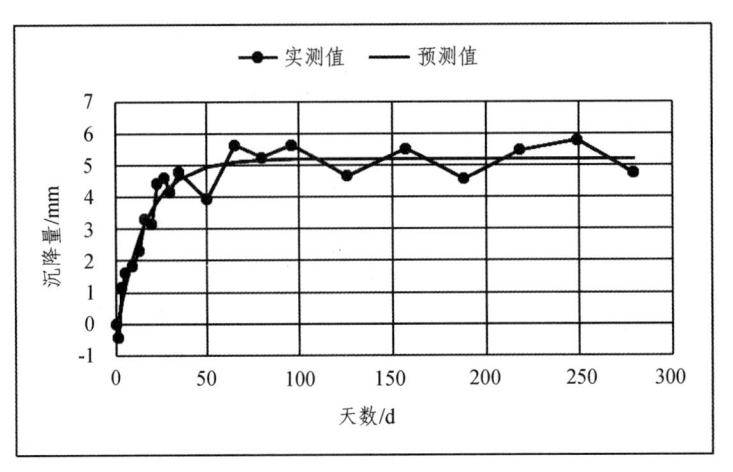

图 6.7 沉降速率模型在 0180418G1 的实测曲线与预测曲线对比图

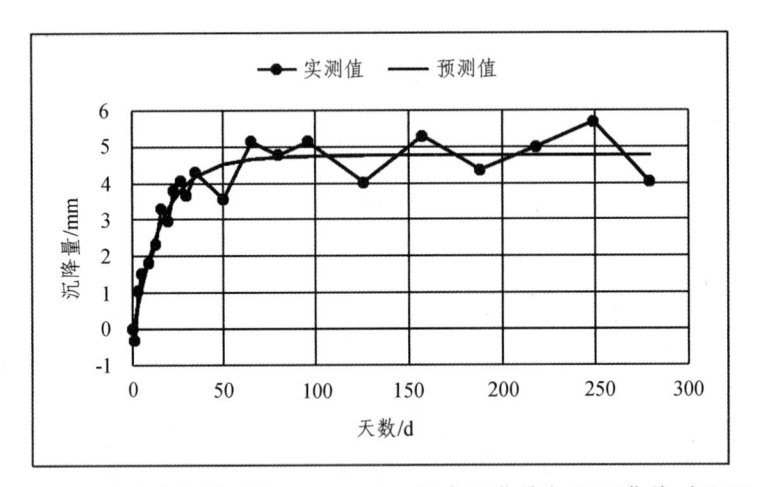

图 6.8 沉降速率模型在 0180418G2 的实测曲线与预测曲线对比图

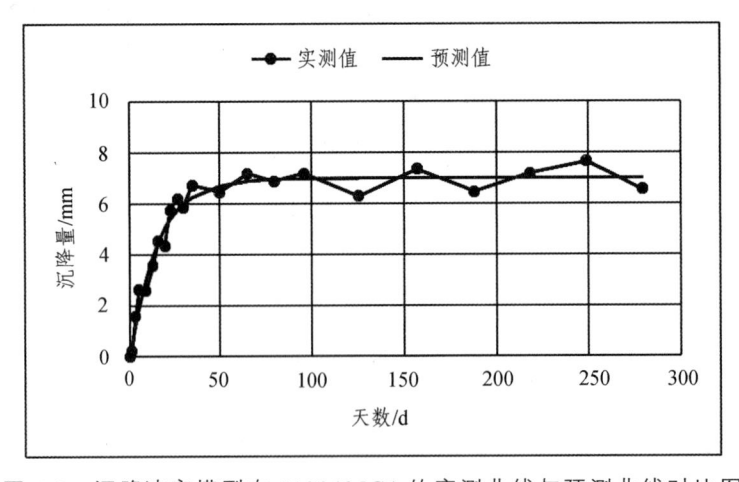

图 6.9 沉降速率模型在 0180495G1 的实测曲线与预测曲线对比图

表 6.3　DK180+418~DK181+126 段沉降预测成果表

测点编号	实测总沉降量/mm	预测模型	预测工后沉降量/mm	相关系数	S_t/S_∞
0180418G1	4.75	沉降速率模型	0.462	0.968	0.911
0180418G2	4.04	沉降速率模型	0.724	0.960	0.848
0180495G1	6.55	沉降速率模型	0.441	0.983	0.937

本章通过运用沉降速率模型对渝万铁路实测沉降数据进行分析，得到以下结论：

（1）从图 6.1~图 6.9 可以看出，沉降速率模型能很好地反映出渝万铁路的沉降趋势，尤其是 DK84+920~DK85+760 段和 DK169+737~DK171+031 段拟合效果较好。

（2）从表 6.1~表 6.3 可以看出，沉降速率模型的相关系数较高，均大于 0.92，满足《客运专线铁路变形观测评估技术手册》中的要求，同时 S_t/S_∞ 值的波动较小，说明沉降速率模型的稳定性良好。全部数据的预测工后沉降量均为正值，说明沉降速率模型适用于渝万铁路的实测沉降数据的预测。

综合以上分析，对于渝万高速铁路量级小、波动大的观测数据而言，沉降速率模型的相关性和稳定性良好，全部数据的预测工后沉降量均大于 0，这些特点使沉降速率模型适用于渝万铁路的实测沉降数据的预测。

7 星野模型

7.1 基本原理

依据太沙基一维理论得到土层平均固结度为

$$U = 1 - \sum_{m=0}^{\infty} \frac{2}{m^2} e^{-m^2 T_v} \tag{7-1}$$

式中，T_v 为无因次时间因数，可知，固结度 U 只与时间因素 T_v 有关，而时间因素 T_v 由下式确定：

$$T_v = \frac{c_r t}{H^2} \tag{7-2}$$

式中，H 为压缩层最远排水距离；土层单面排水时，H 取土层厚度；土层双面排水时，水由土层中心分别向上下两方向排出，此时 H 应取土层厚度一半。

又根据固结度确定方法中的时间平方根法可知，当 $U < 60\%$ 时，

$$U = \sqrt{4T_v/\pi} \tag{7-3}$$

由式（7-3）可知，固结度与时间平方根成正比。

星野模型是根据太沙基固结理论来预测地基沉降的，其计算公式为

$$S_t = \frac{C \cdot K\sqrt{t-t_0}}{\sqrt{1+K^2(t-t_0)}} \tag{7-4}$$

总沉降量为

$$S_\infty = S_0 + S_t = S_0 + \frac{C \cdot K\sqrt{t-t_0}}{\sqrt{1+K^2(t-t_0)}} \tag{7-5}$$

式中，S_0 为瞬时沉降量，mm；S_t 为经过 t 时间后的沉降量，mm；S_∞ 为最终沉降量，mm；t_0 为初始瞬时沉降经过的时间，d；t 为沉降经过的时间，d；C、K 为待定系数。

将式（7-5）变形为

$$\frac{t-t_0}{(S_\infty - S_0)^2} = \frac{1}{C^2 K^2} + \frac{1}{C^2}(t-t_0) \tag{7-6}$$

式（7-6）中令

$$y = \frac{t-t_0}{(S_\infty - S_0)^2}, a = \frac{1}{C^2 K^2}, b = 1/C^2, x = (t-t_0) \tag{7-7}$$

则式（7-6）变成了形如 $y = a + bx$ 的线性方程的形式。根据式（7-7）可建立一元线性回归模型，为

$$\hat{y}_i = a + bx_i \tag{7-8}$$

7.2 实际应用

为了对各模型的建模精度进行比较，本节从工程实际出发，从重庆至万州铁路（简称"渝万铁路"）中抽取了三段典型路基为例进行分析，其施工里程分别为：DK84+920~DK85+760、DK169+737~DK171+031、DK180+418~DK181+126，其中 DK84+920~DK85+760 段路基在施工过程中进行了加固和防护措施（包含对基地增加土工格栅、水泥搅拌桩或多向水泥搅拌桩），后两段路基填土高度 5~7 m，为本线路路基填筑高度较高段，3 段路基填筑完成后观测最短周期的已达 6 个月，观测频次满足设计及相关文件要求。

7.2.1 DK84+920~DK85+760 段

DK84+920~DK85+760 段地质情况与第 2.2 节所述相同。从中选取测点 0085500G1、0085500G2 和 0085500L1 进行所得数据统计，观测时间从 2014 年 12 月 29 日开始，到 2015 年 8 月 1 日为止。观测时间间隔及实测沉降数据见第 2 章。

以沉降数据作为样本值进行模型建模，模型的实测结果与预测结果如图 7.1~图 7.3 所示，沉降预测成果如表 7.1 所示。

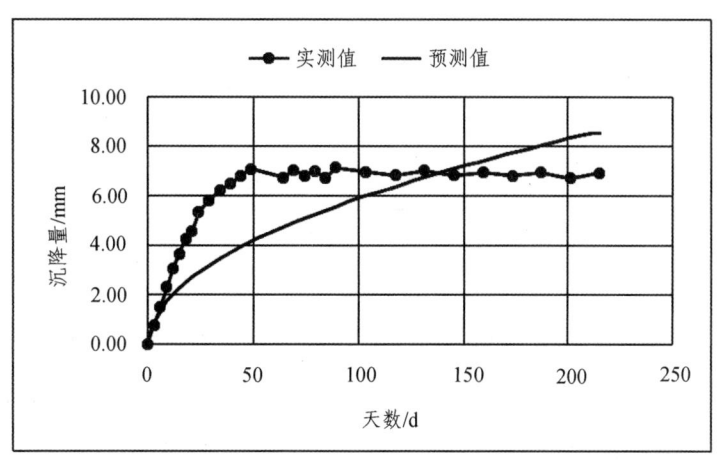

图 7.1 星野模型在 0085500G1 的实测曲线与预测曲线对比图

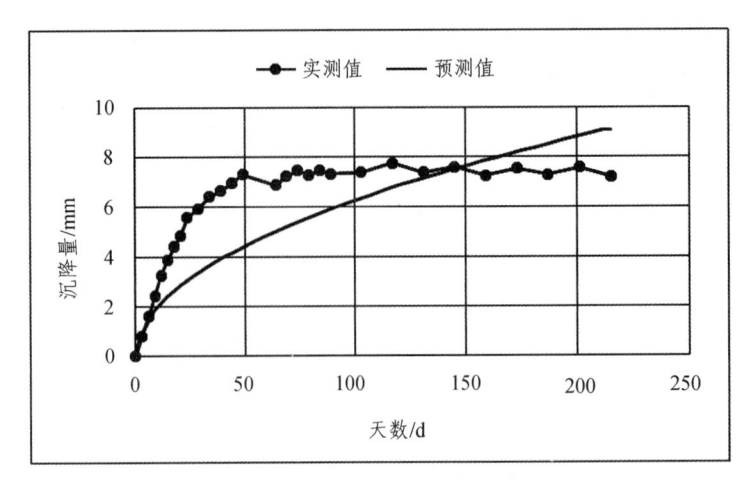

图 7.2 星野模型在 0085500G2 的实测曲线与预测曲线对比图

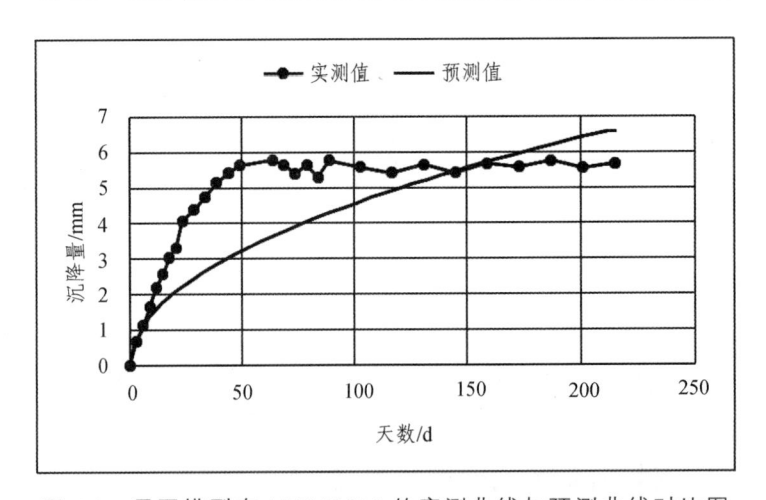

图 7.3 星野模型在 0085500L1 的实测曲线与预测曲线对比图

表 7.1 DK84+920~DK85+760 段沉降预测成果表

测点编号	实测总沉降量/mm	预测模型	预测工后沉降量/mm	相关系数	S_t/S_∞
0085500G1	6.94	星野模型	52.55	0.783	0.117
0085500G2	7.21	星野模型	55.97	0.814	0.114
0085500L1	5.67	星野模型	40.09	0.813	0.124

7.2.2 DK169+737~DK171+031 段

DK169+737~DK171+031 段地质情况与第 2.2 节所述相同。从中选取测点 0170495L2、0170900L2 和 0171031L2 进行所得数据统计，其中，0170495L2 和 0170900L2 的观测时间从 2015 年 3 月 17 日开始，到 2015 年 12 月 8 日为止，0171031L2 的观测时间从 2015 年 3 月 29 日开始，到 2015 年 12 月 8 日为止。观测时间间隔及实测沉降数据见第 2 章。

以沉降数据作为样本值进行模型建模,模型的实测结果与预测结果如图 7.4~图 7.6 所示,沉降预测成果如表 7.2 所示。

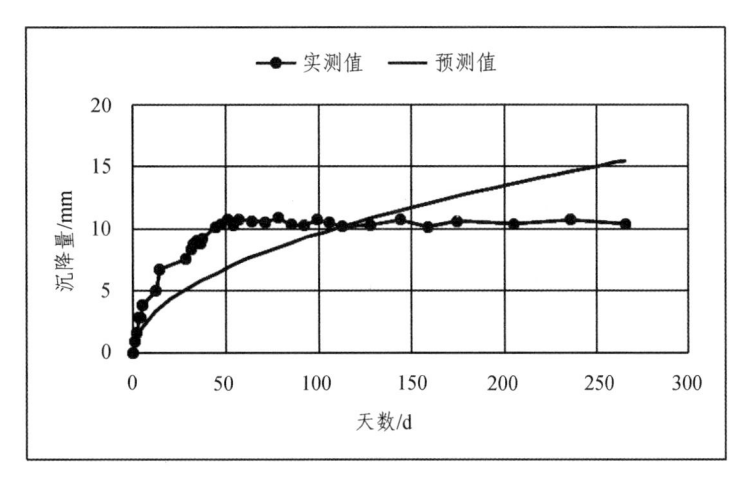

图 7.4 星野模型在 0170495L2 的实测曲线与预测曲线对比图

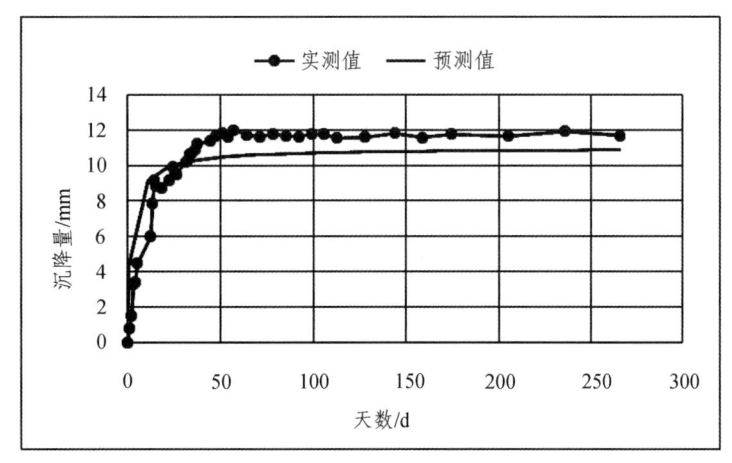

图 7.5 星野模型在 0170900L2 的实测曲线与预测曲线对比图

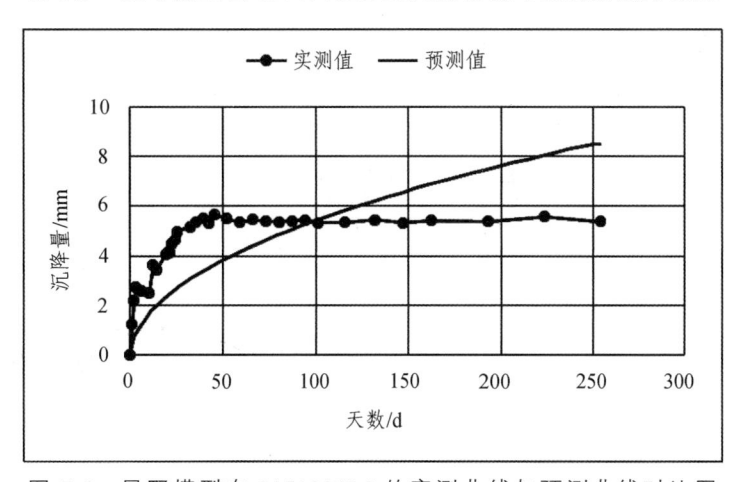

图 7.6 星野模型在 0171031L2 的实测曲线与预测曲线对比图

表 7.2 DK169+737~DK171+031 段沉降预测成果表

测点编号	实测总沉降量/mm	预测模型	预测工后沉降量/mm	相关系数	S_t/S_∞
0170495L2	10.40	星野模型	81.19	0.739	0.103
0170900L2	11.67	星野模型	0.20	0.836	0.976
0171031L2	5.37	星野模型	43.63	0.769	0.096

7.2.3 DK180+418~DK181+126 段

DK180+418~DK181+126 段地质情况与第 2.2 节所述相同。从中选取测点 0180418G1、0180418G2 和 0180495G1 进行所得数据统计，观测时间从 2015 年 3 月 22 日开始，到 2015 年 12 月 26 日为止。观测时间间隔及实测沉降数据见第 2 章。

以沉降数据作为样本值进行模型建模，模型的实测结果与预测结果如图 7.7~图 7.9 所示，沉降预测成果如表 7.3 所示。

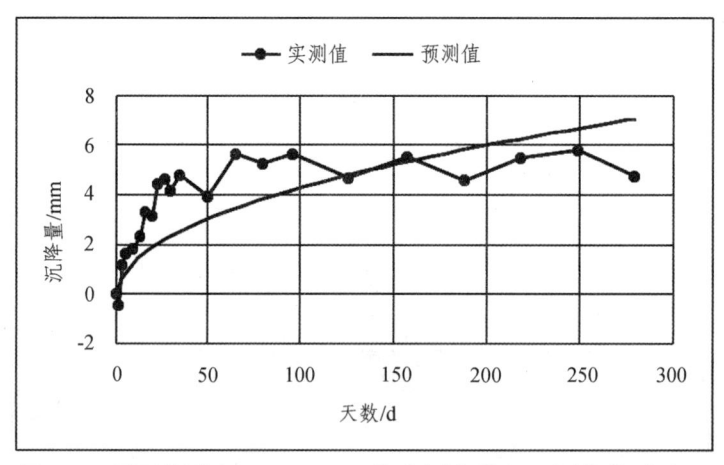

图 7.7 星野模型在 0180418G1 的实测曲线与预测曲线对比图

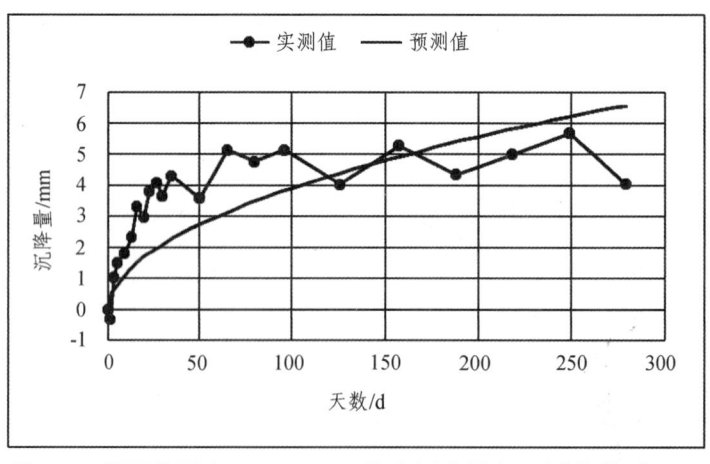

图 7.8 星野模型在 0180418G2 的实测曲线与预测曲线对比图

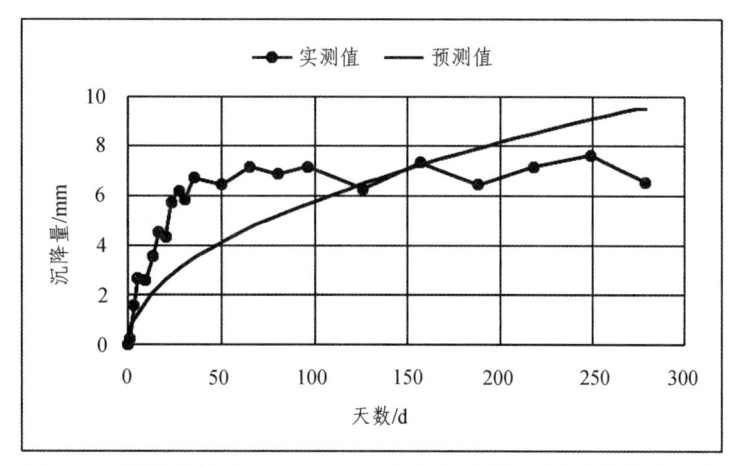

图 7.9 星野模型在 0180495G1 的实测曲线与预测曲线对比图

表 7.3 DK180+418~DK181+126 段沉降预测成果表

测点编号	实测总沉降量/mm	预测模型	预测工后沉降量/mm	相关系数	S_t/S_∞
0180418G1	4.75	星野模型	38.13	0.769	0.111
0180418G2	4.04	星野模型	34.94	0.775	0.104
0180495G1	6.55	星野模型	51.73	0.776	0.112

本章通过运用星野模型对渝万铁路实测沉降数据的分析，得到以下结论：

（1）从图 7.1~图 7.9 可以看出，星野模型前期大体能反映出沉降趋势，但是随着时间越来越长，尤其是观测天数超过 150 d，星野模型逐渐偏离实测曲线，后期拟合效果一般。仅有测点 0170900L2 整体拟合效果较好。

（2）从表 7.1~表 7.3 可以看出，星野模型的相关系数在 0.74~0.84，均未达到 0.92，不能达到《客运专线铁路变形观测评估技术手册》中的要求。且 S_t/S_∞ 的值普遍较低，证明星野模型对于渝万铁路实测数据的预测效果较差。

综合以上分析，对于渝万高速铁路量级小、波动大的观测数据而言，星野曲线相关性不高，越到后期拟合效果越差，预测值与实测值误差越大，所以星野模型并不适用于渝万铁路的沉降预测。

8 Asaoka 模型

8.1 基本原理

Asaoka 法也称浅岗法，是 Asaoka（1978 年）提出的一种从一定时间所得的沉降观测资料来预测最终沉降量的方法。它用式（8-1）所示简化递推关系可近似地反应一维条件下以体积应变表示的固结方程，利用此简化递推关系可用图解法来求解最终沉降值，如图 8.1。

$$S_i = \beta_0 + \beta_1 S_{i-1} \tag{8-1}$$

$$S_\infty = \frac{\beta_0}{1-\beta_1} \tag{8-2}$$

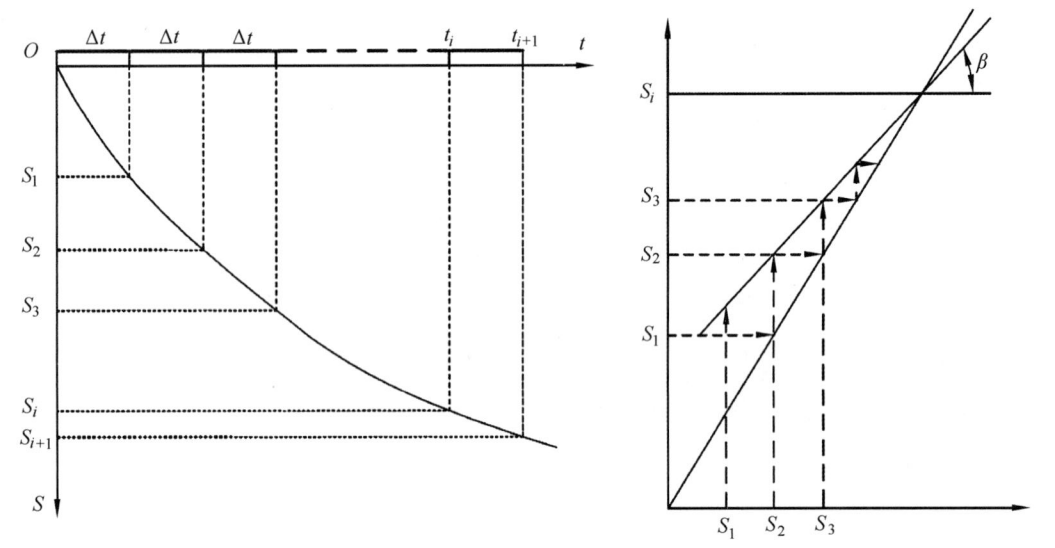

图 8.1 Asaoka 法计算示意图

其初始沉降量与最终沉降的通解为

$$S_t = S_\infty - (S_\infty - S_0)\mathrm{e}^{-a_1 t} \tag{8-3}$$

根据实测沉降量，作图确定待定参数 β_0、β_1 和最终沉降量，推算步骤如下：

（1）沉降数据取等时间段 ∇_t，对应沉降量为 S_1，S_2，…。

（2）以 S_{i-1} 为纵坐标，S_i 为横坐标绘制散点图，求出拟合直线方程，拟合直线的斜率为 β_1，截距为 β_0，作出 $S_i = S_{i-1}$ 的 45° 直线。

（3）作出 $S_i = S_{i-1}$ 的 45° 直线，拟合直线与 45° 直线的交点为最终沉降量。

8.2 实际应用

为了对各模型的建模精度进行比较,本节从工程实际出发,从渝万铁路中抽取了 3 段典型路基为例进行分析,其施工里程分别为:DK84+920~DK85+760、DK169+737~DK171+031、DK180+418~DK181+126,其中 DK84+920~DK85+760 段路基在施工过程中进行了加固和防护措施(包含对基地增加土工格栅、水泥搅拌桩或多向水泥搅拌桩),后两段路基填土高度 5~7 m,为本线路路基填筑高度较高段,3 段路基填筑完成后观测最短周期的已达 6 个月,观测频次满足设计及相关文件要求。

8.2.1 DK84+920~DK85+760 段

DK84+920~DK85+760 段地质情况与第 2.2 节所述相同。从中选取测点 0085500G1、0085500G2 和 0085500L1 进行所得数据统计,观测时间从 2014 年 12 月 29 日开始,到 2015 年 8 月 1 日为止。观测时间间隔及实测沉降数据见第 2 章。

以沉降数据作为样本值进行模型建模,模型的实测结果与预测结果如图 8.2~图 8.4 所示,沉降预测成果如表 8.1 所示。

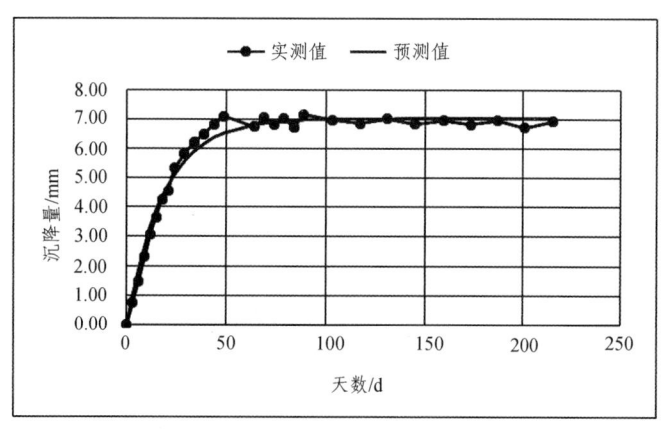

图 8.2 Asaoka 模型在 0085500G1 的实测曲线与预测曲线对比图

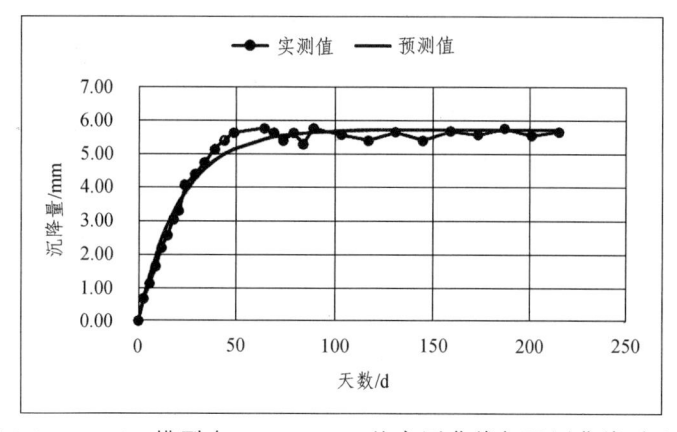

图 8.3 Asaoka 模型在 0085500G2 的实测曲线与预测曲线对比图

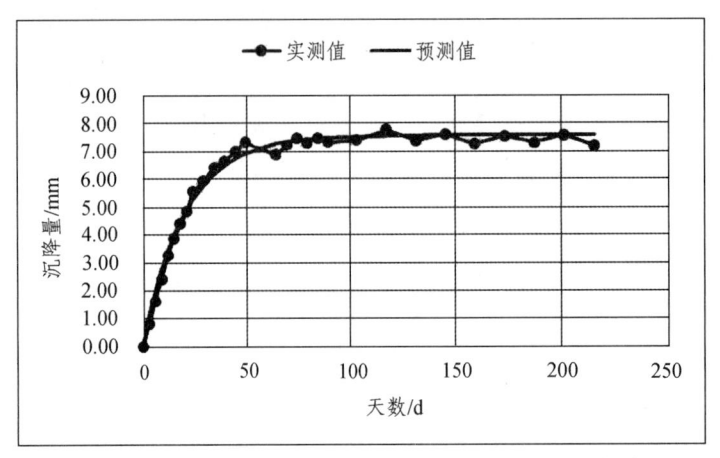

图 8.4 Asaoka 模型在 0085500L1 的实测曲线与预测曲线对比图

表 8.1 DK84+920～DK85+760 段沉降预测成果表

测点编号	实测总沉降量/mm	预测模型	预测工后沉降量/mm	相关系数	S_t/S_∞
0085500G1	6.94	Asaoka 模型	0.10	0.994	0.986
0085500G2	7.21	Asaoka 模型	0.30	0.996	0.961
0085500L1	5.67	Asaoka 模型	0.04	0.991	0.994

8.2.2 DK169+737～DK171+031 段

DK169+737～DK171+031 段地质情况与第 2.2 节所述相同。从中选取测点 0170495L2、0170900L2 和 0171031L2 进行所得数据统计，其中，0170495L2 和 0170900L2 的观测时间从 2015 年 3 月 17 日开始，到 2015 年 12 月 8 日为止，0171031L2 的观测时间从 2015 年 3 月 29 日开始，到 2015 年 12 月 8 日为止。观测时间间隔及实测沉降数据见第 2 章。

以沉降数据作为样本值进行模型建模，模型的实测结果与预测结果如图 8.5～图 8.7 所示，沉降预测成果如表 8.2 所示。

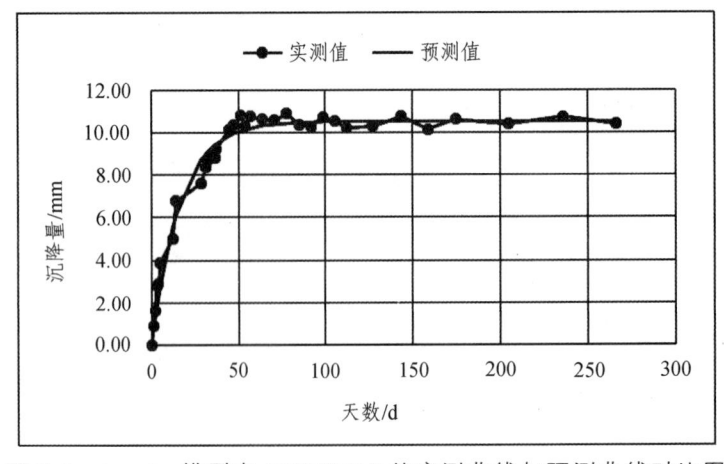

图 8.5 Asaoka 模型在 0170495L2 的实测曲线与预测曲线对比图

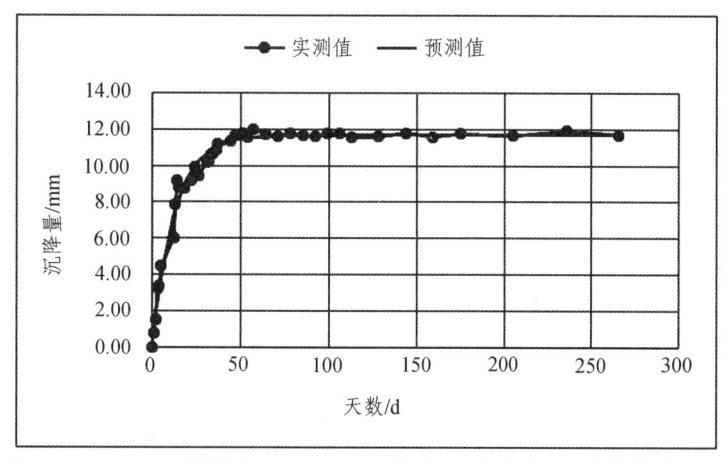

图 8.6 Asaoka 模型在 0170900L2 的实测曲线与预测曲线对比图

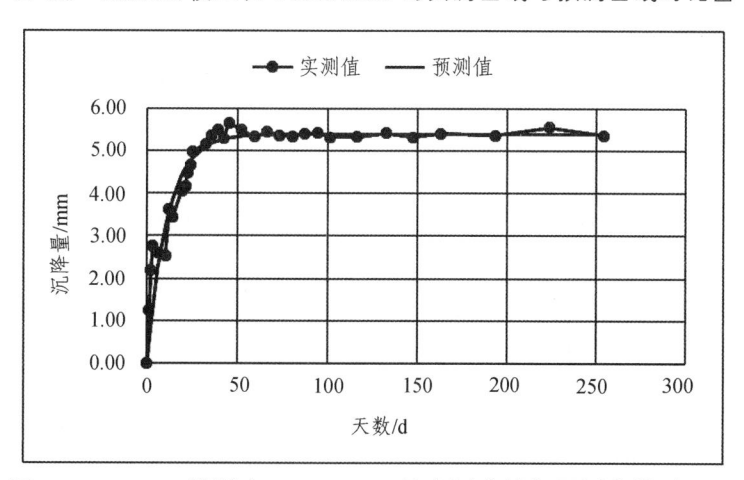

图 8.7 Asaoka 模型在 0171031L2 的实测曲线与预测曲线对比图

表 8.2 DK169+737~DK171+031 段沉降预测成果表

测点编号	实测总沉降量/mm	预测模型	预测工后沉降量/mm	相关系数	S_t/S_∞
0170495L2	10.40	Asaoka 模型	0.12	0.991	0.988
0170900L2	11.67	Asaoka 模型	0.00	0.993	1.000
0171031L2	5.37	Asaoka 模型	0.02	0.966	0.995

8.2.3 DK180+418~DK181+126 段

DK180+418~DK181+126 段地质情况与第 2.2 节所述相同。从中选取测点 0180418G1、0180418G2 和 0180495G1 进行所得数据统计，观测时间从 2015 年 3 月 22 日开始，到 2015 年 12 月 26 日为止。观测时间间隔及实测沉降数据见第 2 章。

以沉降数据作为样本值进行模型建模，模型的实测结果与预测结果如图 8.8~图 8.10 所示，沉降预测成果如表 8.3 所示。

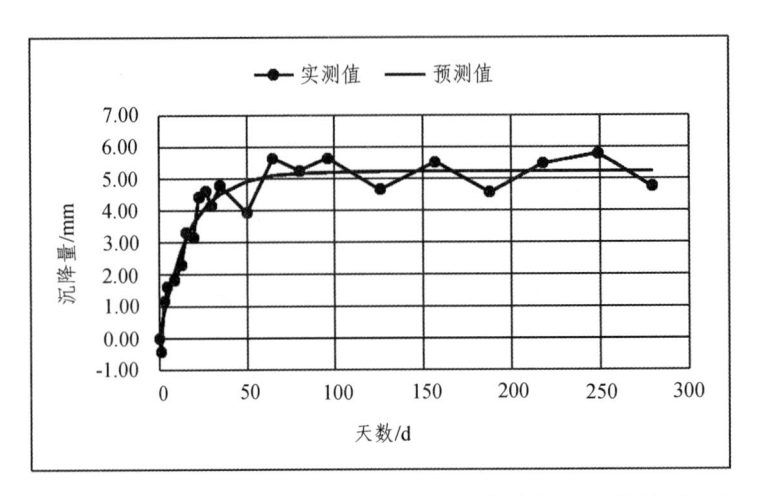

图 8.8 Asaoka 模型在 0180418G1 的实测曲线与预测曲线对比图

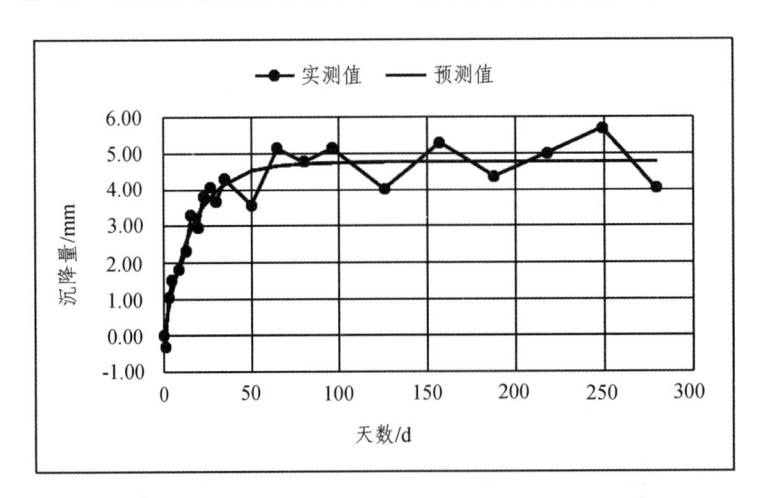

图 8.9 Asaoka 模型在 0180418G2 的实测曲线与预测曲线对比图

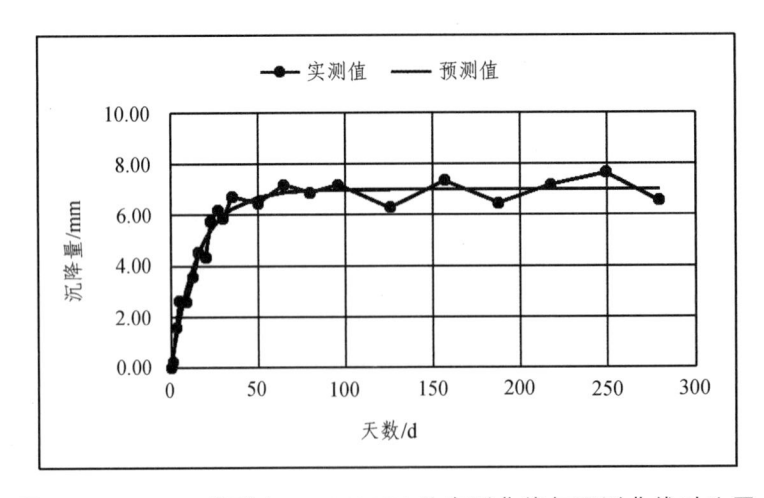

图 8.10 Asaoka 模型在 0180495G1 的实测曲线与预测曲线对比图

表 8.3　DK180＋418～DK181＋126 段沉降预测成果表

测点编号	实测总沉降量/mm	预测模型	预测工后沉降量/mm	相关系数	S_t/S_∞
0180418G1	4.75	Asaoka 模型	0.47	0.967	0.909
0180418G2	4.04	Asaoka 模型	0.73	0.960	0.847
0180495G1	6.55	Asaoka 模型	0.44	0.983	0.983

通过运用 Asaoka 模型对渝万铁路实测沉降数据的分析，得到以下结论：

（1）从图 8.2～图 8.10 可以看出，Asaoka 模型能大体反映累计沉降量随着时间变化的全过程，但原始数据相对于拟合的曲线波动性较大，对原始数据的依赖性大。

（2）从表 8.1～表 8.3 可以看出，Asaoka 模型的相关系数较高，均达到 0.92，能达到《客运专线铁路变形观测评估技术手册》中的要求，且相关系数和 S_t/S_∞ 值的波动较小，说明 Asaoka 模型稳定性较好。

综合以上分析，Asaoka 相关系数较高，精度和适用性较好，可以用于预测渝万高速铁路量级小、波动大的观测数据。

9 泊松曲线模型

9.1 基本原理

泊松曲线法是通过建立沉降量随时间变化的 S 形曲线，从而准确预测铁路沉降全过程变化，曲线表达式为：

$$S_t = \frac{k}{1+a\mathrm{e}^{-bt}} \tag{9-1}$$

式中，S_t 表示沉降时间为 t 时的沉降量；t 表示沉降时间；k、a、b 为待求参数。

利用泊松曲线表达式即可得到沉降变化曲线，首先应通过三段计算法求得 k、a、b 各个参数的值。它要求时间序列中的数据项数或者时间期数 n 是 3 的倍数，把总项数分为 3 段，每段为 r 项（其中 $r=\dfrac{n}{3}$）；自变量 t 的时间间隔相等，前后连续，t 取 1，2，3，…，n。那么对应时间序列的各项数分别为 y_1，y_2，y_3…，y_n。将其分为 3 段：

第 1 段为 $t=1$，2，3，…，r，

第 2 段为 $t=r+1$，$r+2$，$r+3$，…，$2r$，

第 3 段为 $t=2r+1$，$2r+2$，$2r+3$，…，$3r$。

假设 S_1，S_2，和 S_3 分别为以上 3 段内各项数值的倒数之和，即

$$S_1 = \sum_{t=1}^{r}\frac{1}{y_t};\ S_2 = \sum_{t=r+1}^{2r}\frac{1}{y_t};\ S_3 = \sum_{t=2r+1}^{3r}\frac{1}{y_t} \tag{9-2}$$

则可得出参数的求解表达式：

$$b = \frac{\ln\dfrac{(s_1-s_2)}{(s_2-s_3)}}{r} \tag{9-3}$$

$$k = \frac{r}{s_1 - \dfrac{(s_1-s_2)^2}{(s_1-s_2)-(s_2-s_3)}} \tag{9-4}$$

$$a = \frac{(s_1-s_2)^2(1-\mathrm{e}^{-b})k}{[(s_1-s_2)-(s_2-s_3)]\mathrm{e}^{-b}(1-\mathrm{e}^{-rb})} \tag{9-5}$$

根据前期实测沉降数据，利用上述公式求出参数 a，b 和 c 并代入式（9-1），即可得出泊松曲线沉降预测模型方程。

9.2 实际应用

为了对各模型的建模精度进行比较，本节从工程实际出发，从重庆至万州铁路（简称"渝万铁路"）中抽取了三段典型路基为例进行分析，其施工里程分别为：DK84＋920～DK85＋760、DK169＋737～DK171＋031、DK180＋418～DK181＋126，其中DK84＋920～DK85＋760段路基在施工过程中进行了加固和防护措施（包含对基地增加土工格栅、水泥搅拌桩或多向水泥搅拌桩），后两段路基填土高度5～7 m，为本线路路基填筑高度较高段，3段路基填筑完成后观测最短周期的已达6个月，观测频次满足设计及相关文件要求。

9.2.1 DK84＋920～DK85＋760 段

DK84＋920～DK85＋760段地质情况与第2.2节所述相同。从中选取测点0085500G1、0085500G2和0085500L1进行所得数据统计，观测时间从2014年12月29日开始，到2015年8月1日为止。观测时间间隔及实测沉降数据见第2章。

以沉降数据作为样本值进行模型建模，模型的实测结果与预测结果如图9.1～图9.3所示，沉降预测成果如表9.1所示。

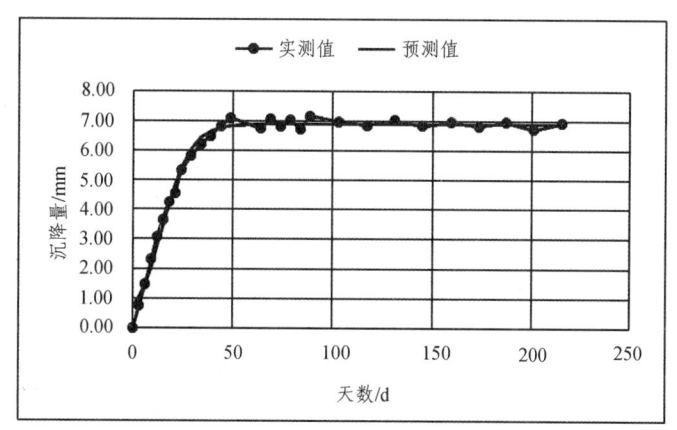

图9.1 泊松曲线模型在0085500G1的实测曲线与预测曲线对比图

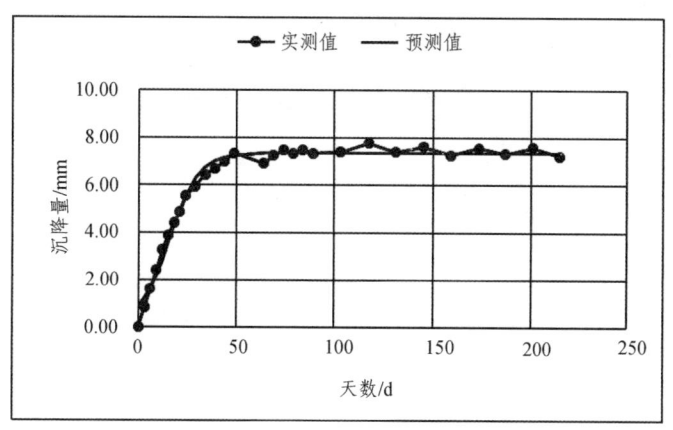

图9.2 泊松曲线模型在0085500G2的实测曲线与预测曲线对比图

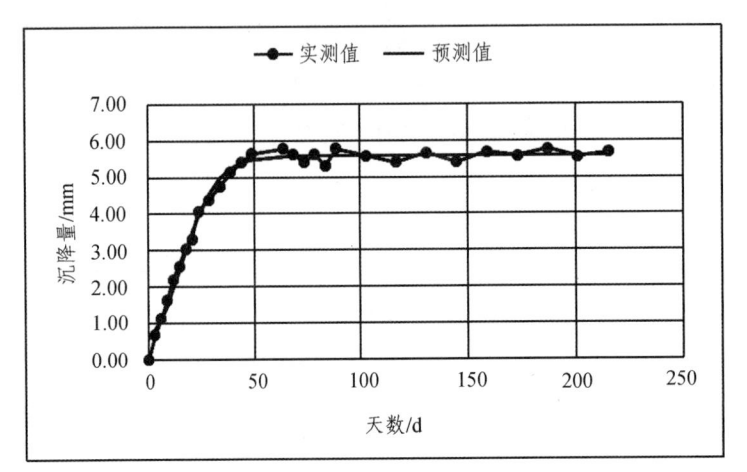

图 9.3 泊松曲线模型在 0085500L1 的实测曲线与预测曲线对比图

表 9.1 DK84+920~DK85+760 段沉降预测成果表

测点编号	实测总沉降量/mm	预测模型	预测工后沉降量/mm	相关系数	S_t/S_∞
0085500G1	6.94	泊松曲线	-0.04	0.995	1.000
0085500G2	7.21	泊松曲线	0.12	0.993	0.984
0085500L1	5.67	泊松曲线	-0.09	0.995	1.000

9.2.2 DK169+737~DK171+031 段

DK169+737~DK171+031 段地质情况与第 2.2 节所述相同。从中选取测点 0170495L2、0170900L2 和 0171031L2 进行所得数据统计，其中，0170495L2 和 0170900L2 的观测时间从 2015 年 3 月 17 日开始，到 2015 年 12 月 8 日为止，0171031L2 的观测时间从 2015 年 3 月 29 日开始，到 2015 年 12 月 8 日为止。观测时间间隔及实测沉降数据见第 2 章。

以沉降数据作为样本值进行模型建模，模型的实测结果与预测结果如图 9.4~图 9.6 所示，沉降预测成果如表 9.2 所示。

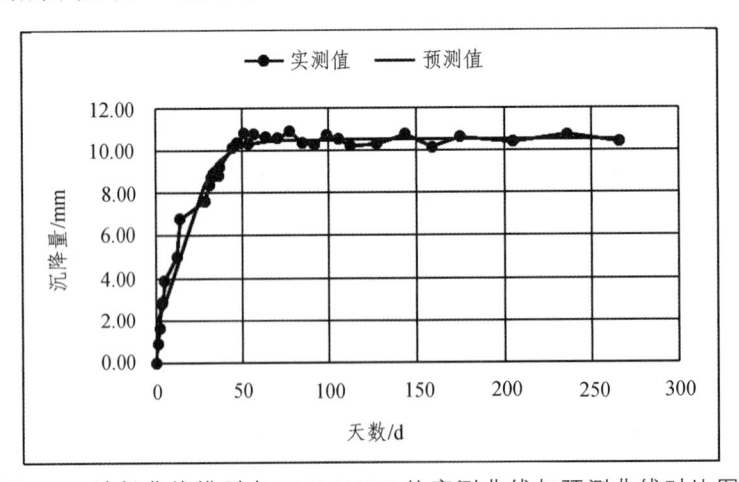

图 9.4 泊松曲线模型在 0170495L2 的实测曲线与预测曲线对比图

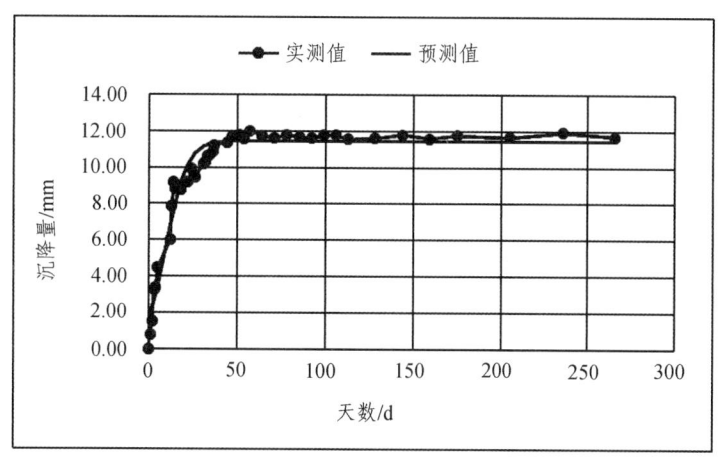

图 9.5 泊松曲线模型在 0170900L2 的实测曲线与预测曲线对比图

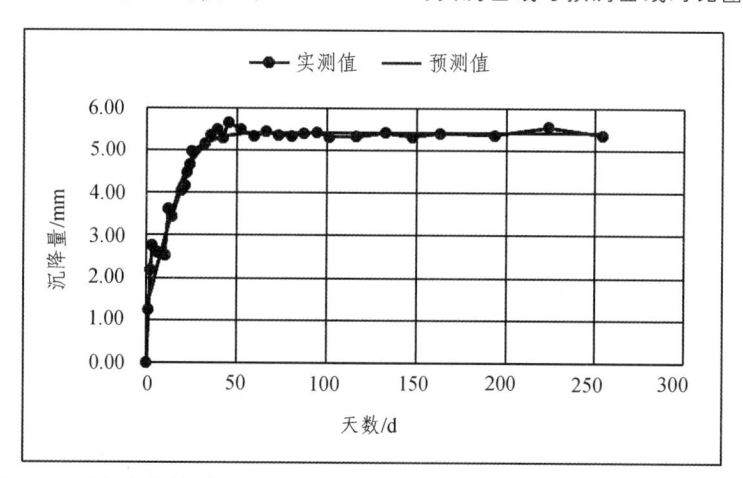

图 9.6 泊松曲线模型在 0171031L2 的实测曲线与预测曲线对比图

表 9.2　DK169+737～DK171+031 段沉降预测成果表

测点编号	实测总沉降量/mm	预测模型	预测工后沉降量/mm	相关系数	S_t/S_∞
0170495L2	10.40	泊松曲线	0.10	0.983	0.990
0170900L2	11.67	泊松曲线	−0.22	0.980	1.000
0171031L2	5.37	泊松曲线	0.06	0.969	0.990

9.2.3　DK180+418～DK181+126 段

DK180+418～DK181+126 段地质情况与第 2.2 节所述相同。从中选取测点 0180418G1、0180418G2 和 0180495G1 进行所得数据统计，观测时间从 2015 年 3 月 22 日开始，到 2015 年 12 月 26 日为止。观测时间间隔及实测沉降数据见第 2 章。

以沉降数据作为样本值进行模型建模，模型的实测结果与预测结果如图 9.7～图 9.9 所示，沉降预测成果如表 9.3 所示。

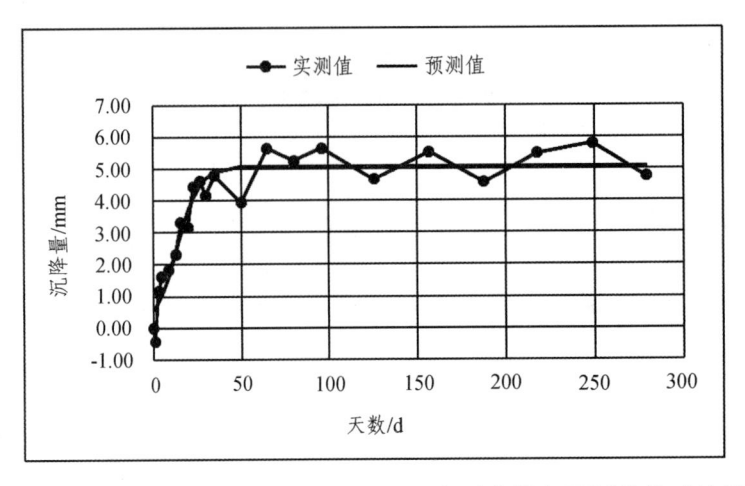

图 9.7 泊松曲线模型在 0180418G1 的实测曲线与预测曲线对比图

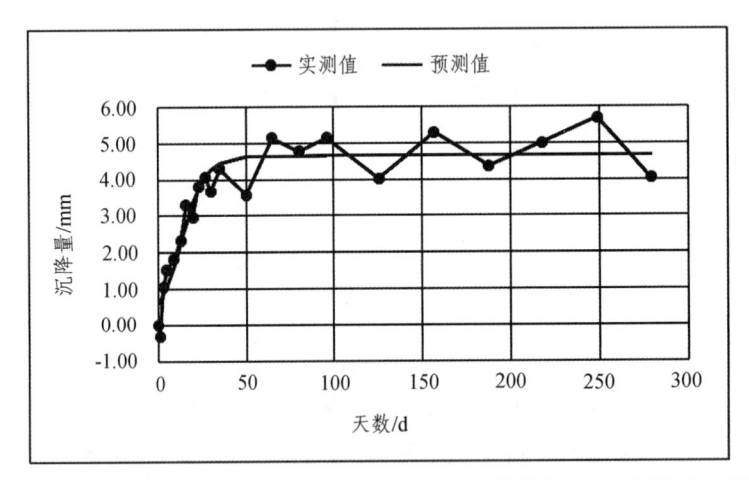

图 9.8 泊松曲线模型在 0180418G2 的实测曲线与预测曲线对比图

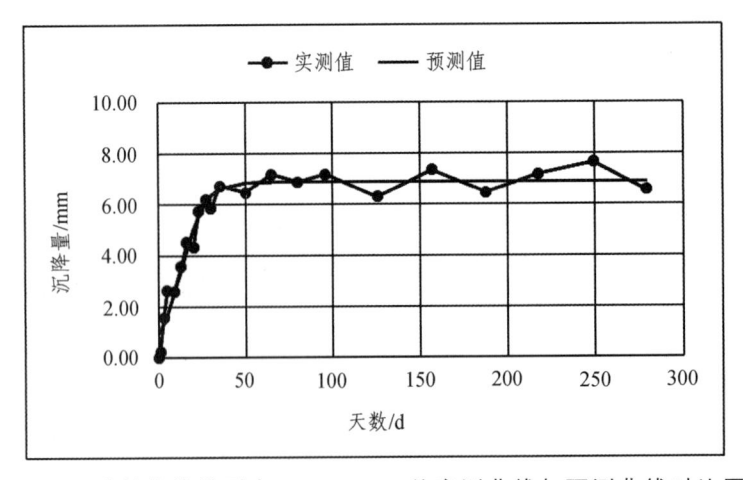

图 9.9 泊松曲线模型在 0180495G1 的实测曲线与预测曲线对比图

表 9.3　DK180+418~DK181+126 段沉降预测成果表

测点编号	实测总沉降量/mm	预测模型	预测工后沉降量/mm	相关系数	S_t/S_∞
0180418G1	4.75	泊松曲线	0.34	0.959	0.933
0180418G2	4.04	泊松曲线	0.61	0.946	0.869
0180495G1	6.55	泊松曲线	0.34	0.977	0.951

通过运用泊松曲线模型对渝万铁路实测沉降数据的分析，得到以下结论：

（1）从图 9.1~图 9.9 可以看出，泊松曲线模型能大体反映出沉降趋势。但相较而言，在前两个铁路沉降监测段预测曲线的拟合效果更为良好，回归曲线与实测数据更为接近。

（2）从表 9.1~表 9.3 可以看出，泊松曲线模型曲线的相关系数较高，均大于 0.92，满足《客运专线铁路变形观测评估技术手册》中的要求，且相关系数和 S_t/S_∞ 值的波动较小，说明泊松曲线模型的适用性和稳定性较好。但存在部分数据的预测工后沉降量为负值的情况，说明泊松曲线模型并不是完全适用于渝万铁路的实测沉降数据的预测，部分数据需要做进一步的处理和分析。

综合以上分析，对于渝万高速铁路量级小、波动大的观测数据而言，泊松曲线模型的相关性和稳定性良好，存在部分数据预测工后沉降量小于 0 的情况，需要对部分数据进行进一步的处理和分析。

10 灰色理论预测模型

10.1 基本原理

灰色系统理论是我国著名学者邓聚龙教授于1982年在国际经济学会议上提出的一种新理论。该理论主要是针对在系统模型不明确、信息不完整的情况下，进行关于系统的关联分析、模型建构、借助预测及决策方法的探讨。该系统主要用于分析处理少数据、贫信息的模糊性问题。它把一般系统论、信息论及控制论的观点和方法延伸到社会、经济和生态等抽象系统，并结合数学方法，发展出一套解决信息不完全系统的理论和方法。之后，刘思峰等人又对灰色系统理论做了进一步的探讨，并广泛应用于工程实践。灰色系统理论经过20多年的发展，已经基本建立起一门新兴学科的结构体系，其主要内容包括以灰色朦胧集为基础的理论体系，以灰色关联空间为依托的分析体系，以灰色序列生成为基础的方法体系，以灰色模型（GM）为核心的模型体系，以系统分析、评估、建模、预测、决策、控制、优化为主体的技术体系。近些年来，在国内外掀起了一股研究灰色系统理论的热潮，引起了不少国内外学者的广泛关注，得到了长足的发展。目前，该理论已渗透到工业、环境、交通、地质等诸多领域，有着强大的应用力。

灰色系统理论的主要任务是根据具体的行为特征数据，充分开发并利用少数据中的明显的信息和隐藏的信息，寻找因素间或因素本身的数学关系，它通过采用适当的方法对原始数据进行灰生成，从而得到规律性较强的生成函数或数据序列。灰色模型按照五步建模思想构建，通过灰色生成或序列算子的作用弱化随机性，挖掘潜在的规律，通过灰色差分方程和灰色微分方程之间的互换实现了利用离散的数据序列建立连续的动态微分方程的新飞跃。

一般的灰色模型为 GM(n,h) 模型，它表示对 h 个变量用 n 阶微分方程建立的模型。在 GM(n,h) 模型中，因 n 和 h 的取值不同，有不同的意义和用途。大体可归纳为3类：

（1）作为预测模型，常用 GM(n,1) 模型，即只要一个变量的 GM 模型。这是因为对社会、经济、农业等系统的效益（效果、产量、产值等）的发展变化进行分析和预测时，只需研究一个变量，即"效果"的数据序列。至于阶数 n，一般不超过3阶，因为 n 越大，计算越复杂，且精度也未必就高。通常为计算简单，取 $n=1$，因此，从预测的角度来建模，一般选定 GM(1,1) 模型。

（2）作为状态模型，常用 GM(1,h) 模型。因为它可以反映 $h-1$ 个变量对于某一变量一阶导数的影响。这需要 h 个时间序列，并且事先必须做尽可能客观的分析，以确定哪些因素的时间序列应计入这 h 个变量中。

（3）作为静态模型，常用 GM(0,h) 模型，即 $n=0$，表示不考虑变量的导数，所以是静态。

因为本节研究的是沉降预测，因此选择 GM(1,1) 模型。

10.1.1 GM(1,1) 预测模型

设 $[x^{(0)}]=[x_1^{(0)},x_2^{(0)},\cdots,x_n^{(0)}]$ 为原始数据列，所对应的时间序列为 $t=[t_1,t_2,\cdots,t_n]$，该数列的一次累加为 $[x^{(1)}]=[x_1^{(1)},x_2^{(1)},\cdots,x_n^{(1)}]$，以削弱原始数据的随机性和波动性，式中

$$x^{(1)}(k)=\sum_{j=1}^{n}x^{(0)}(f), k=1,2,\cdots,n \quad (10\text{-}1)$$

建立白化形式的微分方程

$$\mathrm{d}x^{(1)}/\mathrm{d}t+ax^{(1)}=u \quad (10\text{-}2)$$

式中，a 为发展灰数，反映 $x^{(1)}$ 及原始序列 $x^{(0)}$ 的发展趋势；u 为内生控制灰数，反映数据间的变化关系。

为求解 a 和 u，令 $\hat{a}=(a,u)^{\mathrm{T}}$ 为待估向量，由于分析的数列是离散的，将 $\mathrm{d}x^{(1)}/\mathrm{d}t$ 离散化，则有

$$\mathrm{d}x^{(1)}(k)/\mathrm{d}t=x^{(1)}(k)-x^{(1)}(k-1), k=2,3,\cdots,n \quad (10\text{-}3)$$

令 $z^{(1)}(k)=0.5\times[x^{(1)}(k)+x^{(1)}(k-1)]$，$z^{(1)}(k)$ 称为背景值。

将 $\mathrm{d}x^{(1)}/\mathrm{d}t+ax^{(1)}=u$ 离散化后得到

$$x^{(1)}(k)-x^{(1)}(k-1)+az^{(1)}(k)=u, k=2,3,\cdots,n \quad (10\text{-}4)$$

利用最小二乘法求解上式可得

$$\hat{a}=(\boldsymbol{B}^{\mathrm{T}}\boldsymbol{B})^{-1}\boldsymbol{B}^{\mathrm{T}}\boldsymbol{Y}_n \quad (10\text{-}5)$$

式中，$\boldsymbol{B}=\begin{bmatrix}-z^{(1)}(2) & 1\\ -z^{(1)}(3) & 1\\ \vdots & \vdots\\ -z^{(1)}(n) & 1\end{bmatrix}$，$\boldsymbol{Y}_n=(x_2^{(0)},x_3^{(0)},\cdots,x_n^{(0)})^{\mathrm{T}}$。

求得 a 和 u 之后，继续求解 $\mathrm{d}x^{(1)}/\mathrm{d}t+ax^{(1)}=u$，可得

$$\hat{x}^{(1)}=c\mathrm{e}^{-at}+u/a \quad (10\text{-}6)$$

式中 $\hat{x}^{(1)}$ 为 $x^{(1)}$ 数列的预测值，c 为待定常数，将式（10-6）离散化则有：

$$\hat{x}^{(1)}(k+1)=c\mathrm{e}^{-ak}+\frac{u}{a}, k=0,1,\cdots,n-1 \quad (10\text{-}7)$$

为求解常数 c，需要事先选定一个初始值，假定 $\hat{x}^{(1)}(k) = x^{(0)}(1)$，则 $c = x^{(0)}(1) - u/a$，代入式（10-7）中，得

$$\hat{x}^{(1)}(k+1) = [x^{(0)}(1) - u/a] \times e^{-ak} + \frac{u}{a}, k = 0, 1, \cdots, n-1 \quad (10\text{-}8)$$

以上便是 GM(1,1) 建模的一般过程，可以看出 GM(1,1) 模型是基于"贫"信息状况，在时序累加生成层次上，用微分拟合法建立的一个单一变量一阶常系数微分方程，旨在描述一个环境相对不变的广义能力系统。通过推导，知道灰数 a 和 u 是预测模型对于未来预测值精度的关键，发现传统 GM(1,1) 存在以下问题：

（1）背景值 $z^{(1)}(k)$ 的生成。为便于求解，GM(1,1) 的背景值是由一次累加生成序列紧邻等权生成的，即权重值为 0.5，理论上并未证明权重值为 0.5 时，模型预测的精度最高。

（2）采用 $\hat{a} = (B^T B)^{-1} B^T Y_n$ 求解灰数 a 和 u，采用的是等权最小二乘法求解，并未考虑时间因素，但事实上，距离现在越近的时刻，新的信息含量越大，越能反映未来的发展趋势。

灰色理论模型不但可以进行动态的实时沉降预测，还可以进行静态的阶段性的沉降预测，预测的精度完全能满足线下施工监控的技术要求，因此灰色模型具有很强的适用性。GM(1,1) 预测模型是增长的指数模型，具有无限增长的特性。作为能量系统，不可能出现这种现象。这表明 GM(1,1) 作为短期预测是合适的，作为中期预测可以参考，作为长期预测可靠性明显削弱，所以做中长期预测时需要加入弱化算子来修正系统的无限增长性。

10.1.2 改进的 GM(1,1) 预测模型

针对 GM(1,1) 模型的不足，本节引入了自适应加权灰色系统 UQGM(1,1) 和基于新信息优先原理的 NpGM(1,1)。UQGM(1,1) 相比于传统的 GM(1,1)，优势在于考虑了背景值得权重系数和时间因素。NpGM(1,1) 相比于传统的 GM(1,1)，则是充分考虑原始信息，在数据处理中，对原始数据累加生成新的序列，在此基础上进行预报，它体现了新信息优先的原理，同时也符合最少信息原理。

1. 改进型的灰色预测模型 UQGM(1,1)

针对传统 GM(1,1) 存在的缺陷 UQGM(1,1) 进行了改进，采用了一种自适应加权的模型。首先，重新考虑背景值 $z^{(1)}(k)$ 的权重系数，用 μ 代替 0.5，并重新定义背景值 $z^{(1)}(k)$。即

$$z^{(1)}(k) = \mu \times x^{(1)}(k) + (1-\mu) \times x^{(1)}(k-1) \quad (10\text{-}9)$$

式中，μ 可以通过设置一个自适应寻优方法来确定，这在点算算法上可以实现，从而解决了模型背景值权重系数的取值问题。

其次，考虑时间因素。以此累加序列中各个时刻当成一个 i 维空间中的一个点的 i 个分量，即 $T_i = [t_1, t_2, \cdots, t_i]$。现在时刻为 t_n，取 T_i 中最大分量 t_i 与现在时间 t_n 的时间间隔代表一次累加序列距现在时刻的时间距离。通过时间距离的概念 $D_{ni} = t_n - t_i$，再采用一种函数生成全值矩阵，解决时间因素的问题。

在具体算法实现过程中，对于自适应权重系数 μ 的设定，主要考虑采用循环条件思想，截止条件是预测模型算出的已有数据和原始数据的离差平方和最小。μ 的改进模型流程如图 10.1 所示。

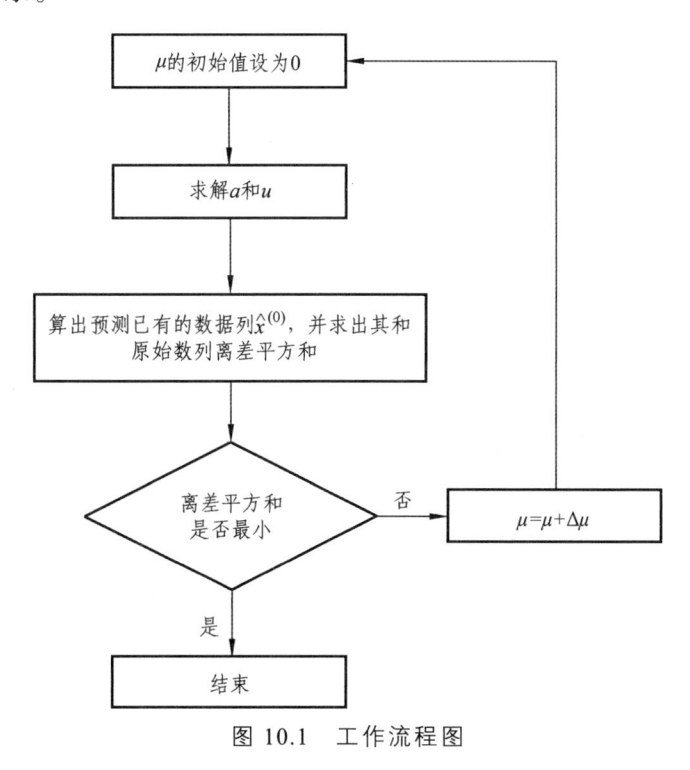

图 10.1 工作流程图

对于常见的等时间间隔的原始数据，时间距离即为 $D_{ni} = n - i$。利用高斯函数生成 t_i 时刻一次累加值在 t_n 时刻的权值

$$q_i(t_i) = e^{(1-D_{ni}^2)} = e^{[1-(n-i)]^2} \tag{10-10}$$

从而生成时间的权值矩阵

$$\boldsymbol{Q} = \begin{bmatrix} q_{ii} & \cdots & 0 \\ \vdots & & \vdots \\ 0 & \cdots & q_{n-i,n-i} \end{bmatrix} \tag{10-11}$$

从而在求解灰数 $\hat{a}$ 使用的公式为

$$\hat{a} = (\boldsymbol{B}^T \boldsymbol{Q} \boldsymbol{B})^{-1} \boldsymbol{B}^T \boldsymbol{Q} \boldsymbol{Y}_n \tag{10-12}$$

进而解决了在距现在时刻较近的观测点比较远的观测点对预测系统的预测系数估计有较大贡献的问题。

2. 改进型的灰色预测模型 NpGM(1,1)

对于充分考虑原始信息的 NpGM(1,1) 模型，有以下计算流程：

（1）生成累加序列。设原始时间序列为 $x^{(0)} = \{x^{(0)}(1), x^{(0)}(2), \cdots, x^{(0)}(n)\}$。对该数据序列做一次累加，生成序列

$$x^{(1)} = \{x^{(1)}(1), x^{(1)}(2), \cdots, x^{(1)}(n)\} \tag{10-13}$$

式中，$x^{(1)}(k) = \sum_{i=1}^{k} x^{(0)}(i), k = 1, 2, \cdots, n$。

（2）确定数据矩阵 **B**、**Y**，其公式为

$$\boldsymbol{B} = \begin{bmatrix} -z(2) & -z(3) & \cdots & -z(n) \\ 1 & 1 & \cdots & 1 \end{bmatrix}^{\mathrm{T}} \tag{10-14}$$

$$\boldsymbol{Y} = [x^{(0)}(2) \quad x^{(0)}(3) \quad \cdots \quad x^{(0)}(n)]^{\mathrm{T}} \tag{10-15}$$

（3）解求参数 a、b。a、b 的取值为

$$\begin{bmatrix} a \\ b \end{bmatrix} = \hat{a} = (\boldsymbol{B}^{\mathrm{T}} \boldsymbol{B})^{-1} \boldsymbol{B}^{\mathrm{T}} \boldsymbol{Y} \tag{10-16}$$

（4）确定微分方程的时间函数。即

$$\hat{x}^{(1)}(k) = \left(x^{(1)}(n) - \frac{b}{a}\right) \mathrm{e}^{-a(k-n)} + \frac{b}{a}, k \in \mathbf{N}^+ \tag{10-17}$$

（5）求原始数据序列还原值。即

$$\begin{cases} \hat{x}^{(0)}(1) = \hat{x}^{(1)}(1) \\ \hat{x}^{(0)}(k+1) = \hat{x}^{(1)}(k+1) - \hat{x}^{(1)}(1) \end{cases} \tag{10-18}$$

（6）计算平均相对误差 $\bar{\Delta}$。公式为

$$\bar{\Delta} = \frac{1}{n} \sum_{k=1}^{n} \frac{|\varepsilon(k)|}{x^{(0)}(k)} \tag{10-19}$$

式中，$\varepsilon(k) = x^{(0)}(k) - \hat{x}^{(0)}(k), k = 1, 2, \cdots, n$。

（7）确定最佳权值 p，及对应的微分方程时间函数、原始数据序列还原值，依次进行预测。

由以上计算流程可以看出，改进后的 $x^{(1)}(n)$ 充分利用了已有的最少信息，对原始数据中含有的信息进行了充分利用，相比于 GM(1,1) 更加符合灰色系统理论的特点。

10.2 实际应用

为了对各模型的建模精度进行比较，本节从工程实际出发，从重庆至万州铁路（简称"渝万铁路"）中抽取了 3 段典型路基为例进行分析，其施工里程分别为：DK84+920~DK85+760、DK169+737~DK171+031、DK180+418~DK181+126，其中 DK84+920~DK85+760 段路基在施工过程中进行了加固和防护措施（包含对基地增加土工格栅、水泥搅拌桩或多向水泥搅拌桩），后两段路基填土高度 5~7 m，为本线路路基填筑高度较高段，3 段路基填筑完成后观测最短周期的已达 6 个月，观测频次满足设计及相关文件要求。

10.2.1 DK84+920~DK85+760 段

DK84+920~DK85+760 段地质情况与第 2.2 节所述相同。从中选取测点 0085500G1、0085500G2 和 0085500L1 进行所得数据统计，观测时间从 2014 年 12 月 29 日开始，到 2015 年 8 月 1 日为止。观测时间间隔及实测沉降数据见第 2 章。

以沉降数据作为样本值进行模型建模，模型的实测结果与预测结果如图 10.2~图 10.10 所示，沉降预测成果如表 10.1 所示。

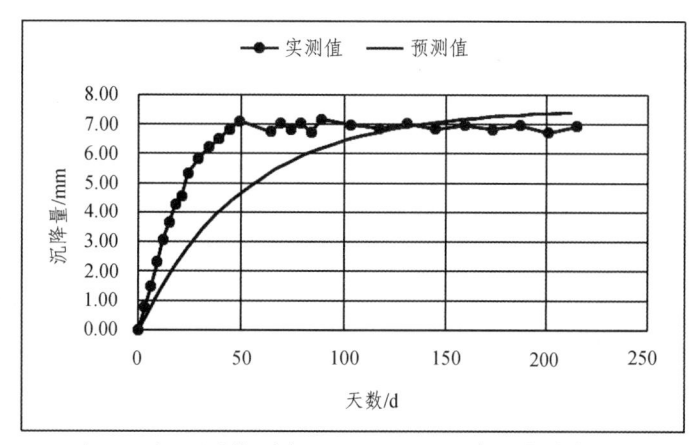

图 10.2 GM（1，1）预测模型在 0085500G1 的实测曲线与预测曲线对比图

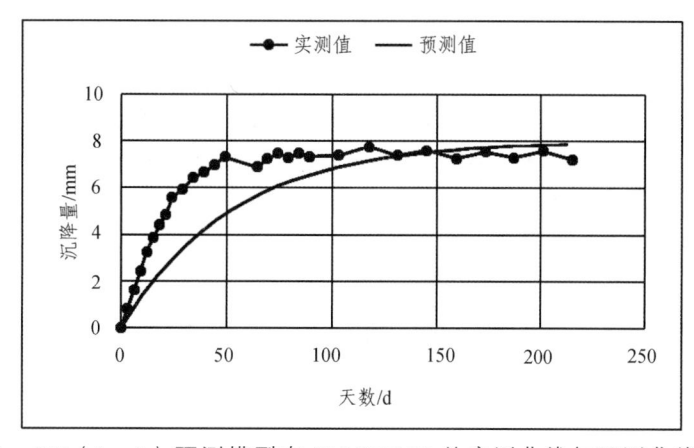

图 10.3 GM（1，1）预测模型在 0085500G2 的实测曲线与预测曲线对比图

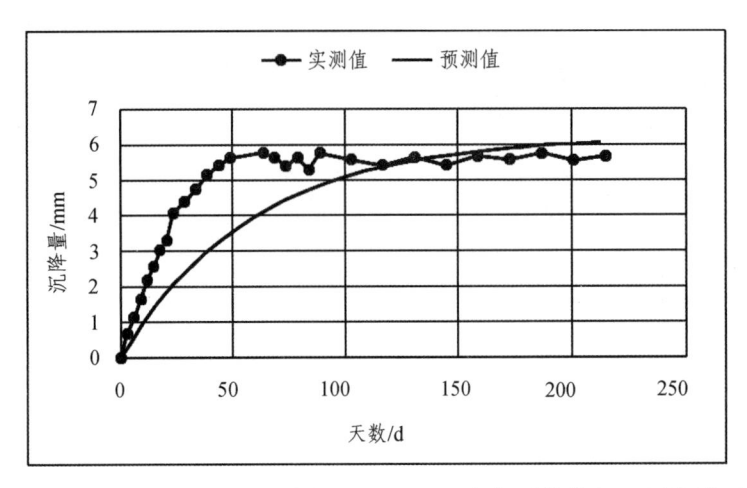

图 10.4　GM（1，1）预测模型在 0085500L1 的实测曲线与预测曲线对比图

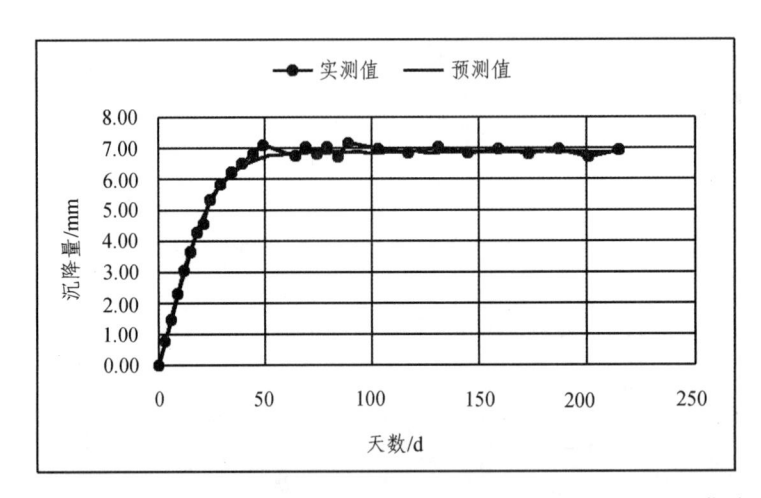

图 10.5　UQGM（1，1）预测模型在 0085500G1 的实测曲线与预测曲线对比图

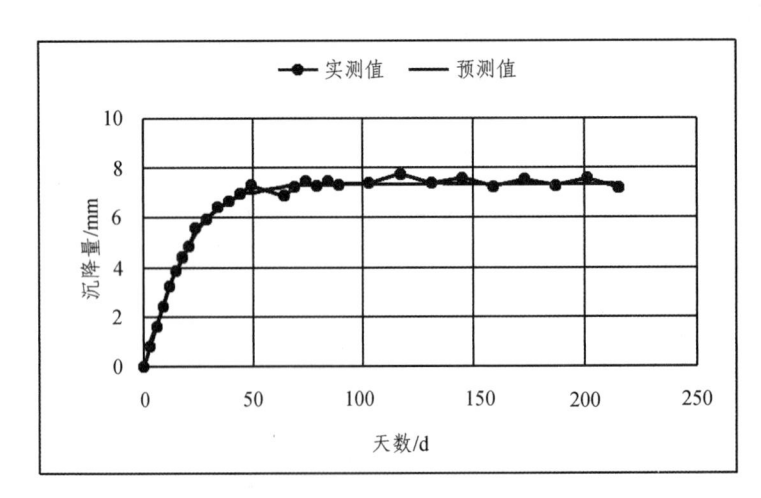

图 10.6　UQGM（1，1）预测模型在 0085500G2 的实测曲线与预测曲线对比图

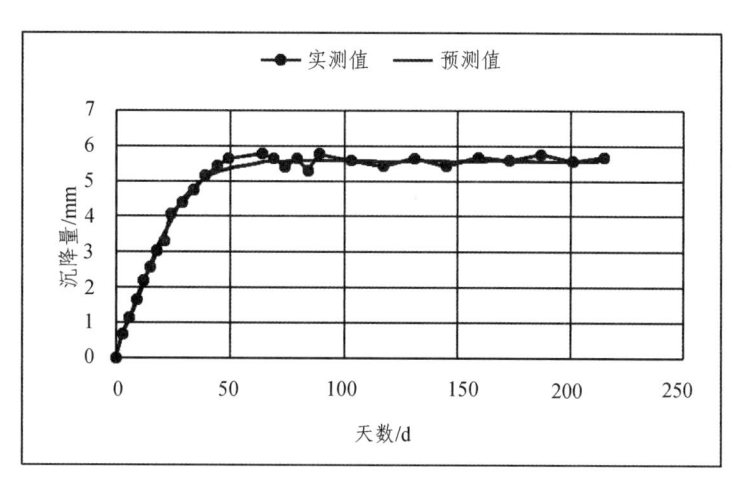

图 10.7　UQGM（1，1）预测模型在 0085500L1 的实测曲线与预测曲线对比图

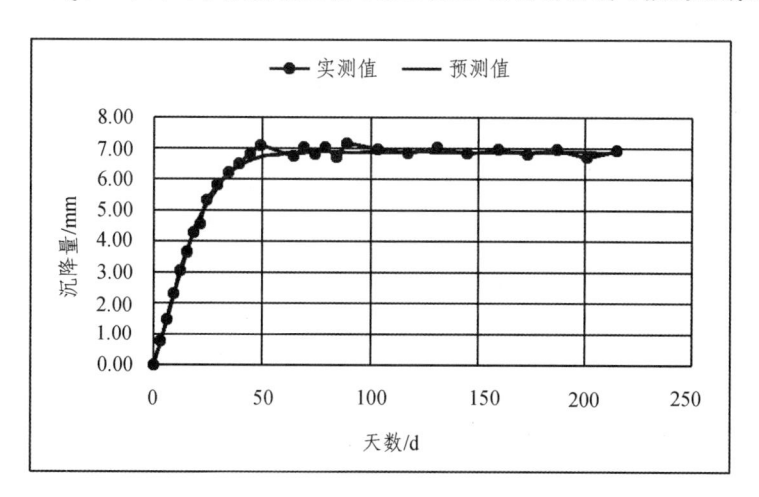

图 10.8　NpGM（1，1）预测模型在 0085500G1 的实测曲线与预测曲线对比图

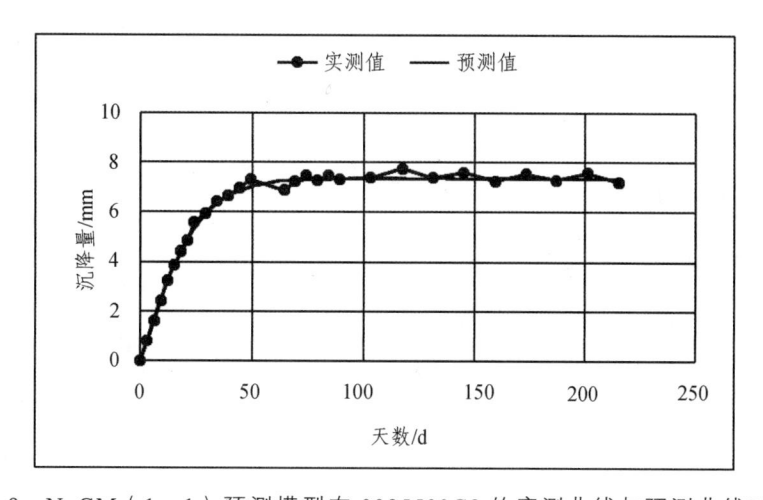

图 10.9　NpGM（1，1）预测模型在 0085500G2 的实测曲线与预测曲线对比图

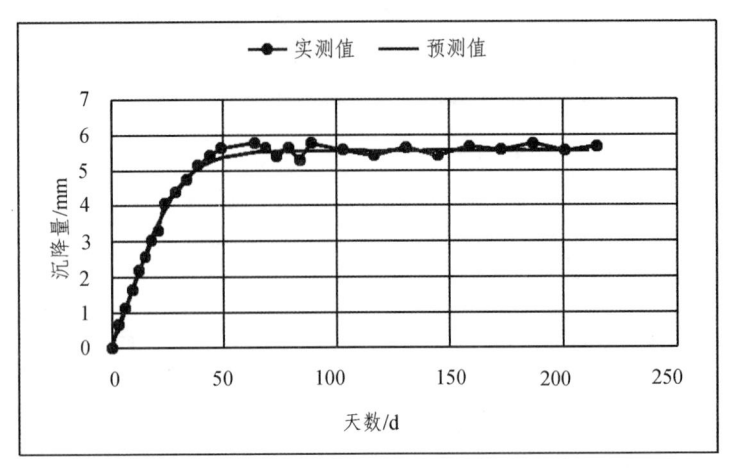

图 10.10　NpGM（1，1）预测模型在 0085500L1 的实测曲线与预测曲线对比图

表 10.1　DK84+920~DK85+760 段沉降预测成果表

测点编号	实测总沉降量/mm	预测模型	预测工后沉降量/mm	相关系数	S_t/S_∞
0085500G1	6.94	GM（1，1）模型	0.59	0.883	0.912
		UQGM（1，1）模型	0.00	0.986	1.000
		NpGM（1，1）模型	0.00	0.997	1.000
0085500G2	7.21	GM（1，1）模型	0.82	0.905	0.884
		UQGM（1，1）模型	0.20	0.997	1.000
		NpGM（1,1）模型	0.21	0.998	1.000
0085500L1	5.67	GM（1，1）模型	0.57	0.888	0.896
		UQGM（1，1）模型	-0.06	0.997	0.989
		NpGM（1，1）模型	-0.06	0.996	0.989

10.2.2　DK169+737~DK171+031 段

DK169+737~DK171+031 段地质情况与第 2.2 节所述相同。从中选取测点 0170495L2、0170900L2 和 0171031L2 进行所得数据统计，其中，0170495L2 和 0170900L2 的观测时间从 2015 年 3 月 17 日开始，到 2015 年 12 月 8 日为止，0171031L2 的观测时间从 2015 年 3 月 29 日开始，到 2015 年 12 月 8 日为止。观测时间间隔及实测沉降数据见第 2 章。

以沉降数据作为样本值进行模型建模，模型的实测结果与预测结果如图 10.11~图 10.19 所示，沉降预测成果如表 10.2 所示。

10 灰色理论预测模型

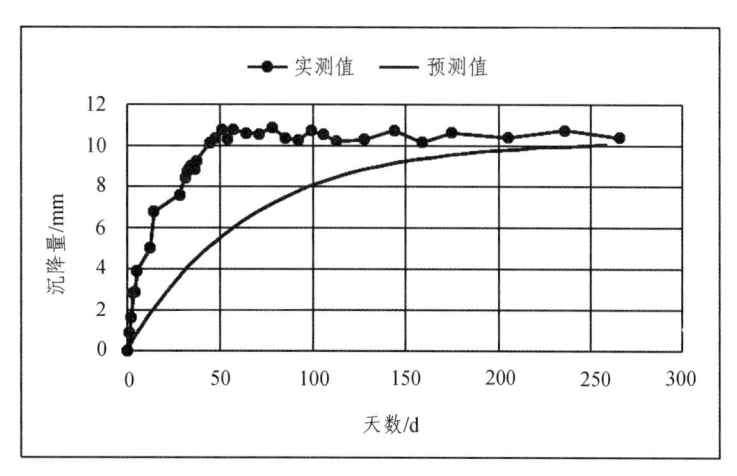

图 10.11　GM（1，1）预测模型在 0170495L2 的实测曲线与预测曲线对比图

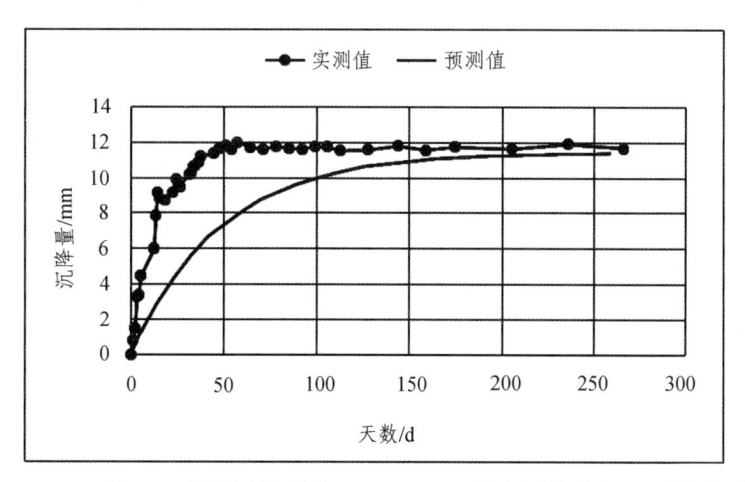

图 10.12　GM（1，1）预测模型在 0170900L2 的实测曲线与预测曲线对比图

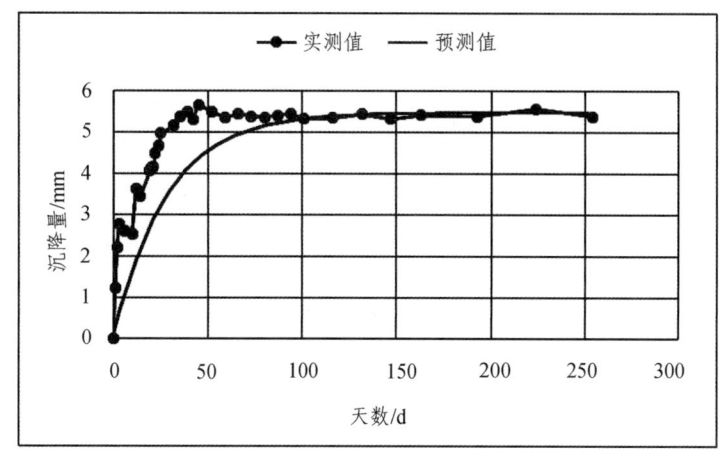

图 10.13　GM（1，1）预测模型在 0171031L2 的实测曲线与预测曲线对比图

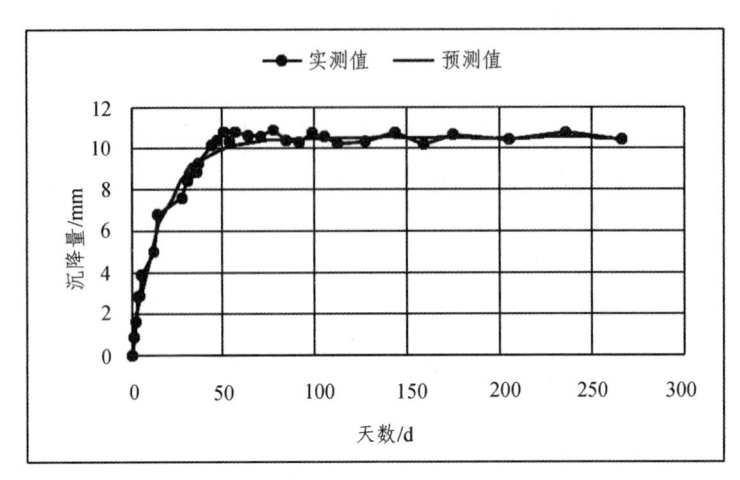

图 10.14　UQGM（1，1）预测模型在 0170495L2 的实测曲线与预测曲线对比图

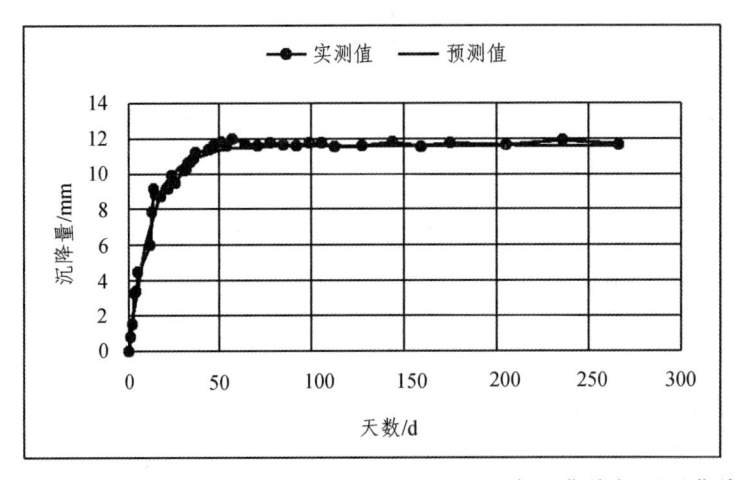

图 10.15　UQGM（1，1）预测模型在 0170900L2 的实测曲线与预测曲线对比图

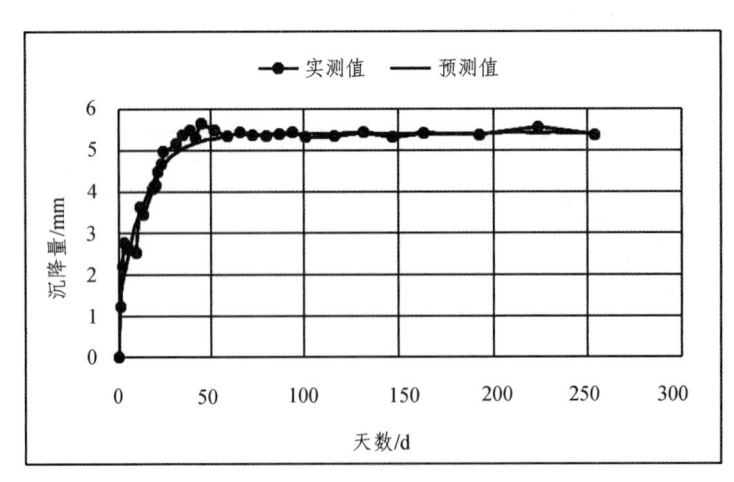

图 10.16　UQGM（1，1）预测模型在 0171031L2 的实测曲线与预测曲线对比图

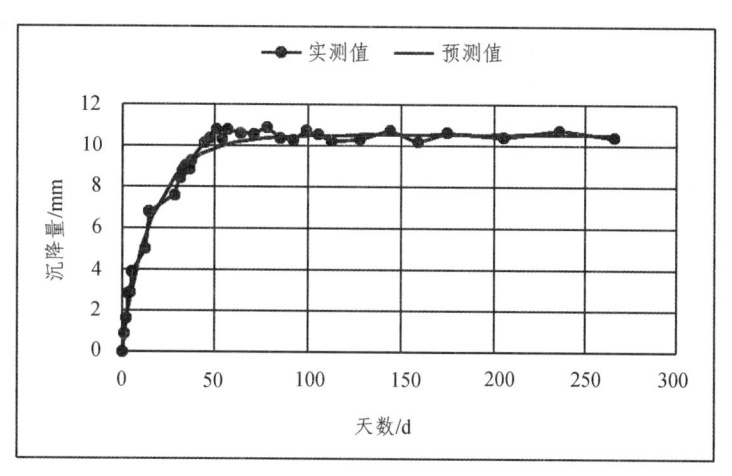

图 10.17　NpGM（1，1）预测模型在 0170495L2 的实测曲线与预测曲线对比图

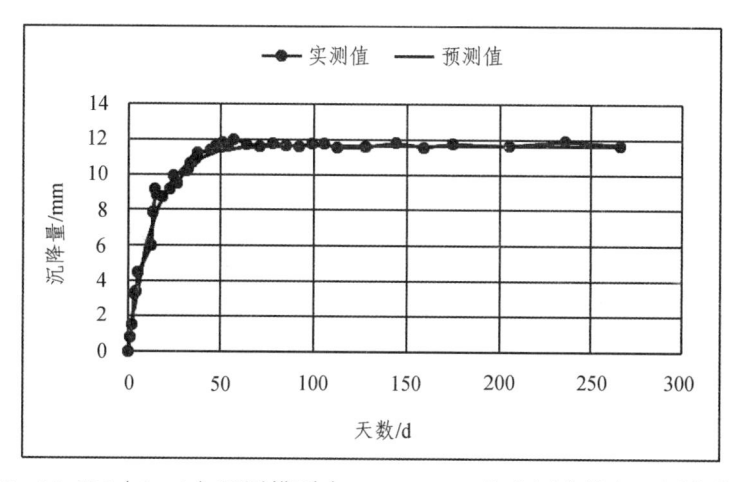

图 10.18　NpGM（1，1）预测模型在 0170900L2 的实测曲线与预测曲线对比图

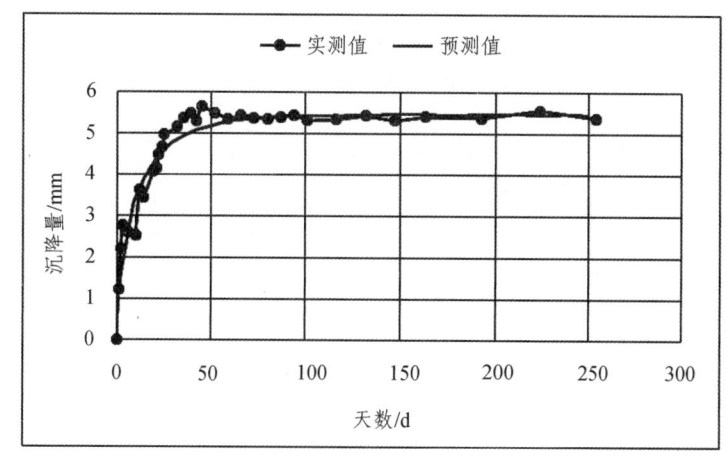

图 10.19　NpGM（1，1）预测模型在 0171031L2 的实测曲线与预测曲线对比图

表 10.2 DK169+737~DK171+031 段沉降预测成果表

测点编号	实测总沉降量/mm	预测模型	预测工后沉降量/mm	相关系数	S_t/S_∞
0170495L2	10.40	GM（1,1）模型	1.19	0.856	0.884
		UQGM（1,1）模型	0.19	0.991	1.000
		NpGM（1,1）模型	0.25	0.992	1.000
0170900L2	11.67	GM（1,1）模型	0.75	0.805	0.931
		UQGM（1,1）模型	0.02	0.993	1.000
		NpGM（1,1）模型	0.09	0.993	1.000
0171031L2	5.37	GM（1,1）模型	0.07	0.896	0.986
		UQGM（1,1）模型	0.09	0.972	1.000
		NpGM（1,1）模型	0.14	0.974	1.000

10.2.3　DK180+418~DK181+126 段

DK180+418~DK181+126 段地质情况与第 2.2 节所述相同。从中选取测点 0180418G1、0180418G2 和 0180495G1 进行所得数据统计，观测时间从 2015 年 3 月 22 日开始，到 2015 年 12 月 26 日为止。观测时间间隔及实测沉降数据见第 2 章。

以沉降数据作为样本值进行模型建模，模型的实测结果与预测结果如图 10.20~图 10.28 所示，沉降预测成果如表 10.3 所示。

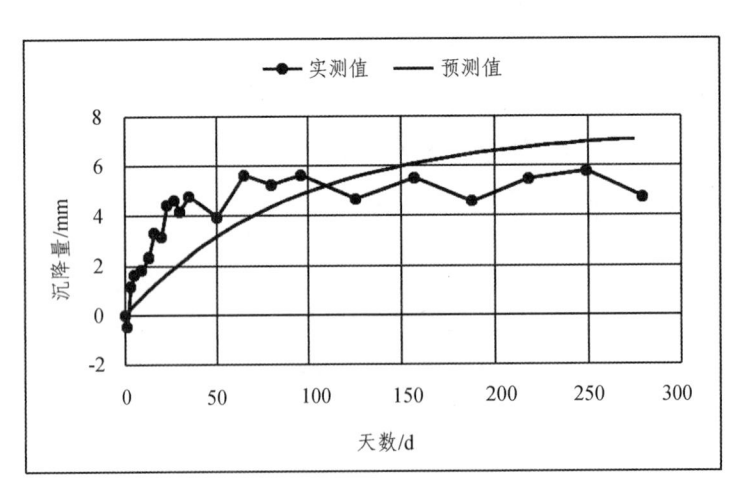

图 10.20　GM（1,1）预测模型在 0180418G1 的实测曲线与预测曲线对比图

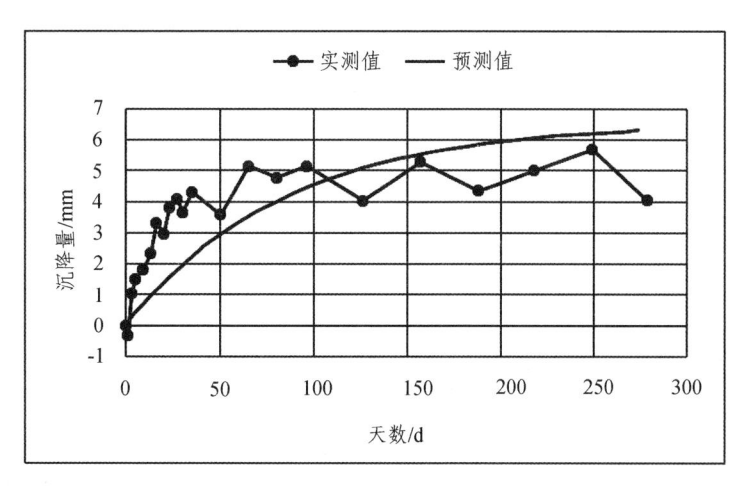

图 10.21　GM（1，1）预测模型在 0180418G2 的实测曲线与预测曲线对比图

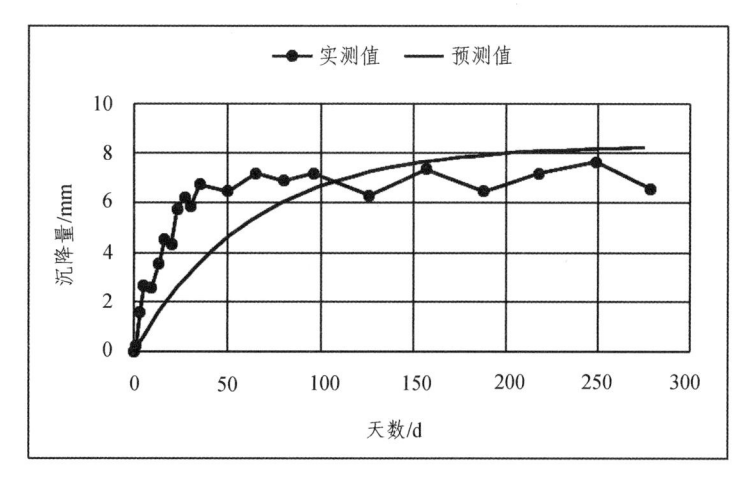

图 10.22　GM（1，1）预测模型在 0180495G1 的实测曲线与预测曲线对比图

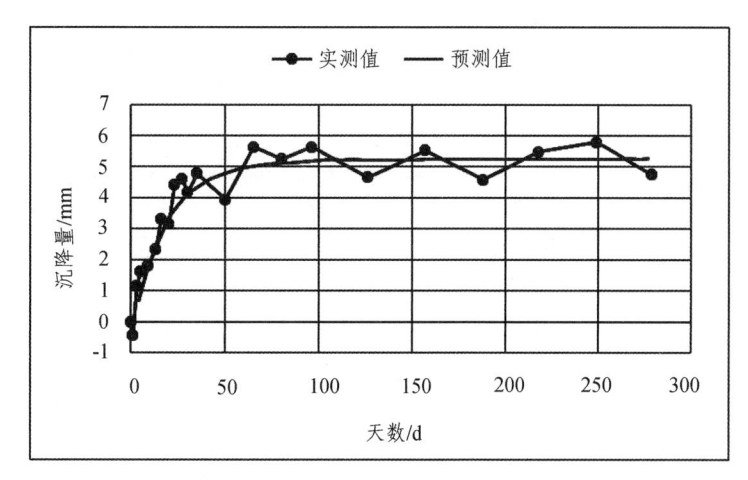

图 10.23　UQGM（1，1）预测模型在 0180418G1 的实测曲线与预测曲线对比图

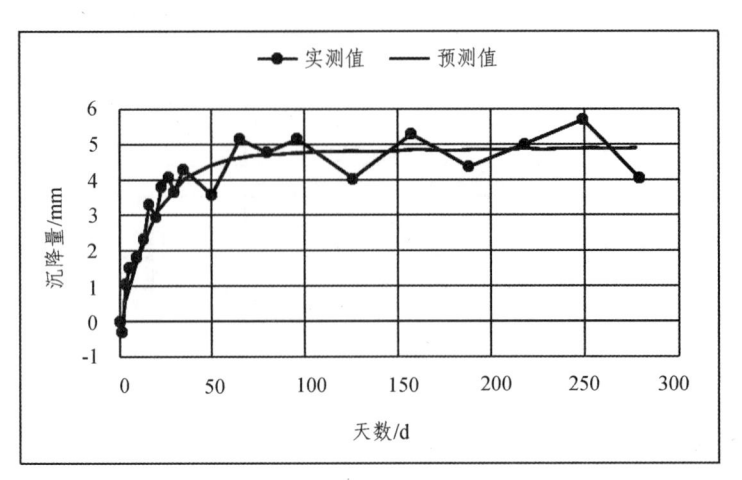

图 10.24　UQGM（1，1）预测模型在 0180418G2 的实测曲线与预测曲线对比图

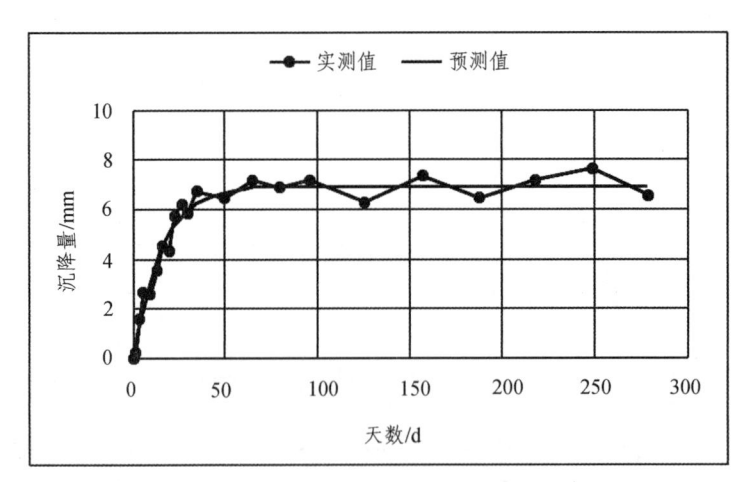

图 10.25　UQGM（1，1）预测模型在 0180495G1 的实测曲线与预测曲线对比图

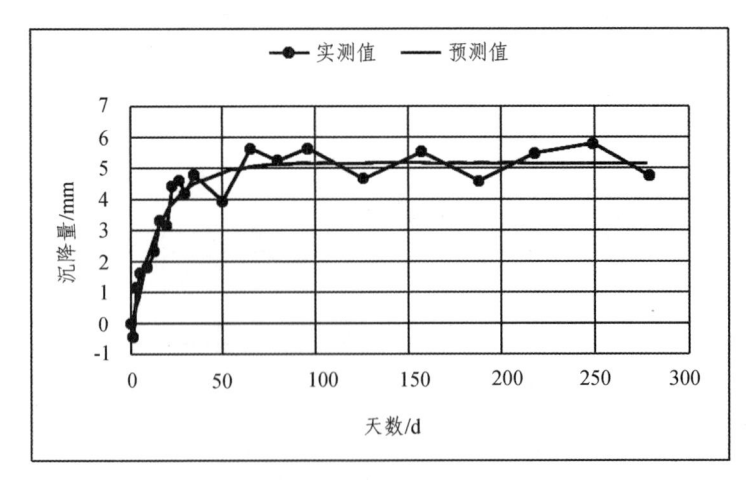

图 10.26　NpGM（1，1）预测模型在 0180418G1 的实测曲线与预测曲线对比图

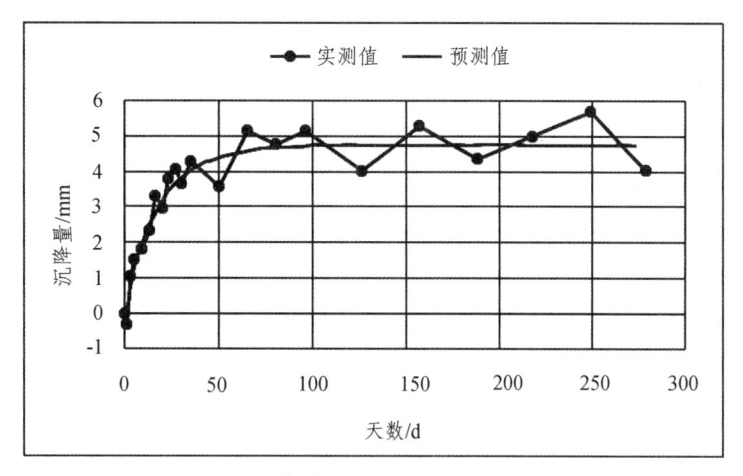

图10.27 NpGM（1，1）预测模型在0180418G2的实测曲线与预测曲线对比图

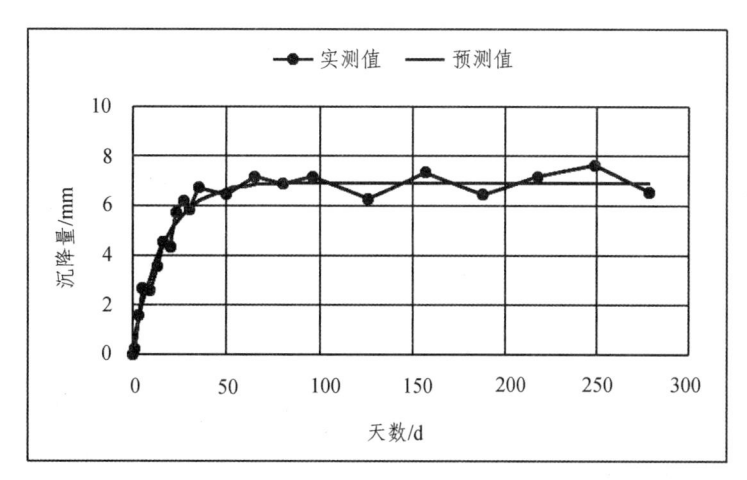

图10.28 NpGM（1，1）预测模型在0180495G1的实测曲线与预测曲线对比图

表10.3 DK180+418~DK181+126段沉降预测成果表

测点编号	实测总沉降量/mm	预测模型	预测工后沉降量/mm	相关系数	S_t/S_∞
0180418G1	4.75	GM（1，1）模型	2.69	0.786	0.605
		UQGM（1，1）模型	0.46	0.968	1.000
		NpGM（1，1）模型	0.47	0.967	1.000
0180418G2	4.04	GM（1，1）模型	2.54	0.798	0.580
		UQGM（1，1）模型	0.72	0.960	1.000
		NpGM（1，1）模型	0.76	0.960	1.000
0180495G1	6.55	GM（1，1）模型	1.80	0.843	0.760
		UQGM（1，1）模型	0.42	0.983	1.000
		NpGM（1，1）模型	0.44	0.983	1.000

本章通过运用 GM(1,1) 及其改进模型对渝万铁路实测沉降数据的分析，得到以下结论：

（1）从图 10.2～图 10.28 可以看出，GM(1,1)、UQGM(1,1) 和 NpGM(1,1) 均能大体反映出沉降趋势。但相较而言，UQGM(1,1) 和 NpGM(1,1) 预测曲线的拟合效果更为良好，回归曲线与实测数据更为接近。

（2）从表 10.1～表 10.3 可以看出，GM(1,1) 的相关系数较低，均未达到 0.92，不能达到《客运专线铁路变形观测评估技术手册》中的要求，且相关系数和 S_t/S_∞ 值的波动较大。说明 GM(1,1) 的适用性和稳定性较差。而 NpGM(1,1) 和 UQGM(1,1) 方法得到的相关系数和 S_t/S_∞ 值，要明显优于传统算法。采用 NpGM(1,1) 和 UQGM(1,1) 算法后，相关系数均接近于 1，从而可以获得更为趋于最终沉降量的预测值。

综合以上分析，GM(1,1) 相关性较差，对于渝万高速铁路量级小、波动大的观测数据的适用性较差，稳定性较差。NpGM(1,1) 和 UQGM(1,1) 相关性较好，稳定性较好，且其保留了 GM(1,1) 建模方法简便和易于应用的优点，适宜用于渝万高速铁路的沉降预测。

11 人工神经网络

11.1 基本原理

人工神经网络（Artificial Neural Networks，ANN），是一门新兴交叉科学，因其强大的处理非线性问题的能力，已经在众多领域（包括工程界）得到了广泛应用，并取得了不少突破性进展，神经网络具有自组织、自学习、非线性动态处理及容错性强等特征，具有联想推理和自适应识别能力，特别适合于处理各种非线性问题，神经网络的基本单元是神经元，它是由大量的神经元广泛互联而成的网络，根据连接方式的不同，神经网络可分为两大类：没有反馈的前向网络和相互连接型网络，前向网络由输入层、中间层（或叫隐层）和输出层组成。中间层可有若干层，每一层的神经元只接受前一层神经元的输出，而相互连接型网络中任意两个神经元间都有可能连接，因此输入信号要在神经元之间反复往返传递，从某一初态开始，经过若干次的变化，渐渐趋于某一稳定状态或进入周期振荡等其他状态。目前虽然已有数十种的神经网络模型，但已有的神经网络可分为 3 大类，即前向网络（Feed forward NNs）、反馈网络（Feedback NNs）和自组织网络（Self organizing NNs）。

神经网络不仅能够通过软件而且可借助软件实现并行处理，到目前为止，人工神经网络在国内岩土工程中主要应用于以下几个方面：

（1）岩土物理力学参数反分析和预测。

（2）在桩基工程中预测单桩沉降、单桩竖向极限承载力等。

（3）在边坡和土石坝中，评价边坡稳定性、边坡变形预测和土石坝面板应力的计算。

（4）在岩体爆破效应方面的应用。

（5）在土动力学中的应用。

（6）在基坑工程中的应用。

（7）应用于本构关系的研究。

地基沉降受多种因素的影响和制约，其变化的自然规律很难用一个数学显式来表示。而人工神经网络是这一领域的一个突破，该方法视传统函数的自变量和因变量为输入和输出，将传统的函数关系转化为高维的非线性映射，而不是数学显式，同时该方法在处理非线性问题上，具有独特的优越性，正由于神经网络技术的诸多优点，其已广泛应用于地基沉降的预测中，显示了良好的效果。

目前，人工神经网络有数十种模型，比较典型的有 BP 网络、Hopfield 网络、CPN 网络、ART 网络、Daruin 网络等。在实际应用中，较多采用多层前馈神经网络中的误差逆传播模型（Back Propagation，简称 BP 模型），其最基本的网络由三层神经元组成，即输入层、隐含层和输出层。同层节点间没有任何联系，不同层节点均采用前向连接方式，神经网络系统是由大量的、同时也是很简单的神经元广泛地互相连接形成的复杂的非线性网络系统。每一个小圆圈表示一个神经元，各个神经元之间通过相互连接形成一个网络，这个网络拓扑形式称为神经网络的互联模式，不同的神经网络模型对神经网络的结构和互连模式都有一定的要求或限制，比如允许它们是多层次的、全互联的等等，神经网络以外的部分可统称为系统的环境，神经网络从其所处的环境中接收信息，对信息进行加工处理之后又返回到其所处的环境中去，各个神经元之间的连接并不只是一个单纯的传送信号的通道，而是在每对神经元之间的连接上有一个加权系数，这个加权系数起着生物神经系统中神经元的突触强度的作用，它可以加强或减弱上一个神经元的输出对下一个神经元的刺激，这个加权系数通常称为权值，在神经网络中修改权值的规则称为学习算法。这也就是说权值不是固定不变的，而是根据经验或学习来修改。

神经网络的处理单元可以分为 3 种类型：输入单元、输出单元和隐含单元，输入单元是从外界环境接收信息，而输出单元则给出神经网络系统对外界环境的作用，这两种处理单元与外界环境都有直接的联系。隐含单元则处于神经网络之中，它不与外界环境产生直接的联系，它从网络内部接受输入信息，所产生的输出则只作用于神经网络系统中的其他处理单元，对于输入信息要先向前传播到隐含层的节点上，经过各单元的特性为 Sigmoid 型的激活函数运算后，把隐含节点的输入信息传播到输出节点。

BP 神经网络模型实现特定的输入与输出的映射分为学习过程和运用过程两部分。

1. 学习过程

学习过程由信号正向传播与误差逆向传播过程组成，正向传播时，模式作用于输入层，经隐含层处理后向输出层传播，若输出层未能得到期望的输出，则转入误差的逆向传播阶段，将输出误差按一定方式，通过隐含层向输入层逐层返回并传播至各层的所有神经元，从而获得各层神经元的参考误差，以此作为修改各个神经元权值的依据对权值进行修改，此过程循环进行，直到误差减小到设定值或达到最大循环次数为止，下面为具体算法步骤：

（1）网络初始化。网络初始权值随机在（-1,1）中选取，设置学习因子 η，网络最大循环次数 n，允许误差 ε 以及网络结构（网络层数和网络结点数）。

（2）设置学习样本。为网络提供一组学习样本，A_k 为输入模式，Y_k 为输出模式。

（3）计算中间层输出。用输入模式 A_k、连接权 $\{w_{ij}\}$ 计算中间层各单元的输入 S_j，然后用 $\{S_j\}$ 通过传递函数 f 计算中间层各单元的输出 $\{b_j\}$：

$$S_j = \sum_{j=1}^{n} W_{ij} \cdot a_j - \theta_j, j=1,2,\cdots,p \\ b_j = f(S_j), j=1,2,\cdots,p \tag{11-1}$$

（4）计算输出层响应。用中间层的输出 $\{b_j\}$、连接权 $\{V_{jt}\}$ 计算输出层各单元的输入 $\{L_t\}$，然后用 $\{L_t\}$，通过传递函数计算各单元的响应 $\{C_t^k\}$：

$$L_t = \sum_{j=1}^{p} V_{jt} \cdot b_j - \gamma_t, t=1,2,\cdots,q \\ C_t^k = f(L_t), t=1,2,\cdots,q \tag{11-2}$$

（5）计算输出层一般化误差。用希望输出模式 Y_k、网络实际输出 $\{C_t^k\}$ 计算输出层的各单元的一般化误差 $\{d_t^k\}$：

$$d_t^k = (y_t^k - C_t^k) \cdot C \cdot (1 - C_t^k), t=1,2,\cdots,q \tag{11-3}$$

（6）计算中间层一般化误差。用连接权 $\{V_{jt}\}$、输出层的一般化误差 $\{d_t^k\}$、中间层的输出 $\{b_j\}$ 计算中间层各单元的一般化误差 $\{e_j^k\}$：

$$e_1^k = [\sum_{t=1}^{q} d_t^k \cdot V_{jt}] \cdot b_j \cdot (1 - b_j), j=1,2,\cdots,p \tag{11-4}$$

（7）修正连接权 $\{V_{jt}\}$。用输出层各单元的一般化误差 $\{d_t^k\}$，中间层各单元的输出 $\{b_j\}$ 修正连接权 $\{V_{jt}\}$：

$$V_{jt}(N+1) = V_{jt}(N) + a \cdot d_t^k \cdot b, j=1,2,\cdots,p; t=1,2,\cdots,q \tag{11-5}$$

（8）修正连接权 $\{W_{ij}\}$。用中间层各单元的一般化误差 $\{e_j^k\}$，输入层各单元的输入 A_k 修正连接权 $\{W_{ij}\}$：

$$W_{ij}(N+1) = W_{ij}(N) + \beta \cdot e_j^k \cdot a_j^k, i=1,2,\cdots,n; j=1,2,\cdots,p(0 < \beta < 1) \tag{11-6}$$

（9）重复训练。选取下一个学习模式对提供给网络，返回步骤（3），直到全部 m 个模式对训练完毕。

（10）直到网络误差函数小于允许误差或者达到指定的迭代次数时学习结束，否则返回步骤（3）。

2．运用过程

将新的模式作为已训练好的网络的输入量，其输出量即为所要得到的结果。

11.2 实际应用

为了对各模型的建模精度进行比较，本节从工程实际出发，从渝万铁路中抽取了 3 段典型路基为例进行分析，其施工里程分别为：DK84 + 920 ~ DK85 + 760、DK169 + 737 ~

DK171+031、DK180+418~DK181+126，其中 DK84+920~DK85+760 段路基在施工过程中进行了加固和防护措施（包含对基地增加土工格栅、水泥搅拌桩或多向水泥搅拌桩），后两段路基填土高度 5~7 m，为本线路路基填筑高度较高段，3 段路基填筑完成后观测最短周期的已达 6 个月，观测频次满足设计及相关文件要求。

11.2.1　DK84+920~DK85+760 段

DK84+920~DK85+760 段地质情况与第 2.2 节所述相同。从中选取测点 0085500G1、0085500G2 和 0085500L1 进行所得数据统计，观测时间从 2014 年 12 月 29 日开始，到 2015 年 8 月 1 日为止。观测时间间隔及实测沉降数据见第 2 章。

以沉降数据作为样本值进行模型建模，模型的实测结果与预测结果如图 11.1~图 11.3 所示，沉降预测成果如表 11.1 所示。

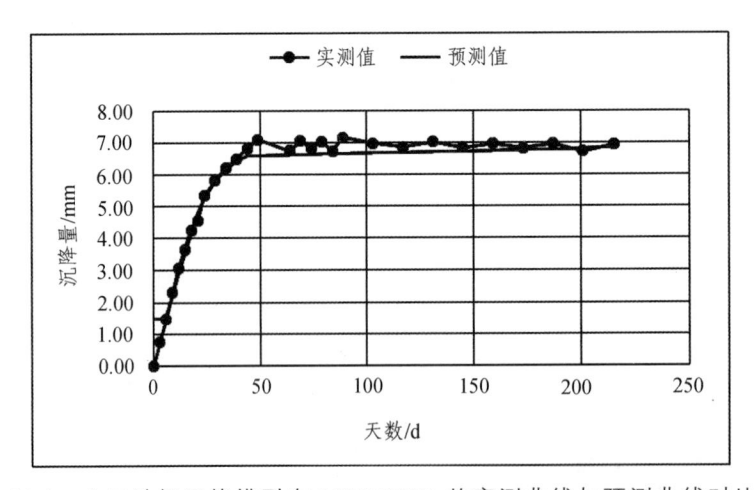

图 11.1　人工神经网络模型在 0085500G1 的实测曲线与预测曲线对比图

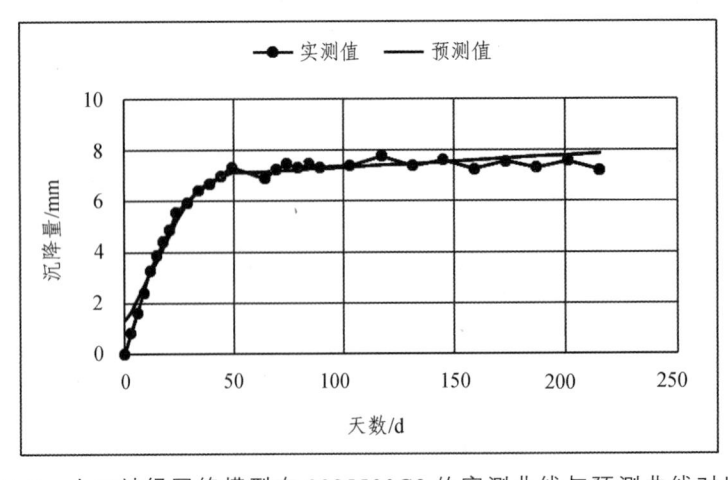

图 11.2　人工神经网络模型在 0085500G2 的实测曲线与预测曲线对比图

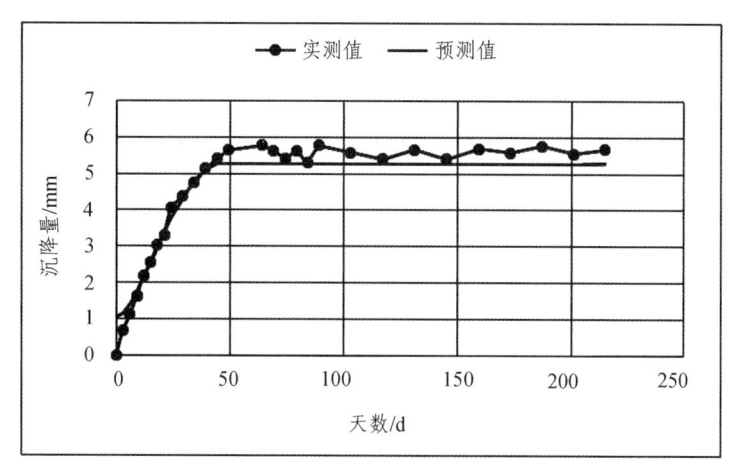

图 11.3　人工神经网络模型在 0085500L1 的实测曲线与预测曲线对比图

表 11.1　DK84+920~DK85+760 段沉降预测成果表

测点编号	实测总沉降量/mm	预测模型	预测工后沉降量/mm	相关系数	S_t/S_∞
0085500G1	6.94	人工神经网络法	83.29	0.991	0.077
0085500G2	7.21	人工神经网络法	71.34	0.988	0.092
0085500L1	5.67	人工神经网络法	13.25	0.993	0.300

10.2.2　DK169+737~DK171+031 段

DK169+737~DK171+031 段地质情况与第 2.2 节所述相同。从中选取测点 0170495L2、0170900L2 和 0171031L2 进行所得数据统计，其中，0170495L2 和 0170900L2 的观测时间从 2015 年 3 月 17 日开始，到 2015 年 12 月 8 日为止，0171031L2 的观测时间从 2015 年 3 月 29 日开始，到 2015 年 12 月 8 日为止。观测时间间隔及实测沉降数据见第 2 章。

以沉降数据作为样本值进行模型建模，模型的实测结果与预测结果如图 11.4~图 11.6 所示，沉降预测成果如表 11.2 所示。

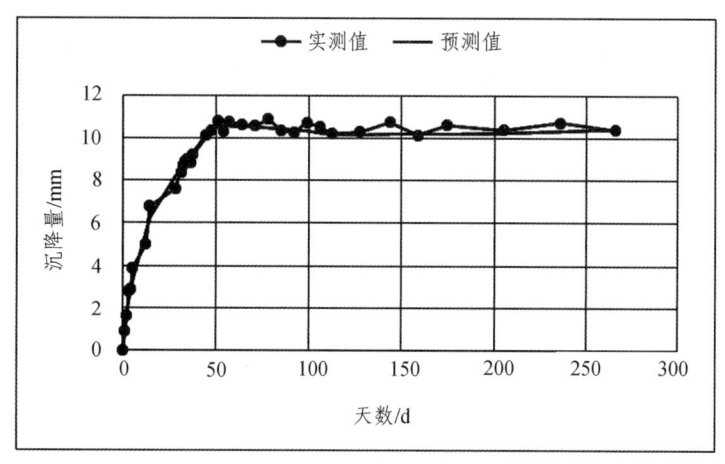

图 11.4　人工神经网络模型在 0170495L2 的实测曲线与预测曲线对比图

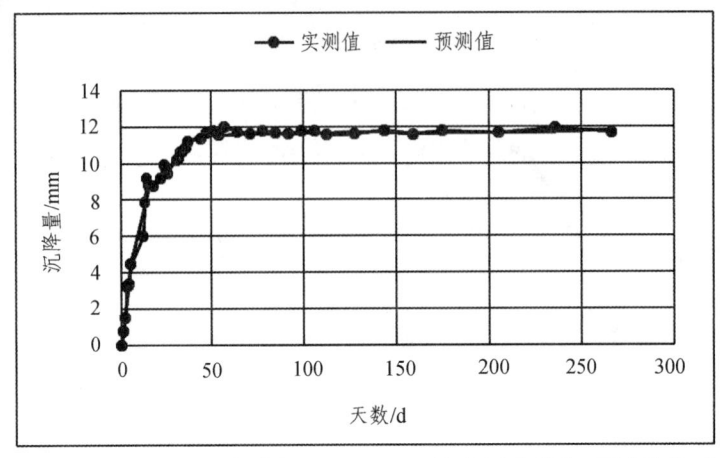

图 11.5　人工神经网络模型在 0170900L2 的实测曲线与预测曲线对比图

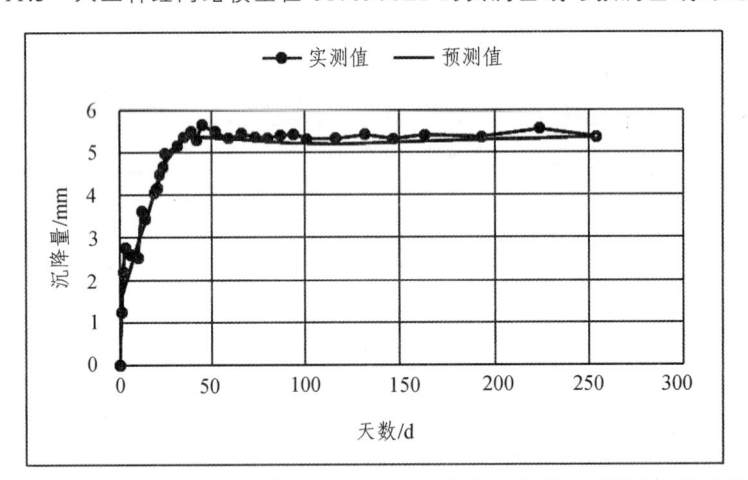

图 11.6　人工神经网络模型在 0171031L2 的实测曲线与预测曲线对比图

表 11.2　DK169+737~DK171+031 段沉降预测成果表

测点编号	实测总沉降量/mm	预测模型	预测工后沉降量/mm	相关系数	S_t/S_∞
0170495L2	10.40	人工神经网络法	226.30	0.994	0.044
0170900L2	11.67	人工神经网络法	83.42	0.995	0.123
0171031L2	5.37	人工神经网络法	43.28	0.996	0.110

10.2.3　DK180+418~DK181+126 段

DK180+418~DK181+126 段地质情况与第 2.2 节所述相同。从中选取测点 0180418G1、0180418G2 和 0180495G1 进行所得数据统计，观测时间从 2015 年 3 月 22 日开始，到 2015 年 12 月 26 日为止。观测时间间隔及实测沉降数据见第 2 章。

以沉降数据作为样本值进行模型建模，模型的实测结果与预测结果如图 11.7~图 11.9 所示，沉降预测成果如表 11.3 所示。

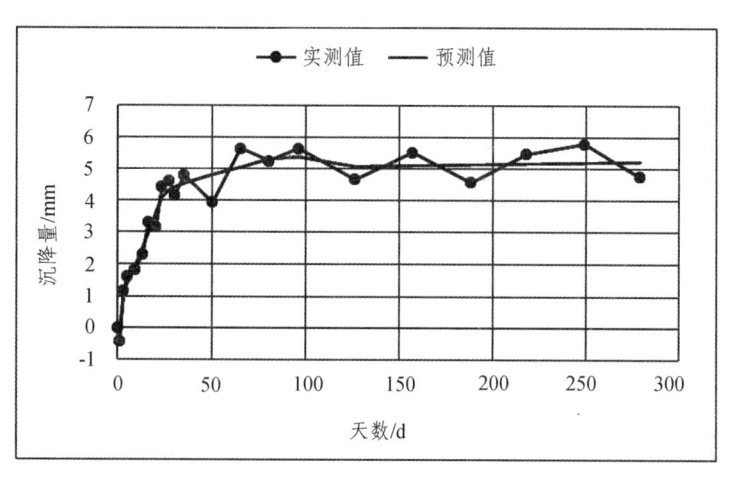

图 11.7 人工神经网络模型在 0180418G1 的实测曲线与预测曲线对比图

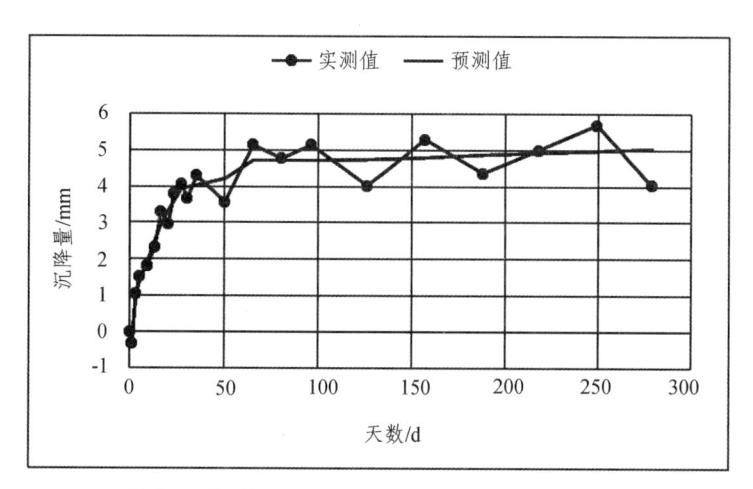

图 11.8 人工神经网络模型在 0180418G2 的实测曲线与预测曲线对比图

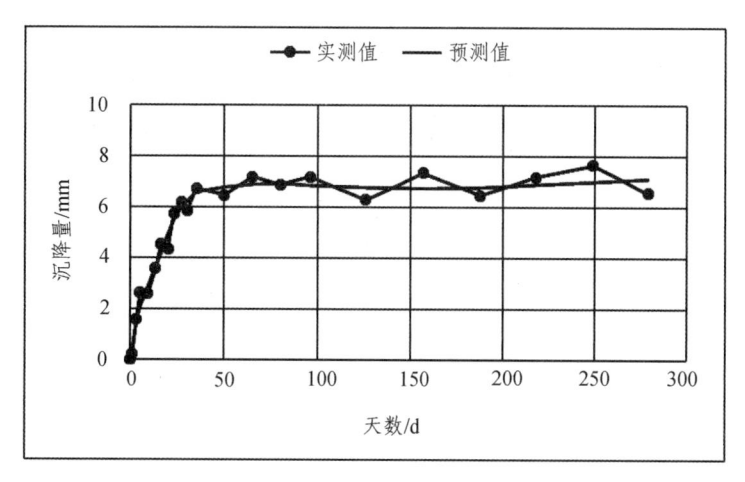

图 11.9 人工神经网络模型在 0180495G1 的实测曲线与预测曲线对比图

表 11.3 DK180+418~DK181+126 段沉降预测成果表

测点编号	实测总沉降量/mm	预测模型	预测工后沉降量/mm	相关系数	S_t/S_∞
0180418G1	4.75	人工神经网络法	30.00	0.977	0.137
0180418G2	4.04	人工神经网络法	70.79	0.968	0.054
0180495G1	6.55	人工神经网络法	138.35	0.987	0.045

本章通过运用人工神经网络模型对渝万铁路实测沉降数据的分析，得到以下结论：

（1）从图 11.1~图 11.9 可以看出，人工神经网络模型能大体反映出沉降趋势，且实测数据越多，拟合效果越好。

（2）从表 11.1~表 11.3 可以看出，人工神经网络模型的相关系数较高，均大于 0.92，满足《客运专线铁路变形观测评估技术手册》中的要求，但 S_t/S_∞ 值很小，均不满足大于 75% 的要求，说明传统的人工神经网络模型并不能进行长期的预测，需要对其进行改进。

综合以上分析，对于渝万高速铁路量级小、波动大的观测数据而言，人工神经网络模型的相关性良好，拟合效果较好，但并不能进行长期预测，需要对其进行改进。

12 ARMA 模型

12.1 基本原理

ARMA (n,m) 模型是时间序列分析中的最具有代表性的模型。ARMA 模型分析沉降变形的基本思路为：对于具有平稳、正态、零均值特征的沉降变形监测时间序列 $\{S_t\}$，若 S_t 和它前 n 步的各个观测值 $(S_{t-1}, S_{t-2}, \cdots, S_{t-n})$ 及前 m 步的各个干扰 $(a_{t-1}, a_{t-2}, \cdots, a_{t-m})$ 有关 $(n, m = 1, 2, \cdots)$。那么按多元线性回归的思想，我们可以得到最一般的沉降变形分析的 ARMA (n,m) 模型，如下：

$$S_{t-1} = \varphi_1 S_{t-1} + \varphi_2 S_{t-2} + \cdots + \varphi_n S_{t-n} - \theta_1 a_{t-1} - \theta_2 a_{t-2} - \cdots - \theta_m a_{t-m} + a_t \quad (12\text{-}1)$$

式中，$a_t \sim N(0, \sigma_a^2)$ 为白噪声序列；$\varphi_i (i = 1, 2, \cdots, n)$ 为自相关系数，$\theta_j (j = 1, 2, \cdots, m)$ 为滑动平均参数。

ARMA 模型分析沉降变形的前提是要求监测数据是平稳、零均值、正态的时间序列。在建模之前需要对数据的平稳性做检验，对于非平稳性的时间序列要进行平稳化处理。根据沉降监测时间序列图判断其平稳性的图检验法较为常用但不严谨，它可利用数理统计方法识别时间序列的特征。自相关函数法是时间序列平稳性检验的一种常用方法：

沉降监测时间序列 $\{S_t\}$，分别将其分成 $(n-k)$ 对数据 (S_t, S_{t+k})，其中，$(t = 1, 2, \cdots, n-k)$，$(k = 1, 2, \cdots, [n/4])$，即：

当 $(k = 1)$ 时，$(S_1, S_2), (S_2, S_3), (S_3, S_4), \cdots, (S_{n-1}, S_n)$

当 $(k = 2)$ 时，$(S_1, S_3), (S_2, S_4), (S_3, S_5), \cdots, (S_{n-2}, S_n)$

当 $(k = n/4)$ 时，$(S_1, S_{1+k}), (S_2, S_{2+k}), (S_3, S_{3+k}), \cdots, (S_{n-k}, S_n)$

再计算每组的自相关系数：

$$r_k = \frac{\sum_{t=1}^{n-k}(S_t - \bar{S})(S_{t+k} - \bar{S})}{\sum_{t=1}^{n}(S_t - \bar{S})^2} \quad (12\text{-}2)$$

式中，$k = 1, 2, \cdots, [n/4]$，$\bar{S} = \frac{1}{n}\sum_{t=1}^{n} S_t$。

经过上述自相关系数计算，就可以构成一个新的序列 $(r_1, r_2, \cdots r_k)$，r_k 反映了沉降变形监测序列 t 时刻的沉降变形量与 $(t+k)$ 时沉降变形量的相关关系和相互影响程度。分析序列 $(r_1, r_2, \cdots r_k)$，根据自相关系数的变化，对时间序列的特征做出识别和判断，称为时序的自相关分析。由于 $r \leq n$，所以，所有自相关系数的绝对值小于或等于 1。在一般情况下，计算($n/4$)各自相关系数就足够分析时间序列的特征。

一般情况下，平稳的沉降监测时间序列都是短期自相关的。如果自相关系数随着延迟期数 k 的增加，很快衰减为 0，则可以判断该序列是平稳的，反之该时间序列可以判断为非平稳的。若所有自相关系数 $(r_1, r_2, \cdots r_k)$ 都近似等于 0，则沉降监测数据是一个随机的时间序列；如果 r_1 与零相差较远，而 r_2 比 r_1 小，r_3 比 r_2 小，其余的自相关系数都近似等于 0，可判断这个时间序列是平稳的；如果自相关系数的 r_1 最大，$(r_1, r_2, \cdots r_k)$ 呈逐渐递减的趋势，而且有相当数量的自相关系数与 0 的差异较大，则沉降监测数据可以判断为非平稳时间序列。

对于非平稳沉降监测时间序列认为它由服从某种规律的趋势项和在趋势规律上下移动的平稳随机分量组成。对其分析需先对监测数据序列提取非平稳的趋势项，然后利用 ARMA 模型对具有平稳性、随机性的残差进行分析。趋势项的提取通常是采用最小二乘法按照某类曲线来拟合形变的总体规律，目前拟合趋势项的曲线类型有：直线上升型、上凹递增型、先增后平型、上凸递增型、上凹转上凸型。

ARMA 模型建模流程如图 12.1 所示。

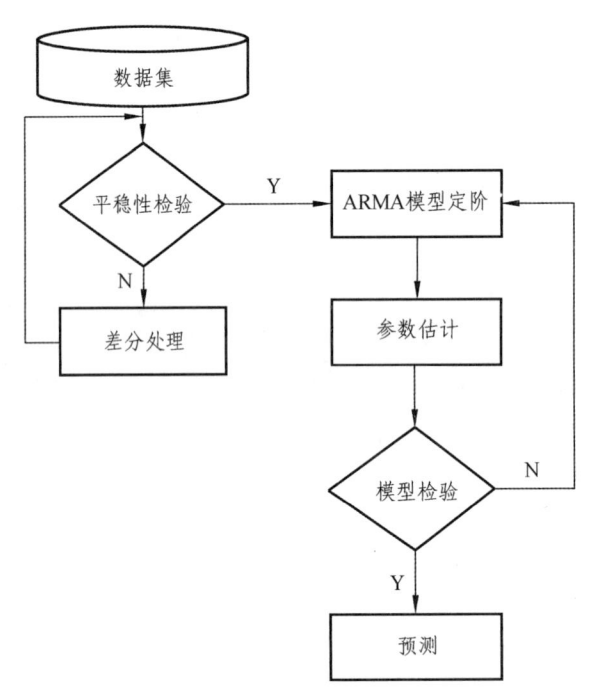

图 12.1 ARMA 模型建模流程图

12.2 实际应用

为了对各模型的建模精度进行比较，本节从工程实际出发，从渝万铁路中抽取了 3 段典型路基为例进行分析，其施工里程分别为：DK84 + 920 ~ DK85 + 760、DK169 + 737 ~

DK171+031、DK180+418~DK181+126，其中 DK84+920~DK85+760 段路基在施工过程中进行了加固和防护措施（包含对基地增加土工格栅、水泥搅拌桩或多向水泥搅拌桩），后两段路基填土高度 5~7 m，为本线路路基填筑高度较高段，3 段路基填筑完成后观测最短周期的已达 6 个月，观测频次满足设计及相关文件要求。

12.2.1 DK84+920~DK85+760 段

DK84+920~DK85+760 段地质情况与第 2.2 节所述相同。从中选取测点 0085500G1、0085500G2 和 0085500L1 进行所得数据统计，观测时间从 2014 年 12 月 29 日开始，到 2015 年 8 月 1 日为止。观测时间间隔及实测沉降数据见第 2 章。

以沉降数据作为样本值进行模型建模（由不同测点的数据分别遍历得出较优模型阶数），模型的实测结果与预测结果如图 12.2~图 12.4 所示，沉降预测成果如表 12.1 所示。

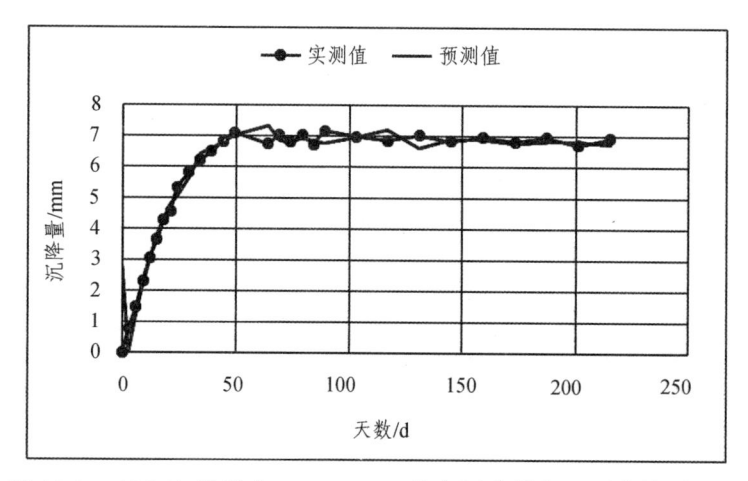

图 12.2 ARMA 模型在 0085500G1 的实测曲线与预测曲线对比图

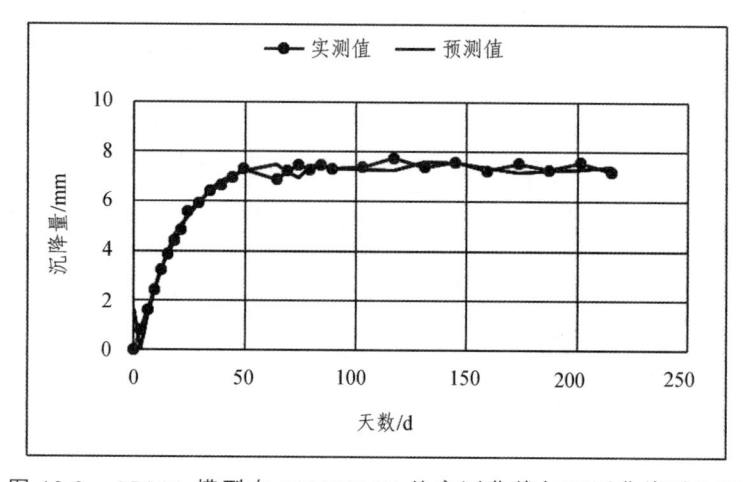

图 12.3 ARMA 模型在 0085500G2 的实测曲线与预测曲线对比图

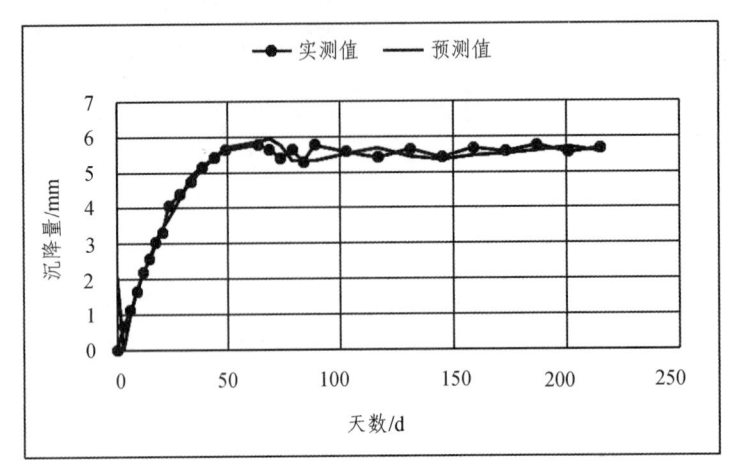

图 12.4　ARMA 模型在 0085500L1 的实测曲线与预测曲线对比图

表 12.1　DK84+920~DK85+760 段沉降预测成果表

测点编号	实测总沉降量/mm	预测模型	预测工后沉降量/mm	相关系数	S_t/S_∞
0085500G1	6.94	ARMA（3，0）	−0.217	0.962	1.000
0085500G2	7.21	ARMA（4，0）	0.033	0.983	0.995
0085500L1	5.67	ARMA（4，0）	−0.143	0.966	1.000

12.2.2　DK169+737~DK171+031 段

DK169+737~DK171+031 段地质情况与第 2.2 节所述相同。从中选取测点 0170495L2、0170900L2 和 0171031L2 进行所得数据统计，其中，0170495L2 和 0170900L2 的观测时间从 2015 年 3 月 17 日开始，到 2015 年 12 月 8 日为止，0171031L2 的观测时间从 2015 年 3 月 29 日开始，到 2015 年 12 月 8 日为止。观测时间间隔及实测沉降数据见第 2 章。

以沉降数据作为样本值进行模型建模（由不同测点的数据分别遍历得出较优模型阶数），模型的实测结果与预测结果如图 12.5~图 12.7 所示，沉降预测成果如表 12.2 所示。

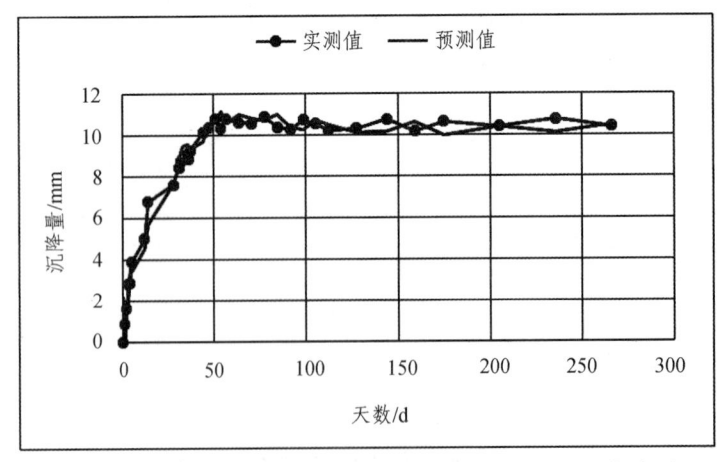

图 12.5　ARMA 模型在 0170495L2 的实测曲线与预测曲线对比图

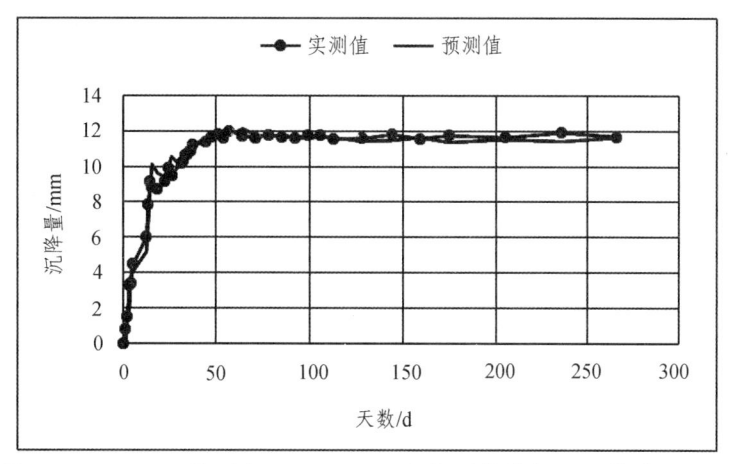

图 12.6 ARMA 模型在 0170900L2 的实测曲线与预测曲线对比图

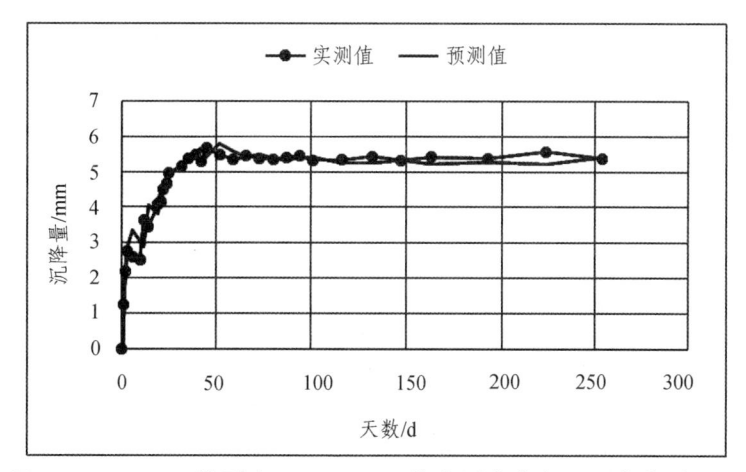

图 12.7 ARMA 模型在 0171031L2 的实测曲线与预测曲线对比图

表 12.2 DK169+737~DK171+031 段沉降预测成果表

测点编号	实测总沉降量/mm	预测模型	预测工后沉降量/mm	相关系数	S_t/S_∞
0170495L2	10.40	ARMA（2，1）	−0.317	0.983	1.000
0170900L2	11.67	ARMA（2，1）	−0.304	0.989	1.000
0171031L2	5.37	ARMA（2，1）	−0.173	0.965	1.000

12.2.3　DK180+418~DK181+126 段

DK180+418~DK181+126 段地质情况与第 2.2 节所述相同。从中选取测点 0180418G1、0180418G2 和 0180495G1 进行所得数据统计，观测时间从 2015 年 3 月 22 日开始，到 2015 年 12 月 26 日为止。观测时间间隔及实测沉降数据见第 2 章。

以沉降数据作为样本值进行模型建模（由不同测点的数据分别遍历得出较优模型阶数），模型的实测结果与预测结果如图 12.8~图 12.10 所示，沉降预测成果如表 12.3 所示。

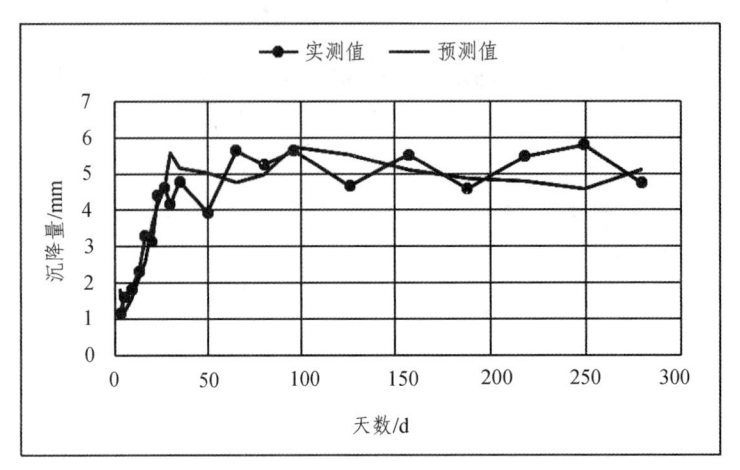

图 12.8　ARMA 模型在 0180418G1 的实测曲线与预测曲线对比图

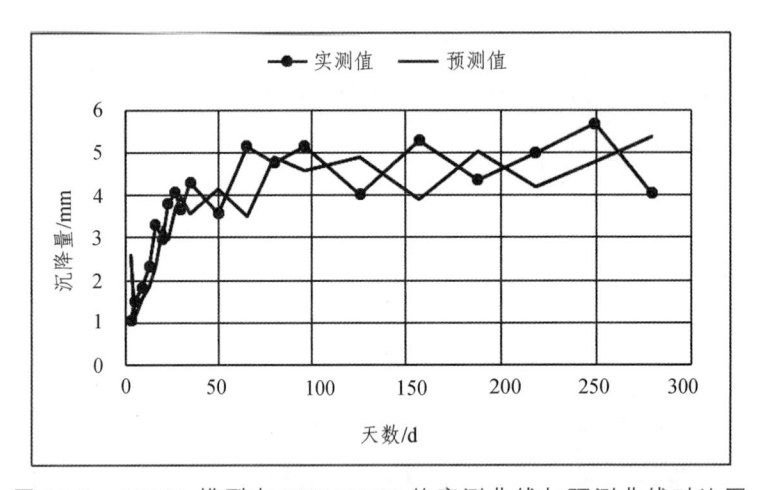

图 12.9　ARMA 模型在 0180418G2 的实测曲线与预测曲线对比图

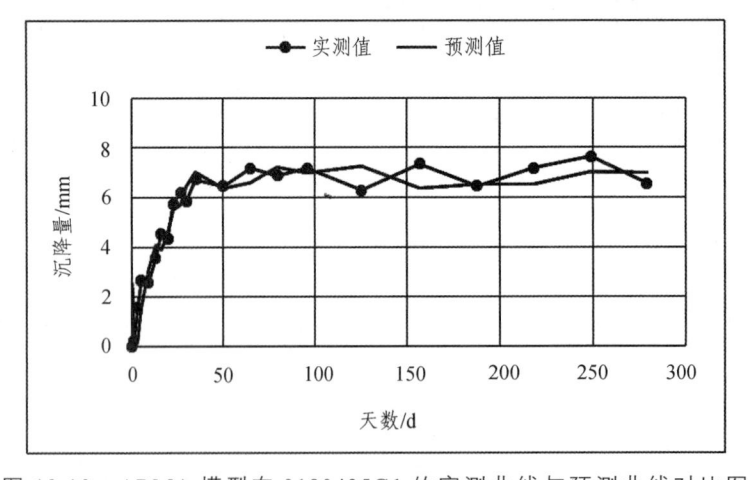

图 12.10　ARMA 模型在 0180495G1 的实测曲线与预测曲线对比图

表 12.3 DK180+418~DK181+126 段沉降预测成果表

测点编号	实测总沉降量/mm	预测模型	预测工后沉降量/mm	相关系数	S_t/S_∞
0180418G1	4.75	ARMA（3,1）	-0.034	0.889	1.000
0180418G2	4.04	ARMA（1,0）	-0.124	0.762	1.000
0180495G1	6.55	ARMA（4,0）	0.964	0.937	0.872

通过运用 ARMA 模型对渝万铁路实测沉降数据的分析，得到以下结论：

（1）从图 12.2~图 12.10 可以看出，ARMA 模型均能大体反映出沉降趋势。但相较而言，对于波动较小的数据，预测曲线的拟合效果更为良好，如路基段 DK84+920~DK85+760 和 DK169+737~DK171+031。而在 DK180+418~DK181+126 段后期，观测数据波动较大，拟合效果较差。且对于第一期数据，ARMA 模型预测值均偏大。

（2）从表 12.1~表 12.3 可以得出，观测数据波动大，则实测沉降量和预测沉降量的相关系数较低，如测点 0180418G1、0180418G2，相关系数均小于 0.92，未达到《客运专线铁路变形观测评估技术手册》中的要求。且 S_t/S_∞ 值的波动较小，说明 ARMA 模型的稳定性良好。但存在部分数据的预测工后沉降量为负值的情况，说明 ARMA 模型并不是完全适用于渝万铁路的实测沉降数据的预测，部分数据需要做进一步的处理和分析。

综合以上分析，ARMA 模型对于渝万高速铁路量级小、波动大的观测数据的适用性较差。

13 皮尔曲线模型

13.1 基本原理

皮尔曲线是 1938 年比利时数学家哈尔斯特首先提出的一种特殊曲线。后来，近代生物学家 Pearl 和 Reed 两人把此曲线应用于研究人口生长规律。所以这种特殊的曲线称之为皮尔增长曲线，简称皮尔曲线。皮尔曲线表征了某一事物产生、发展、成熟和消亡的过程。在典型的皮尔曲线中，曲线先呈指数型发展，然后保持这一趋势到达拐点后反曲，增长速率变慢且与前半段曲线呈对称状向极值接近。因此，皮尔曲线的预测法是根据预测对象具有皮尔曲线变动趋势的历史数据，拟合成一条皮尔曲线，通过建立皮尔曲线模型进行预测的方法。

皮尔曲线预估模型的数学表达式为

$$y(t)=\frac{L}{1+a\mathrm{e}^{-bt}} \tag{13-1}$$

式中，$y(t)$ 为 t 时刻的沉降预测值；a、b、L 为模型的 3 个待定参数且均大于 0。当 $t\to-\infty$ 时，$y\to 0$；当 $t\to+\infty$ 时，$y\to L$。L 是曲线的增长上限，说明皮尔曲线是具有极限的曲线。

大量工程经验表明，全过程的地基沉降量与时间的关系曲线呈 S 形，而且在荷载逐步增加过程中，沉降观测点逐步发生沉降的过程可分为 4 个阶段：

（1）发生阶段。在刚刚加载时，观测点处的土体尚处于弹性状态。在此阶段，随着荷载的增加，观测点的沉降量近乎线性增加。

（2）发展阶段。随着荷载的不断增大，观测点处的土体所受的荷载越来越大，并且逐步进入弹塑性状态。随着塑性区的不断展开，观测点的沉降速率也在不断地增加，直至荷载不再增加为止。

（3）成熟阶段。当荷载不再增加时，由于固结尚未完成以及土体的流变，观测点的沉降将随着时间的推移而继续增大，但沉降速率逐渐减小。

（4）到达极限。理论上讲，当时间为无穷大时，观测点的沉降达到极限状态。

由于地基沉降的变化过程与皮尔曲线所反映的事物发生、发展、成熟并到达极限的过程十分相似，因此可用皮尔模型来反映全过程的地基沉降与时间的关系。

要建立地基沉降的皮尔预测模型，首先需要有一个沉降时间序列 $\{y(t)(t=1,2,\cdots)\}$。由于在实际的高路堤沉降观测过程中，两相邻实测沉降值之间的时段可能是等时距的，也可能是非等时距的,而皮尔预测模型要求建模数据必须是等时距的,因此必须把原始数据变成等时距序列。非等时距皮尔预估模型在形式上与等时距皮尔预估模型基本相同,不同之处在于数据的处理上。所以本文利用 Lagrange 插值法来实现非等时距沉降时间序列的等时距变换,然后再进行模型的求解。

13.1.1 等时距皮尔预测模型

等时距皮尔预估模型参数的求解常用 3 段计算法。采用 3 段计算法求解皮尔模型参数时要求:

(1)沉降时间序列中的数据项数 n 是 3 的倍数,则计算时可以将时间序列顺序分为 3 段,每段含 $m/3 = r$ 项。

(2)自变量 t 的时间间隔相等或时间长短相等、前后连续,即为等间隔时间序列。

设 S_1、S_2、S_3 分别为这 3 个时间段内各项数值的倒数之和,即:

$$S_1 = \sum_{t=1}^{r} \frac{1}{y(t)}, \quad S_2 = \sum_{t=r+1}^{2r} \frac{1}{y(t)}, \quad S_3 = \sum_{t=2r+1}^{3r} \frac{1}{y(t)} \tag{13-2}$$

将皮尔预估模型改写为倒数形式,即

$$\frac{1}{y(t)} = \frac{1}{L} + \frac{a\mathrm{e}^{-bt}}{L} \tag{13-3}$$

将(13-3)代入(13-2)中,则有

$$\begin{cases} S_1 = \sum_{t=1}^{r} \frac{1}{y(t)} = \frac{r}{L} + \frac{a}{L}\sum_{t=1}^{r}\mathrm{e}^{-bt} = \frac{r}{L} + \frac{a\mathrm{e}^{-b}(1-\mathrm{e}^{-rb})}{L(1-\mathrm{e}^{-b})} \\ S_2 = \sum_{t=r+1}^{2r} \frac{1}{y(t)} = \frac{r}{L} + \frac{a}{L}\sum_{t=r+1}^{2r}\mathrm{e}^{-bt} = \frac{r}{L} + \frac{a\mathrm{e}^{-(r+1)b}(1-\mathrm{e}^{-rb})}{L(1-\mathrm{e}^{-b})} \\ S_3 = \sum_{t=2r+1}^{3r} \frac{1}{y(t)} = \frac{r}{L} + \frac{a}{L}\sum_{t=2r+1}^{3r}\mathrm{e}^{-bt} = \frac{r}{L} + \frac{a\mathrm{e}^{-(2r+1)b}(1-\mathrm{e}^{-rb})}{L(1-\mathrm{e}^{-b})} \end{cases} \tag{13-4}$$

联立求解,可得

$$\begin{cases} \hat{b} = \dfrac{\ln\dfrac{(S_1-S_2)}{(S_2-S_3)}}{r} \\ \hat{L} = \dfrac{r}{S_1 - \dfrac{(S_1-S_2)^2}{(S_1-S_2)-(S_2-S_3)}} \\ \hat{a} = \dfrac{(S_1-S_2)^2(1-\mathrm{e}^{-\hat{b}})\hat{L}}{[(S_1-S_2)-(S_2-S_3)]\mathrm{e}^{-\hat{b}}(1-\mathrm{e}^{-r\hat{b}})} \end{cases} \tag{13-5}$$

将得到的参数代入皮尔模型数学表达式（13-1）即可得到相应的沉降皮尔趋势线。

13.1.2 非等时距皮尔预测模型

在进行非等时距皮尔预测模型的求解前，需要将非等时距沉降时间序列进行等时距变换。具体如下：

设非等时距沉降时间序列为

$$\{y(t_i) | t_i \in \mathbf{R}^+, i = 1, 2, \cdots, n\} \tag{13-6}$$

各时段的时间间隔为

$$\begin{cases} \Delta t_i = t_{i+1} - t_i \\ \Delta t_j = t_{j+1} - t_j \end{cases} \tag{13-7}$$

式中，$\Delta t_i \neq \Delta t_j; i \neq j; i,j \in \{1,2,\cdots,n-1\}$，即各时间段间隔不相等。

计算平均时间间隔 $\bar{t}$

$$\bar{t} = \frac{1}{n-1} \sum_{i=1}^{n-1} \Delta t_i = \frac{1}{n-1} \sum_{i=1}^{n-1} (t_{i+1} - t_i) = \frac{1}{n-1}(t_n - t_1) \tag{13-8}$$

计算等时间间隔点的沉降值 $y(t)$

当 $t = 1$ 时：

$$y(1) = y(t_1) \tag{13-9}$$

当 $t = n$ 时：

$$y(n) = y[t_1 + (n-1)\bar{t}] = y(t_n) \tag{13-10}$$

当 $t = 2, 3, \cdots, n-1$ 时，利用 Lagrange 插值函数分段线性插值，则有

$$y(t) = y[t_1 + (t-1)\bar{t}] = y(t_{i-1}) + \frac{y(t_i) - y(t_{i-1})}{t_i - t_{i-1}}[(i-1)\bar{t} + t_1 - t_{i-1}] \tag{13-11}$$

从而得到等时距沉降时间序列

$$\{y(t) | t = 1, 2, \cdots, n\} \tag{13-12}$$

由此则完成了非等时距沉降时间序列的等时距变换，接下来进行模型的求解。由于前述的 3 段计算法要求数据项数必须是 3 的倍数，而在实际的沉降观测工作中，数据项数可能不是 3 的倍数，为此引进了一种新的计算方法。

将得到的等时距沉降时间序列 $\{y(t) | t = 1, 2, \cdots, n\}$ 代入（13-1）中，得到

$$y(t) = y[t_1 + (t-1)\bar{t}] = \frac{L}{1 + a\mathrm{e}^{-b[t_1 + (t-1)\bar{t}]}} \tag{13-13}$$

利用相邻两项的倒数之差与倒数之和建立方程，得到

$$\frac{1}{y(t+1)} = \frac{1-e^{-b\bar{t}}}{L} + e^{-b\bar{t}}\frac{1}{y(t)} \quad (13\text{-}14)$$

以 $e^{-b\bar{t}}$ 和 $\frac{1-e^{-b\bar{t}}}{L}$ 为系数建立 $\frac{1}{y(t+1)}$ 对 $\frac{1}{y(t)}$ 的回归方程，得到

$$\begin{cases} \sum_{t=1}^{n-1}\frac{1}{y(t+1)} = \left(\frac{1-e^{-b\bar{t}}}{L}\right)(n-1) + e^{-b\bar{t}}\sum_{t=1}^{n-1}\frac{1}{y(t)} \\ \sum_{t=1}^{n-1}\left[\frac{1}{y(t+1)}\cdot\frac{1}{y(t)}\right] = \left(\frac{1-e^{-b\bar{t}}}{L}\right)\sum_{t=1}^{n-1}\frac{1}{y(t)} + e^{-b\bar{t}}\sum_{t=1}^{n-1}\left[\frac{1}{y(t)}\right]^2 \end{cases} \quad (13\text{-}15)$$

相对于 $e^{-b\bar{t}}$ 和 $\frac{1-e^{-b\bar{t}}}{L}$ 解方程组（13-15），得到

$$\begin{cases} \hat{b} = \frac{1}{\bar{t}}\ln\left\{\dfrac{(n-1)n-1\sum_{t=1}^{n-1}\left[\dfrac{1}{y(t)}\right]^2 - \left[\sum_{t=1}^{n-1}\dfrac{1}{y(t)}\right]^2}{(n-1)\sum_{t=1}^{n-1}\left[\dfrac{1}{y(t+1)}\cdot\dfrac{1}{y(t)}\right] - \sum_{t=1}^{n-1}\dfrac{1}{y(t+1)}\sum_{t=1}^{n-1}\dfrac{1}{y(t)}}\right\} \\ \hat{L} = \dfrac{\left\{(n-1)\sum_{t=1}^{n-1}\left[\dfrac{1}{y(t)}\right]^2 - \left[\sum_{t=1}^{n-1}\dfrac{1}{y(t)}\right]^2\right\}(1-e^{-b\bar{t}})}{\sum_{t=1}^{n-1}\dfrac{1}{y(t+1)}\cdot\sum_{t=1}^{n-1}\left[\dfrac{1}{y(t)}\right]^2 - \sum_{t=1}^{n-1}\dfrac{1}{y(t)}\cdot\sum_{t=1}^{n-1}\left[\dfrac{1}{y(t+1)}\cdot\dfrac{1}{y(t)}\right]} \\ \hat{a} = e\left\{\dfrac{\bar{b}\bar{t}(n-1)}{2} + \hat{b}t_1 + \dfrac{1}{n}\sum_{t=1}^{n-1}\ln\left[\dfrac{\hat{L}}{y(t)} - 1\right]\right\} \end{cases} \quad (13\text{-}16)$$

将非等时距沉降时间序列中的时间 t_i 代入等时距皮尔预测模型中，从而得到非等时距的皮尔预测模型：

$$\hat{y}(t_i) = \frac{\hat{L}}{1+\hat{a}e^{-\bar{b}t_i}} \quad (13\text{-}17)$$

13.2 实际应用

为了对各模型的建模精度进行比较，本节从工程实际出发，从渝万铁路中抽取了 3 段典型路基为例进行分析，其施工里程分别为：DK84 + 920 ~ DK85 + 760、DK169 + 737 ~ DK171 + 031、DK180 + 418 ~ DK181 + 126，其中 DK84 + 920 ~ DK85 + 760 段路基在施工

过程中进行了加固和防护措施（包含对基地增加土工格栅、水泥搅拌桩或多向水泥搅拌桩），后两段路基填土高度 5~7 m，为本线路路基填筑高度较高段，3 段路基填筑完成后观测最短周期的已达 6 个月，观测频次满足设计及相关文件要求。

13.2.1 DK84＋920~DK85＋760 段

DK84＋920~DK85＋760 段地质情况与第 2.2 节所述相同。从中选取测点 0085500G1、0085500G2 和 0085500L1 进行所得数据统计，观测时间从 2014 年 12 月 29 日开始，到 2015 年 8 月 1 日为止。观测时间间隔及实测沉降数据见第 2 章。

以沉降数据作为样本值进行模型建模，模型的实测结果与预测结果如图 13.1~13.3 所示，沉降预测成果如表 13.1 所示。

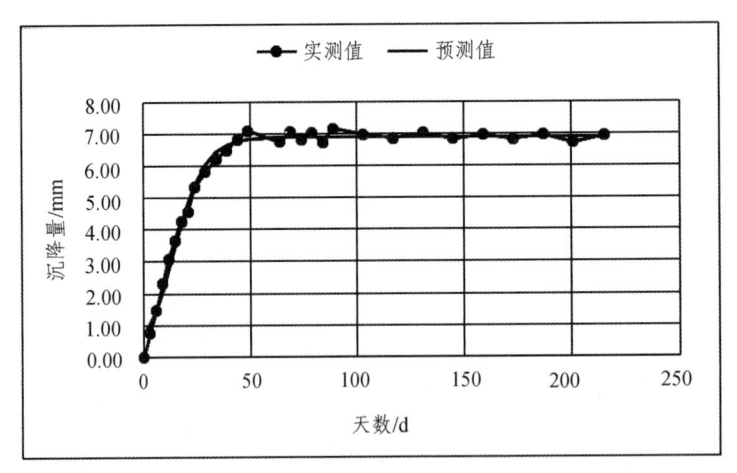

图 13.1 皮尔曲线模型在 0085500G1 的实测曲线与预测曲线对比图

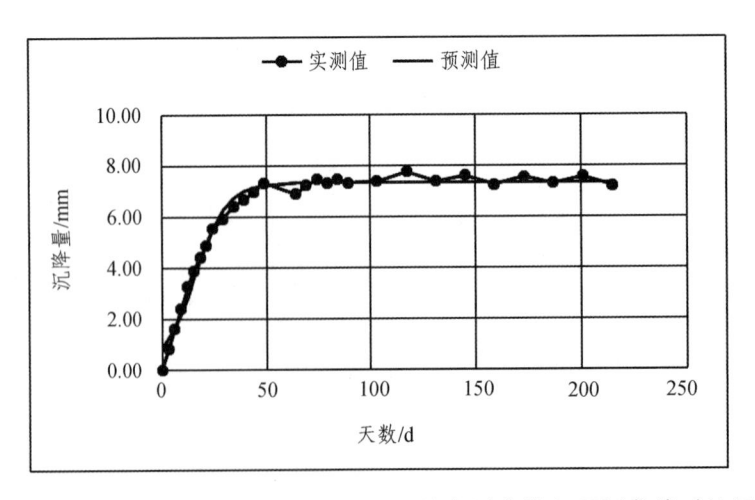

图 13.2 皮尔曲线模型在 0085500G2 的实测曲线与预测曲线对比图

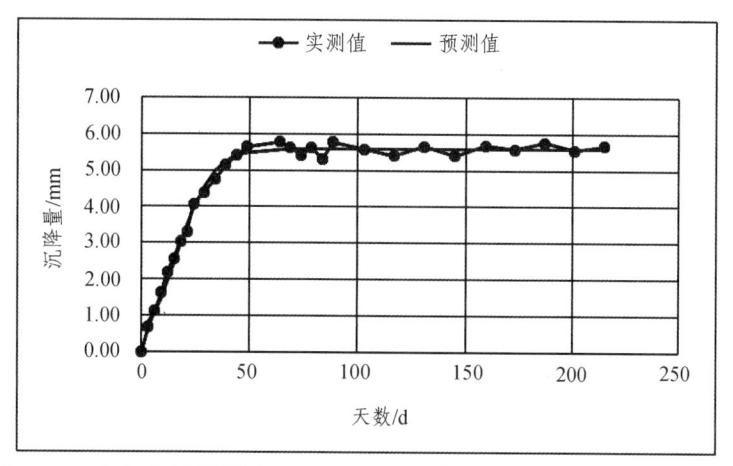

图 13.3　皮尔曲线模型在 0085500L1 的实测曲线与预测曲线对比图

表 13.1　DK84+920~DK85+760 段沉降预测成果表

测点编号	实测总沉降量/mm	预测模型	预测工后沉降量/mm	相关系数	S_t/S_∞
0085500G1	6.94	皮尔曲线模型	-0.04	0.995	1.000
0085500G2	7.21	皮尔曲线模型	0.12	0.993	0.984
0085500L1	5.67	皮尔曲线模型	-0.09	0.995	1.000

13.2.2　DK169+737~DK171+031 段

DK169+737~DK171+031 段地质情况与第 2.2 节所述相同。从中选取测点 0170495L2、0170900L2 和 0171031L2 进行所得数据统计，其中，0170495L2 和 0170900L2 的观测时间从 2015 年 3 月 17 日开始，到 2015 年 12 月 8 日为止，0171031L2 的观测时间从 2015 年 3 月 29 日开始，到 2015 年 12 月 8 日为止。观测时间间隔及实测沉降数据见第 2 章。

以沉降数据作为样本值进行模型建模，模型的实测结果与预测结果如图 13.4~图 13.6 所示，沉降预测成果如表 13.2 所示。

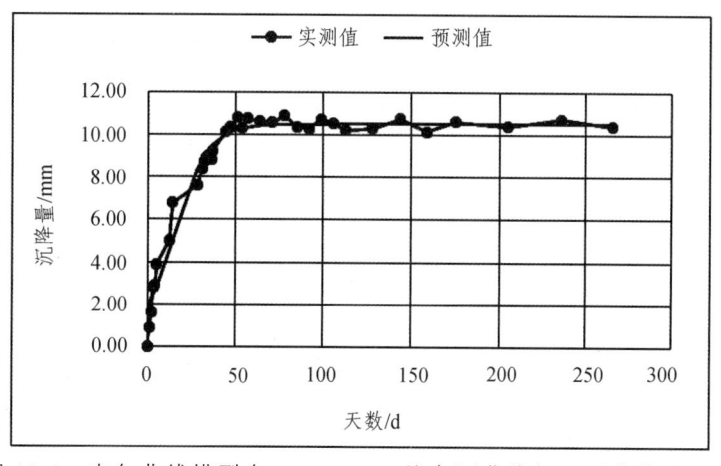

图 13.4　皮尔曲线模型在 0170495L2 的实测曲线与预测曲线对比图

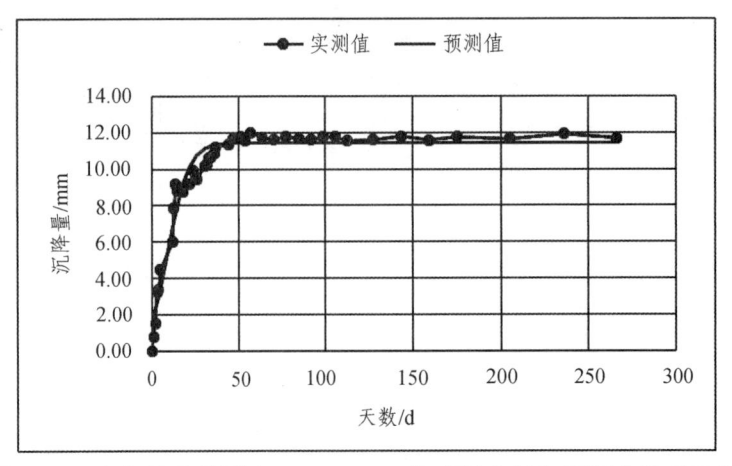

图 13.5 皮尔曲线模型在 0170900L2 的实测曲线与预测曲线对比图

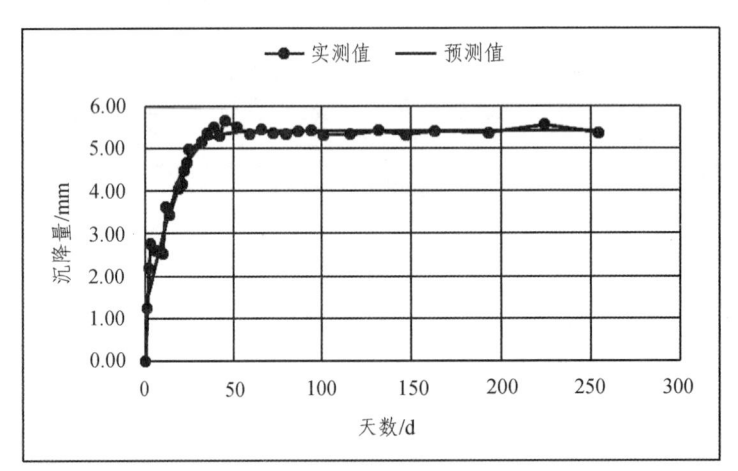

图 13.6 皮尔曲线模型在 0171031L2 的实测曲线与预测曲线对比图

表 13.2 DK169+737~DK171+031 段沉降预测成果表

测点编号	实测总沉降量/mm	预测模型	预测工后沉降量/mm	相关系数	S_t/S_∞
0170495L2	10.40	皮尔曲线模型	0.10	0.983	0.990
0170900L2	11.67	皮尔曲线模型	−0.22	0.980	1.000
0171031L2	5.37	皮尔曲线模型	0.06	0.969	0.990

13.2.3 DK180+418~DK181+126 段

DK180+418~DK181+126 段地质情况与第 2.2 节所述相同。从中选取测点 0180418G1、0180418G2 和 0180495G1 进行所得数据统计,观测时间从 2015 年 3 月 22 日开始,到 2015 年 12 月 26 日为止。观测时间间隔及实测沉降数据见第 2 章。

以沉降数据作为样本值进行模型建模,模型的实测结果与预测结果如图 13.7~图 13.9 所示,沉降预测成果如表 13.3 所示。

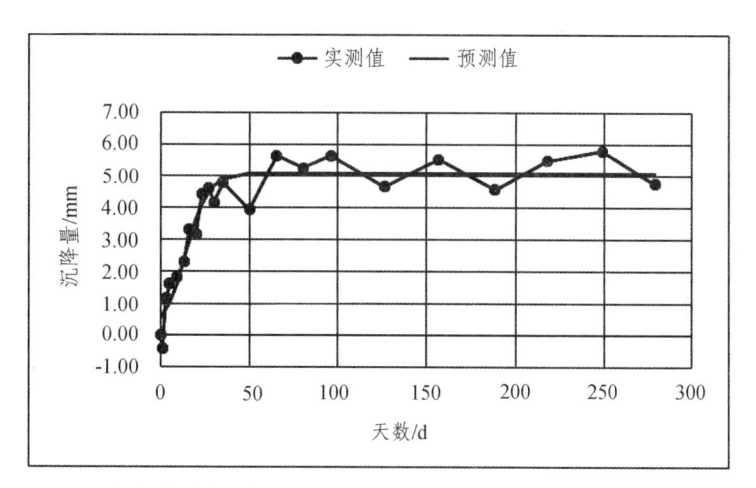

图 13.7　皮尔曲线模型在 0180418G1 的实测曲线与预测曲线对比图

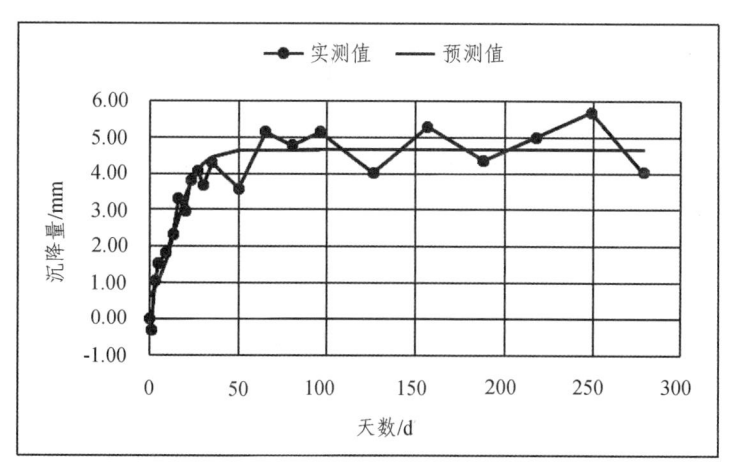

图 13.8　皮尔曲线模型在 0180418G2 的实测曲线与预测曲线对比图

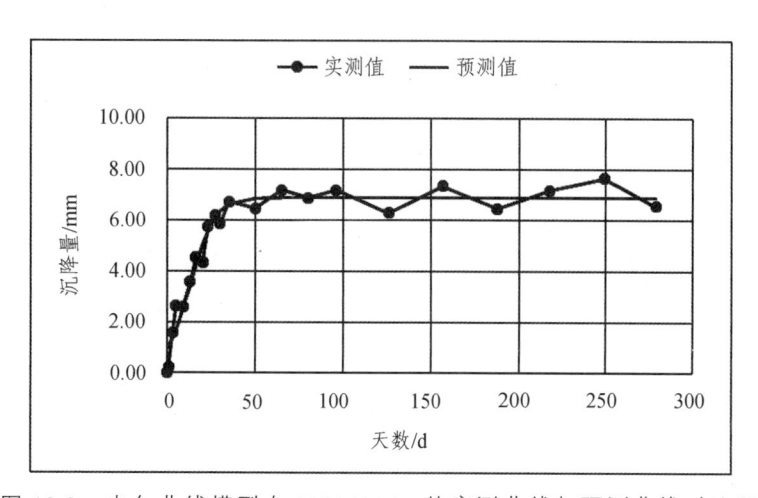

图 13.9　皮尔曲线模型在 0180495G1 的实测曲线与预测曲线对比图

表 13.3　DK180+418~DK181+126 段沉降预测成果表

测点编号	实测总沉降量/mm	预测模型	预测工后沉降量/mm	相关系数	S_t/S_∞
0180418G1	4.75	皮尔曲线模型	0.34	0.959	0.933
0180418G2	4.04	皮尔曲线模型	0.61	0.946	0.869
0180495G1	6.55	皮尔曲线模型	0.34	0.977	0.951

本章通过运用皮尔曲线模型对渝万铁路实测沉降数据的分析，得到以下结论：

（1）从图 13.1~图 13.9 可以看出，皮尔曲线模型能大体反映出沉降趋势，且实测数据越多，拟合效果越好。

（2）从表 13.1~表 13.3 可以看出，皮尔曲线模型的相关系数较高，均大于 0.92，满足《客运专线铁路变形观测评估技术手册》中的要求，且相关系数和 S_t/S_∞ 值的波动较小，说明皮尔曲线的稳定性良好。但存在部分数据的预测工后沉降量为负值的情况，说明皮尔曲线并不是完全适用于渝万铁路的实测沉降数据的预测，部分数据需要做进一步的处理和分析。

综合以上分析，对于渝万高速铁路量级小、波动大的观测数据而言，皮尔曲线的相关性和稳定性良好，存在部分数据预测工后沉降量小于 0 的情况，需要对部分数据进行进一步的处理和分析。

14 Sloboda 模型

14.1 基本原理

Sloboda 模型是德国著名生物统计学家 Sloboda.B 于 1971 年提出的用来描述树高生长的一种生长曲线模型，树高生长函数式必须能够表征各种生长行为的机制，遵循一条光滑"S"形曲线。目前，其在岩土工程领域中的应用仅见用于抗压长支盘桩荷载-沉降曲线的拟合以及其极限承载力预测。鉴于 Sloboda 曲线与围岩变形-时间曲线的相似性，将其引入到隧道围岩变形分析预测中，Sloboda 模型的数学表达式为

$$y = d\mathrm{e}^{-c\mathrm{e}^{\frac{b}{a-1}x^{a-1}}} \tag{14-1}$$

式中，a、b、c、d 为模型参数。尝试将 Sloboda 模型用于围岩变形预测，则此时 Sloboda 模型数学表达式改写为

$$S_t = p_1\mathrm{e}^{-p_2\mathrm{e}^{\frac{p_3}{p_4-1}x^{p_4-1}}} \tag{14-2}$$

式中，t 为时间；S_t 为 t 时刻的围岩变形预测值；p_1 为围岩变形渐进极限值；p_2、p_3、p_4 为模型参数。

p_3 控制着 Sloboda 模型的曲线形态，以 $p_1=3$，$p_2=2$，$p_3=-0.2$，$p_4=2$ 和 $p_1=3$，$p_2=2$，$p_3=-0.5$，$p_4=2$ 为例，作出 Sloboda 曲线如图 14.1 所示。从图中可以看出 Sloboda 模型具有良好的适应性。

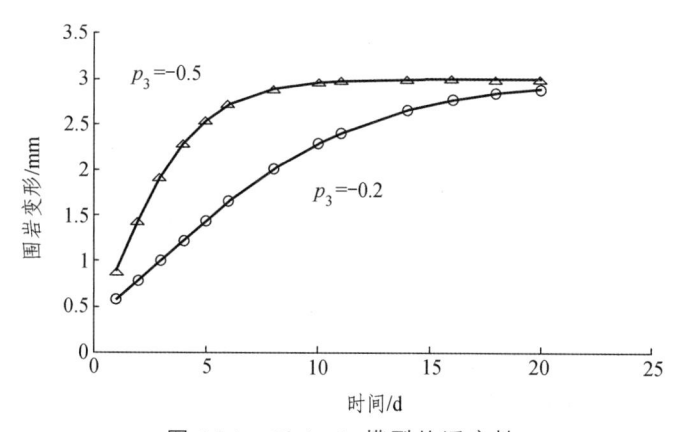

图 14.1 Sloboda 模型的适应性

14.2 实际应用

为了对各模型的建模精度进行比较，本节从工程实际出发，从渝万铁路中抽取了 3

段典型路基为例进行分析,其施工里程分别为:DK84+920~DK85+760、DK149+737~DK171+031、DK180+418~DK181+126,其中DK84+920~DK85+760段路基在施工过程中进行了加固和防护措施(包含对基地增加土工格栅、水泥搅拌桩或多向水泥搅拌桩),后两段路基填土高度5~7 m,为本线路路基填筑高度较高段,3段路基填筑完成后观测最短周期的已达6个月,观测频次满足设计及相关文件要求。

14.2.1　DK84+920~DK85+760 段

DK84+920~DK85+760段地质情况与第2.2节所述相同。从中选取测点0085500G1、0085500G2和0085500L1进行所得数据统计,观测时间从2014年12月29日开始,到2015年8月1日为止。观测时间间隔及实测沉降数据见第2章。

以沉降数据作为样本值进行模型建模,模型的实测结果与预测结果如图14.2~图14.4所示,沉降预测成果如表14.1所示。

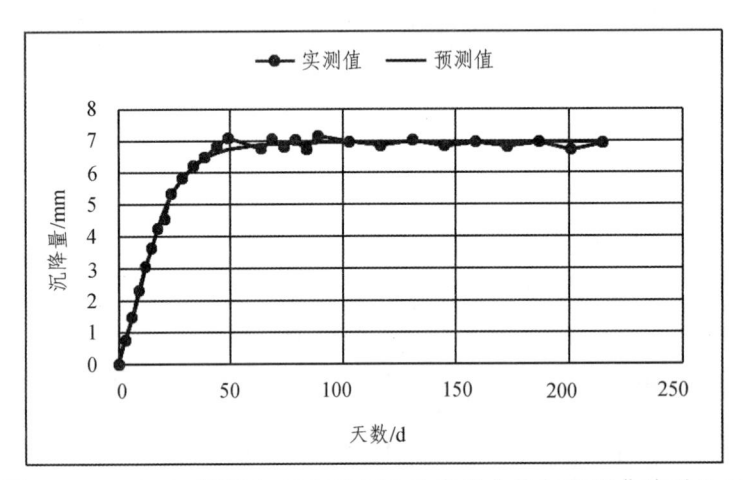

图14.2　Sloboda模型在0085500G1的实测曲线与预测曲线对比图

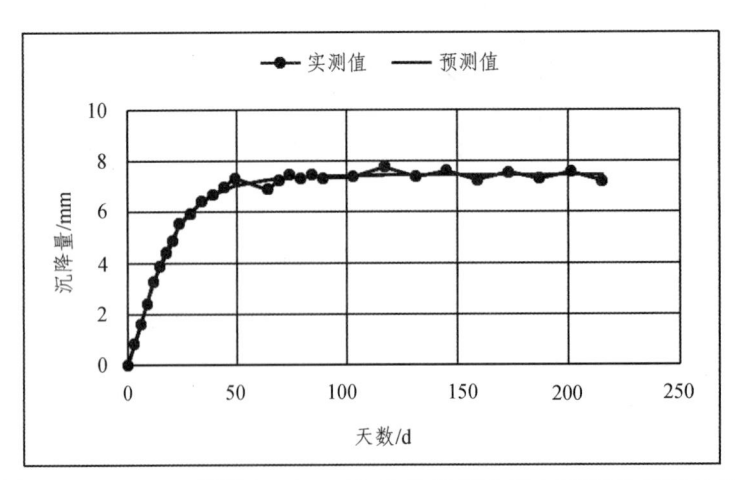

图14.3　Sloboda模型在0085500G2的实测曲线与预测曲线对比图

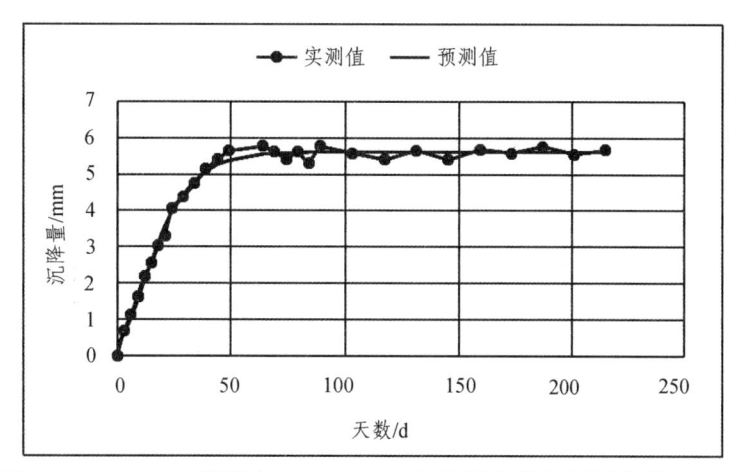

图 14.4 Sloboda 模型在 0085500L1 的实测曲线与预测曲线对比图

表 14.1 DK84＋920～DK85＋760 段沉降预测成果表

测点编号	实测总沉降量/mm	预测模型	预测工后沉降量/mm	相关系数	S_t/S_∞
0085500G1	6.94	Sloboda 模型	0.01	0.998	0.999
0085500G2	7.21	Sloboda 模型	0.24	0.998	0.968
0085500L1	5.67	Sloboda 模型	0.05	0.996	0.991

14.2.2 DK149＋737～DK171＋031 段

DK149＋737～DK171＋031 段地质情况与第 2.2 节所述相同。从中选取测点 0170495L2、0170900L2 和 0171031L2 进行所得数据统计，其中，0170495L2 和 0170900L2 的观测时间从 2015 年 3 月 17 日开始，到 2015 年 12 月 8 日为止，0171031L2 的观测时间从 2015 年 3 月 29 日开始，到 2015 年 12 月 8 日为止。观测时间间隔及实测沉降数据见第 2 章。

以沉降数据作为样本值进行模型建模，模型的实测结果与预测结果如图 14.5～图 14.7 所示，沉降预测成果如表 14.2 所示。

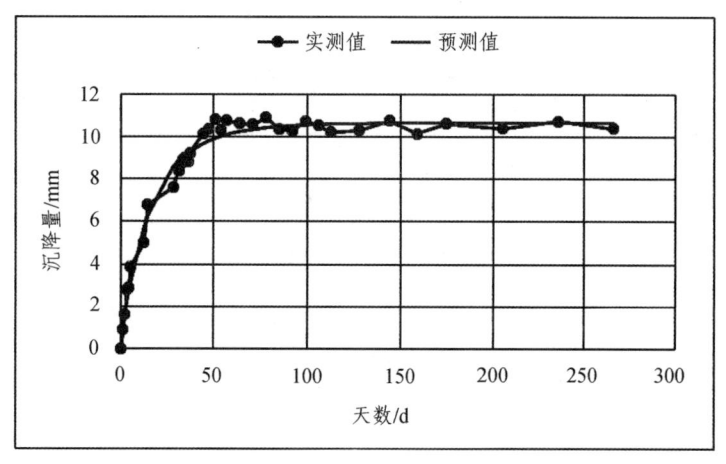

图 14.5 Sloboda 模型在 0170495L2 的实测曲线与预测曲线对比图

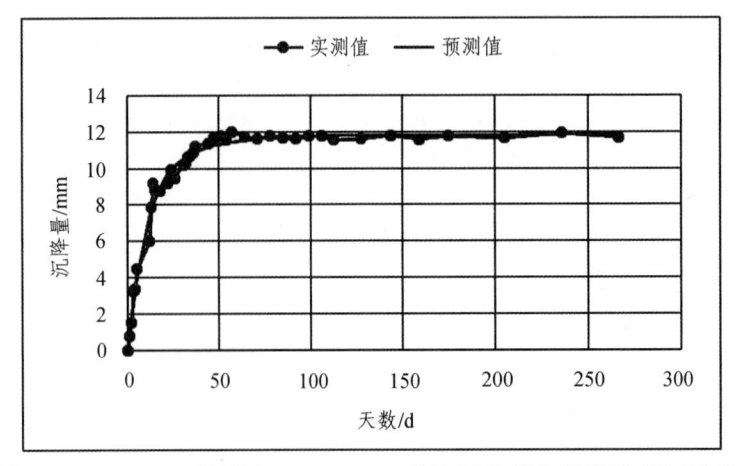

图 14.6 Sloboda 模型在 0170900L2 的实测曲线与预测曲线对比图

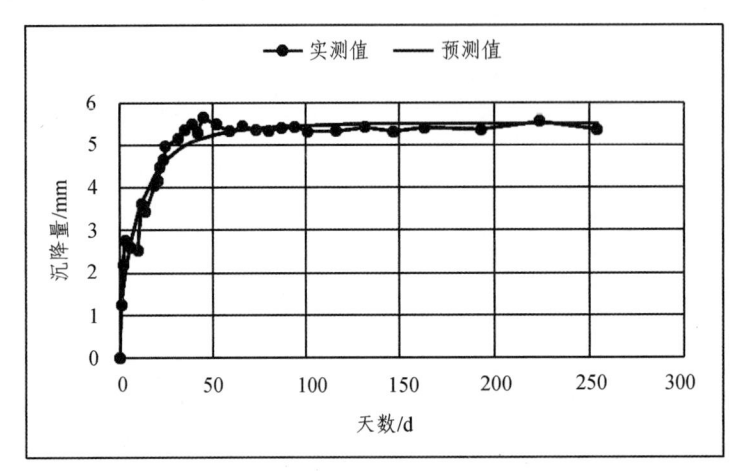

图 14.7 Sloboda 模型在 0171031L2 的实测曲线与预测曲线对比图

表 14.2 DK149+737~DK171+031 段沉降预测成果表

测点编号	实测总沉降量/mm	预测模型	预测工后沉降量/mm	相关系数	S_t/S_∞
0170495L2	10.40	Sloboda 模型	0.28	0.991	0.974
0170900L2	11.67	Sloboda 模型	0.14	0.993	0.986
0171031L2	5.37	Sloboda 模型	0.15	0.974	0.974

14.2.3 DK180+418~DK181+126 段

DK180+418~DK181+126 段地质情况与第 2.2 节所述相同。从中选取测点 0180418G1、0180418G2 和 0180495G1 进行所得数据统计，观测时间从 2015 年 3 月 22 日开始，到 2015 年 12 月 26 日为止。观测时间间隔及实测沉降数据见第 2 章。

以沉降数据作为样本值进行模型建模，模型的实测结果与预测结果如图 14.8~图 14.10 所示，沉降预测成果如表 14.3 所示。

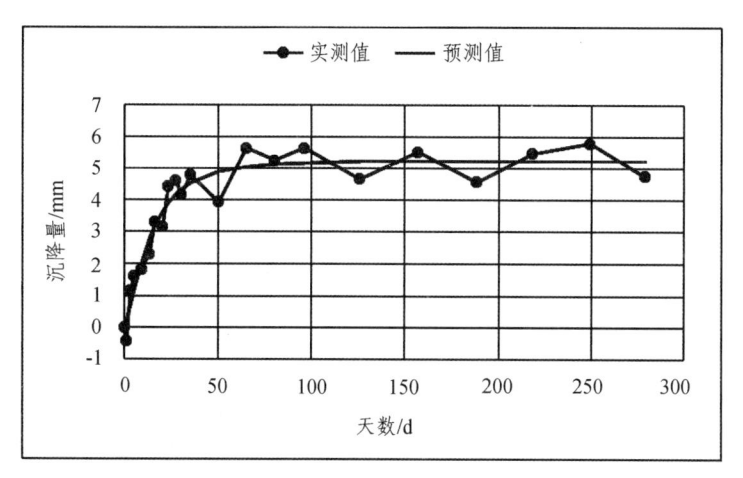

图 14.8　Sloboda 模型在 0180418G1 的实测曲线与预测曲线对比图

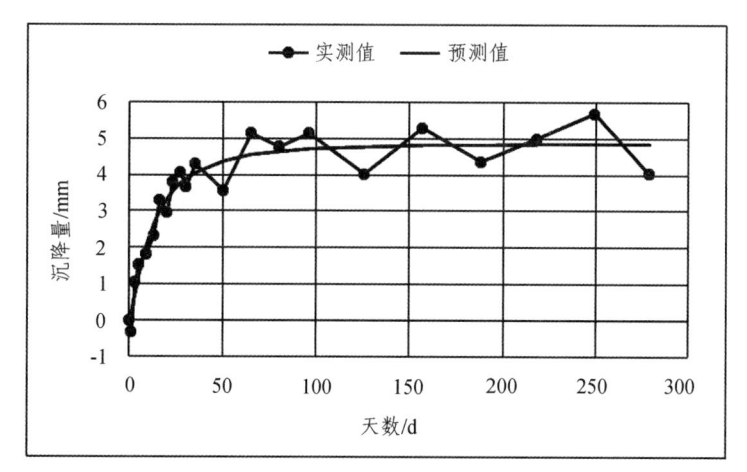

图 14.9　Sloboda 模型在 0180418G2 的实测曲线与预测曲线对比图

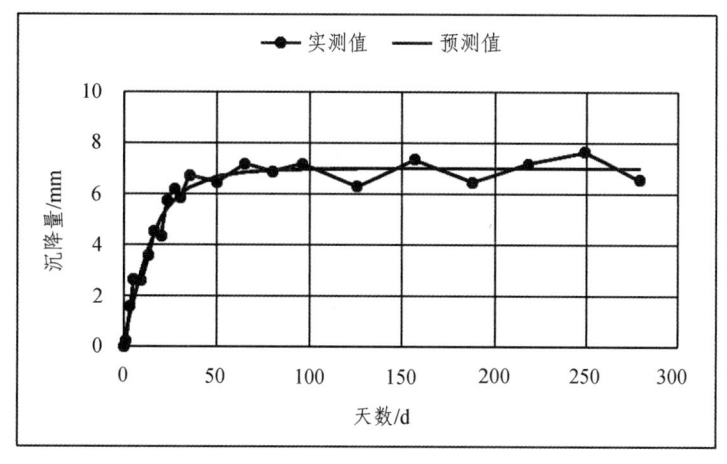

图 14.10　Sloboda 模型在 0180495G1 的实测曲线与预测曲线对比图

表 14.3 DK180+418~DK181+126 段沉降预测成果表

测点编号	实测总沉降量/mm	预测模型	预测工后沉降量/mm	相关系数	S_t/S_∞
0180418G1	4.75	Sloboda 模型	0.49	0.967	0.906
0180418G2	4.04	Sloboda 模型	0.82	0.960	0.831
0180495G1	6.55	Sloboda 模型	0.45	0.983	0.936

本章通过运用 Sloboda 模型对渝万铁路实测沉降数据的分析，得到以下结论：

（1）从图 14.2~图 14.10 中可以看出，Sloboda 模型整体上拟合程度良好，在后期的预测也基本稳定，回归曲线与实测数据较为接近。

（2）从表 14.1~表 14.3 中可以看出，Sloboda 模型的预测工后沉降量在毫米级以内，相关系数均大于 0.92，满足《客运专线铁路变形观测评估技术手册》中的要求，且相关系数和 S_t/S_∞ 值的波动较小，说明 Sloboda 模型的适用性和稳定性较好。

综合以上分析，Sloboda 模型对于渝万高速铁路量级小、波动大的观测数据的适用性较好，稳定性较好，适宜用于渝万高速铁路的沉降预测。

15 朗格缪尔模型

15.1 基本原理

根据土力学理论，典型的沉降-时间曲线表现为沉降量瞬时线性增加，初期逐渐增加，中期加速增加，后期缓慢增加到某一极限值，现场实测的沉降-时间曲线也表现出高度的非线性的递增关系。高路堤，高填深沟谷、边坡等项目的出现，凸显了高填方工程中工后沉降预测的重要性。工后沉降预测模型的建立，基本都是以公式（15-1）为基础，其表示为

$$S_t = S_i + f(t)(S_\infty - S_i) \tag{15-1}$$

式中，S_t 为所求任意时刻的沉降量；S_i 为瞬时沉降量；S_∞ 为最终沉降量；$f(t)$ 为待定的时间函数。

竣工后沉降预测是假设瞬时沉降量为 0，可得

$$S_t = f(t)S_\infty \tag{15-2}$$

由公式（15-2）及大量实测时间-沉降曲线的特征可以看出，沉降预测模型建立的实质是构造一个值域为 [0,1] 且单调递增的凸函数 $f(t)$。

美国人朗格缪尔在 1916 年推导出朗格缪尔等温吸附式：$q = bp/(1+bp)$，引入参数 c，可得

$$f(t) = \frac{bt^{1-c}}{1+bt^{1-c}} \tag{15-3}$$

通过计算一阶、二阶导数可以看出当 $b > 0$ 时，是值域为 [0,1] 且单调递增的凸函数。则沉降量与时间关系的表达式为

$$S_t = \frac{abt^{1-c}}{1+bt^{1-c}} \tag{15-4}$$

式中：a 为最终沉降量 S_∞，$b > 0$，$c < 0$。公式（15-4）即为扩展的朗格缪尔模型。

15.2 实际应用

为了对各模型的建模精度进行比较，本节从工程实际出发，从渝万铁路中抽取了 3 段典型路基为例进行分析，其施工里程分别为：DK84+920～DK85+760、DK169+737～

DK151+031、DK180+418~DK181+126，其中 DK84+920~DK85+760 段路基在施工过程中进行了加固和防护措施（包含对基地增加土工格栅、水泥搅拌桩或多向水泥搅拌桩），后两段路基填土高度 5~7 m，为本线路路基填筑高度较高段，3 段路基填筑完成后观测最短周期的已达 6 个月，观测频次满足设计及相关文件要求。

15.2.1　DK84+920~DK85+760 段

DK84+920~DK85+760 段地质情况与第 2.2 节所述相同。从中选取测点 0085500G1、0085500G2 和 0085500L1 进行所得数据统计，观测时间从 2014 年 12 月 29 日开始，到 2015 年 8 月 1 日为止。观测时间间隔及实测沉降数据见第 2 章。

以沉降数据作为样本值进行模型建模，模型的实测结果与预测结果如图 15.1~图 15.3 所示，沉降预测成果如表 15.1 所示。

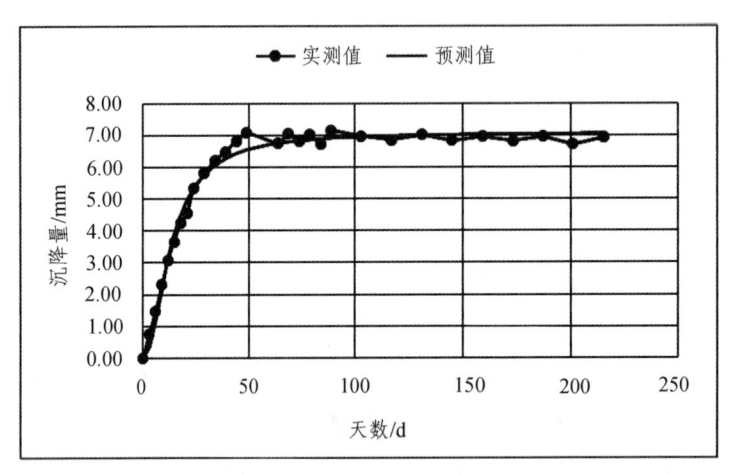

图 15.1　朗格缪尔模型在 0085500G1 的实测曲线与预测曲线对比图

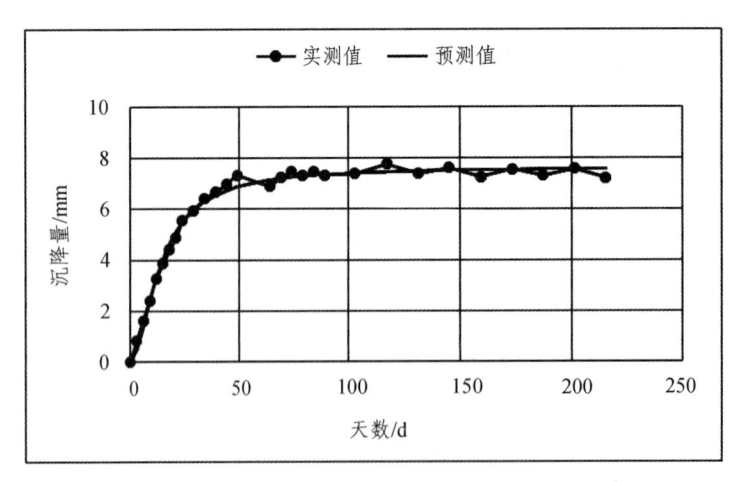

图 15.2　朗格缪尔模型在 0085500G2 的实测曲线与预测曲线对比图

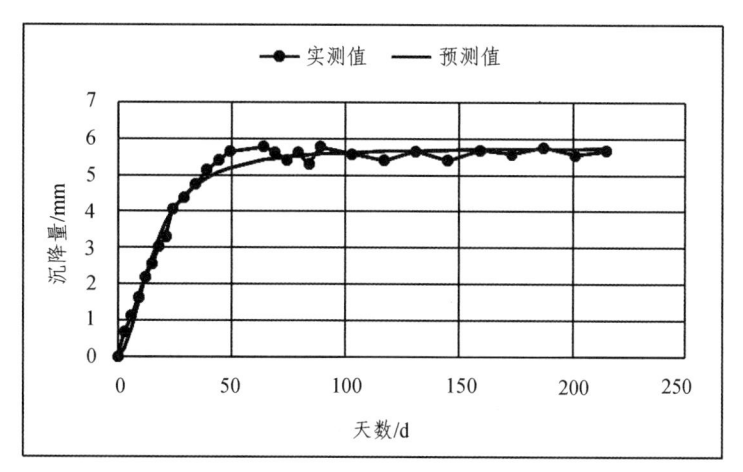

图 15.3 朗格缪尔模型在 0085500L1 的实测曲线与预测曲线对比图

表 15.1　DK84+920~DK85+760 段沉降预测成果表

测点编号	实测总沉降量/mm	预测模型	预测工后沉降量/mm	相关系数	S_t/S_∞
0085500G1	6.94	朗格缪尔模型	0.16	0.994	0.978
0085500G2	7.21	朗格缪尔模型	0.42	0.996	0.945
0085500L1	5.67	朗格缪尔模型	0.10	0.992	0.983

15.2.2　DK169+737~DK151+031 段

DK169+737~DK151+031 段地质情况与第 2.2 节所述相同。从中选取测点 0150495L2、0150900L2 和 0151031L2 进行所得数据统计，其中，0150495L2 和 0150900L2 的观测时间从 2015 年 3 月 15 日开始，到 2015 年 12 月 8 日为止，0151031L2 的观测时间从 2015 年 3 月 29 日开始，到 2015 年 12 月 8 日为止。观测时间间隔及实测沉降数据见第 2 章。

以沉降数据作为样本值进行模型建模，模型的实测结果与预测结果如图 15.4~图 15.6 所示，沉降预测成果如表 15.2 所示。

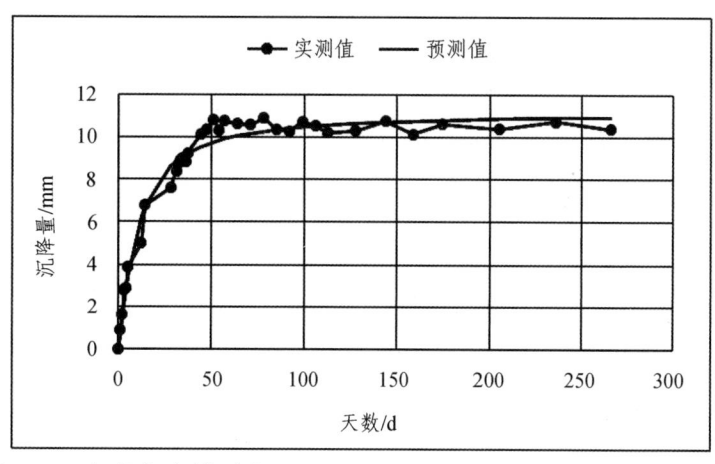

图 15.4　朗格缪尔模型在 0150495L2 的实测曲线与预测曲线对比图

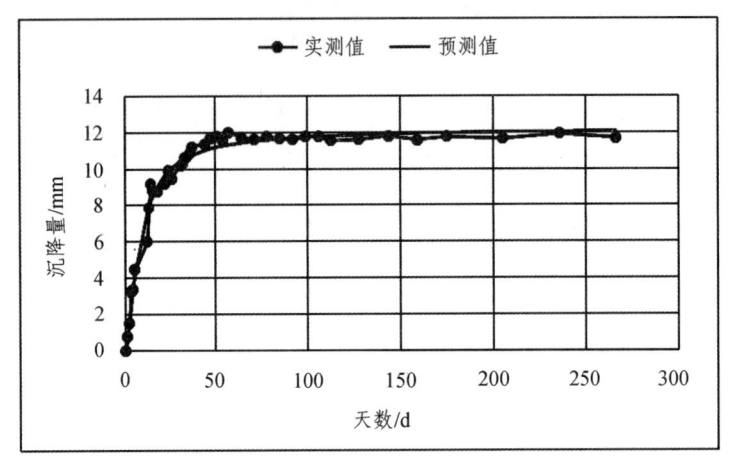

图 15.5 朗格缪尔模型在 0150900L2 的实测曲线与预测曲线对比图

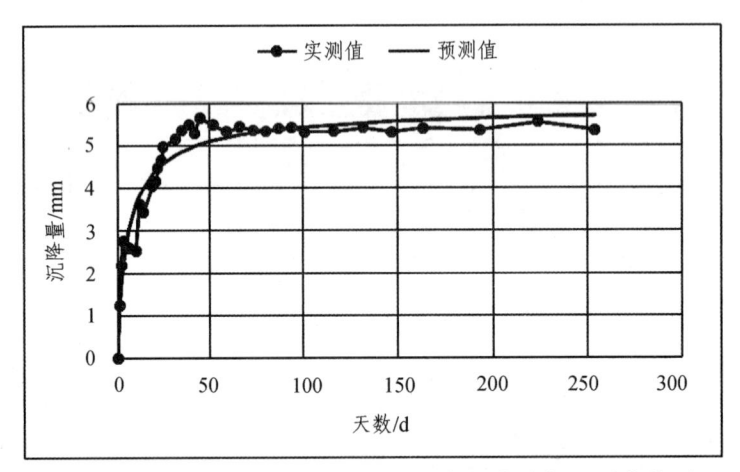

图 15.6 朗格缪尔模型在 0151031L2 的实测曲线与预测曲线对比图

表 15.2 DK169+737~DK151+031 段沉降预测成果表

测点编号	实测总沉降量/mm	预测模型	预测工后沉降量/mm	相关系数	S_t/S_∞
0150495L2	10.40	朗格缪尔模型	0.78	0.988	0.930
0150900L2	11.67	朗格缪尔模型	0.49	0.992	0.960
0151031L2	5.37	朗格缪尔模型	0.59	0.966	0.901

15.2.3　DK180+418~DK181+126 段

DK180+418~DK181+126 段地质情况与第 2.2 节所述相同。从中选取测点 0180418G1、0180418G2 和 0180495G1 进行所得数据统计，观测时间从 2015 年 3 月 22 日开始，到 2015 年 12 月 26 日为止。观测时间间隔及实测沉降数据见第 2 章。

以沉降数据作为样本值进行模型建模，模型的实测结果与预测结果如图 15.7~图 15.9 所示，沉降预测成果如表 15.3 所示。

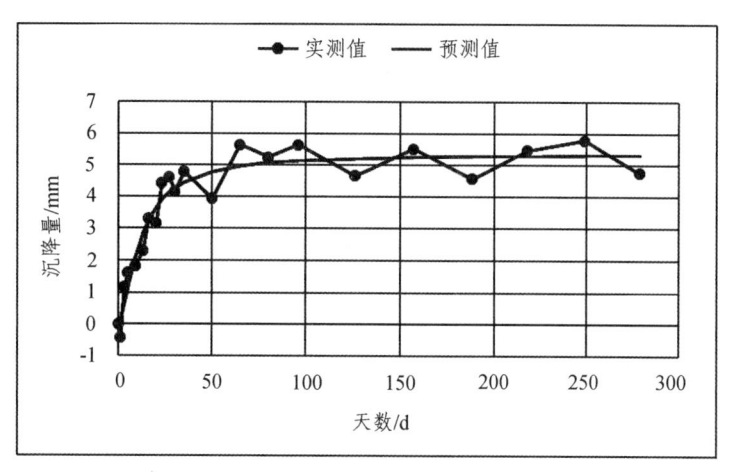

图 15.7　朗格缪尔模型在 0180418G1 的实测曲线与预测曲线对比图

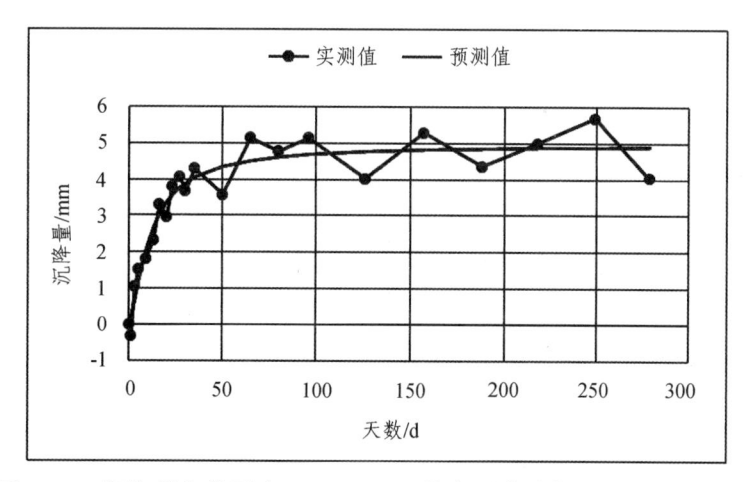

图 15.8　朗格缪尔模型在 0180418G2 的实测曲线与预测曲线对比图

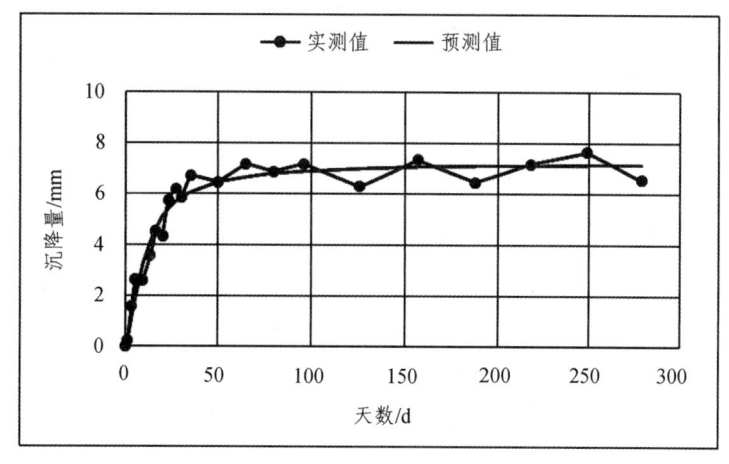

图 15.9　朗格缪尔模型在 0180495G1 的实测曲线与预测曲线对比图

表 15.3　DK180+418～DK181+126 段沉降预测成果表

测点编号	实测总沉降量/mm	预测模型	预测工后沉降量/mm	相关系数	S_t/S_∞
0180418G1	4.75	朗格缪尔模型	0.63	0.965	0.884
0180418G2	4.04	朗格缪尔模型	0.92	0.960	0.814
0180495G1	6.55	朗格缪尔模型	0.70	0.979	0.904

通过运用朗格缪尔模型对渝万铁路实测沉降数据的分析，得到以下结论：

（1）从图 15.1～图 15.9 可以看出，朗格缪尔模型能大体反映出沉降趋势。但相较而言，在前两个铁路沉降监测段预测曲线的拟合效果更为良好，回归曲线与实测数据更为接近。

（2）从表 15.1～表 15.3 可以看出，朗格缪尔模型曲线的相关系数较高，均大于 0.92，满足《客运专线铁路变形观测评估技术手册》中的要求，且相关系数和 S_t/S_∞ 值的波动较小，说明朗格缪尔模型的适用性和稳定性较好。

综合以上分析，对于渝万高速铁路量级小、波动大的观测数据而言，朗格缪尔模型的相关性和稳定性良好。

16 Boltzmann 模型

16.1 基本原理

在时间预测序列中，Boltzmann 模型的表达式为

$$S_t = \frac{A_1 - A_2}{1 + e^{(t-t_0)/B}} + A_2 \tag{16-1}$$

式中，S_t 为 t 时刻对应的预测值，其单位为长度单位；t 为时间；B 为待定参数且为正，无量纲；A_1 为最小值，A_2 为最大值，A_1、A_2 单位为长度单位；t_0 为当 $S_t = (A_1 + A_2)/2$ 时所对应的时间。

Boltzmann 预测模型具有以下特点：

（1）单调递增性，随着时间 t 的增长，S_t 也不断增长，即

$$\dot{S}_t = \frac{(A_2 - A_1)e^{(t-t_0)/B}}{B[1 + e^{(t-t_0)/B}]^2} > 0 \tag{16-2}$$

（2）有界性，当时间 t 趋于无穷大时，S_t 趋近于 A_2，即

$$\lim_{t \to \infty} S_t = A_2 \tag{16-3}$$

（3）呈"S"形，存在拐点，该曲线对时间 t 呈"S"形，即

$$\ddot{S}_t = \frac{(A_2 - A_1)e^{(t-t_0)B}[1 - e^{(t-t_0)/B}]}{B^2[1 + e^{(t-t_0)/B}]^3} \tag{16-4}$$

（4）良好的适应性，确定参数 A_1，A_2 之后，通过调节 t_0 和 B 的值可以模拟相当大范围的曲线。

16.2 实际应用

为了对各模型的建模精度进行比较，本节从工程实际出发，从渝万铁路中抽取了 3 段典型路基为例进行分析，其施工里程分别为：DK84 + 916 ~ DK85 + 760、DK169 + 737 ~ DK171 + 031、DK180 + 418 ~ DK181 + 126，其中 DK84 + 916 ~ DK85 + 760 段路基在施工

过程中进行了加固和防护措施（包含对基地增加土工格栅、水泥搅拌桩或多向水泥搅拌桩），后两段路基填土高度 5~7 m，为本线路路基填筑高度较高段，3 段路基填筑完成后观测最短周期的已达 6 个月，观测频次满足设计及相关文件要求。

16.2.1　DK84+916~DK85+760 段

DK84+916~DK85+760 段地质情况与第 2.2 节所述相同。从中选取测点 0085500G1、0085500G2 和 0085500L1 进行所得数据统计，观测时间从 2014 年 12 月 29 日开始，到 2015 年 8 月 1 日为止。观测时间间隔及实测沉降数据见第 2 章。

以沉降数据作为样本值进行模型建模，模型的实测结果与预测结果如图 16.1~图 16.3 所示，沉降预测成果如表 16.1 所示。

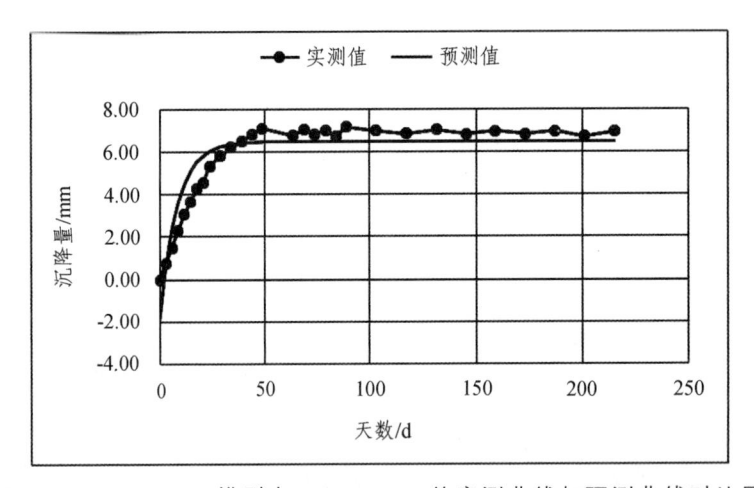

图 16.1　Boltzmann 模型在 0085500G1 的实测曲线与预测曲线对比图

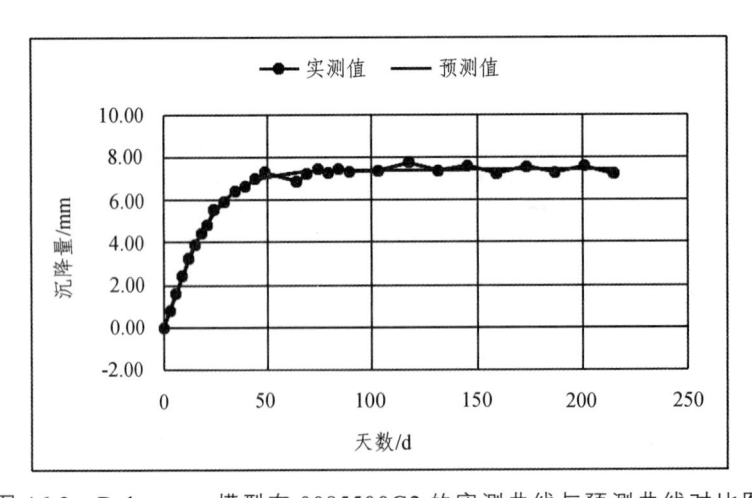

图 16.2　Boltzmann 模型在 0085500G2 的实测曲线与预测曲线对比图

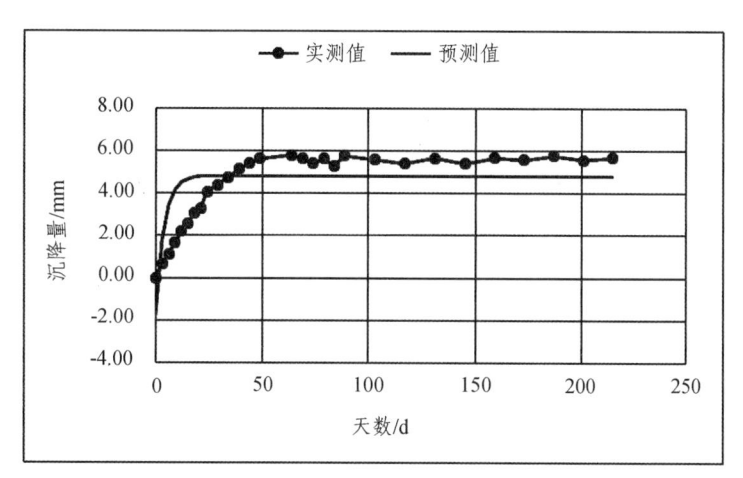

图 16.3　Boltzmann 模型在 0085500L1 的实测曲线与预测曲线对比图

表 16.1　DK84＋916～DK85＋760 段沉降预测成果表

测点编号	实测总沉降量/mm	预测模型	预测工后沉降量/mm	相关系数	S_t/S_∞
0085500G1	6.94	Boltzmann 模型	－0.44	0.928	1.000
0085500G2	7.21	Boltzmann 模型	0.16	0.998	0.972
0085500L1	5.67	Boltzmann 模型	－0.86	0.716	1.000

16.2.2　DK169＋737～DK171＋031 段

DK169＋737～DK171＋031 段地质情况与第 2.2 节所述相同。从中选取测点 0170495L2、0170900L2 和 0171031L2 进行所得数据统计，其中，0170495L2 和 0170900L2 的观测时间从 2015 年 3 月 17 日开始，到 2015 年 12 月 8 日为止，0171031L2 的观测时间从 2015 年 3 月 29 日开始，到 2015 年 12 月 8 日为止。观测时间间隔及实测沉降数据见第 2 章。

以沉降数据作为样本值进行模型建模，模型的实测结果与预测结果如图 16.4～图 16.6 所示，沉降预测成果如表 16.2 所示。

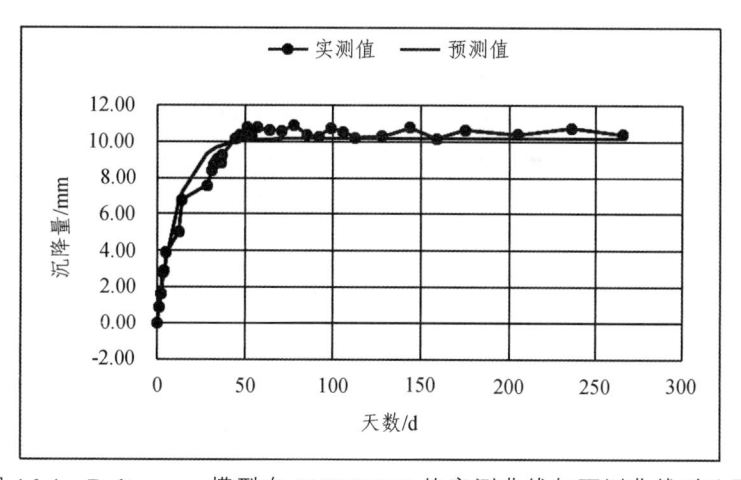

图 16.4　Boltzmann 模型在 0170495L2 的实测曲线与预测曲线对比图

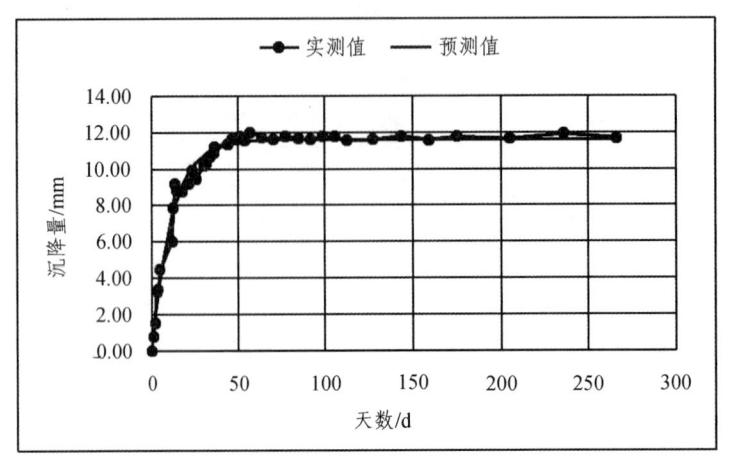

图 16.5　Boltzmann 模型在 0170900L2 的实测曲线与预测曲线对比图

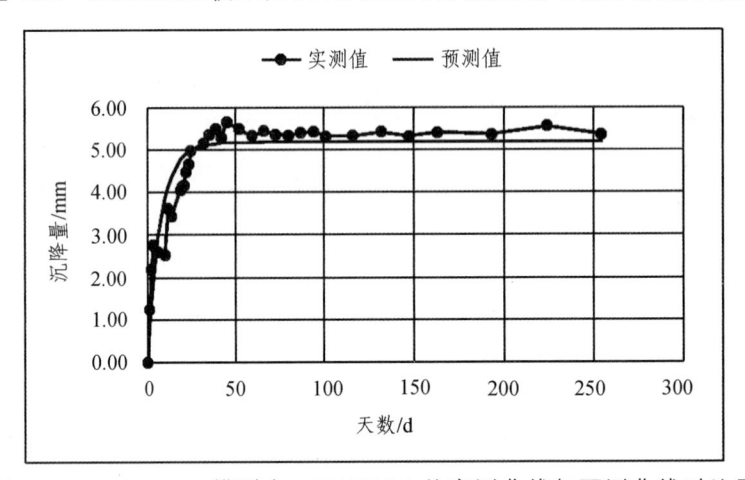

图 16.6　Boltzmann 模型在 0171031L2 的实测曲线与预测曲线对比图

表 16.2　DK169+737～DK171+031 段沉降预测成果表

测点编号	实测总沉降量/mm	预测模型	预测工后沉降量/mm	相关系数	S_t/S_∞
0170495L2	10.40	Boltzmann 模型	-0.22	0.980	1.000
0170900L2	11.67	Boltzmann 模型	-0.06	0.992	1.000
0171031L2	5.37	Boltzmann 模型	-0.19	0.941	1.000

16.2.3　DK180+418～DK181+126 段

DK180+418～DK181+126 段地质情况与第 2.2 节所述相同。从中选取测点 0180418G1、0180418G2 和 0180495G1 进行所得数据统计,观测时间从 2015 年 3 月 22 日开始,到 2015 年 12 月 26 日为止。观测时间间隔及实测沉降数据见第 2 章。

以沉降数据作为样本值进行模型建模,模型的实测结果与预测结果如图 16.7～图 16.9 所示,沉降预测成果如表 16.3 所示。

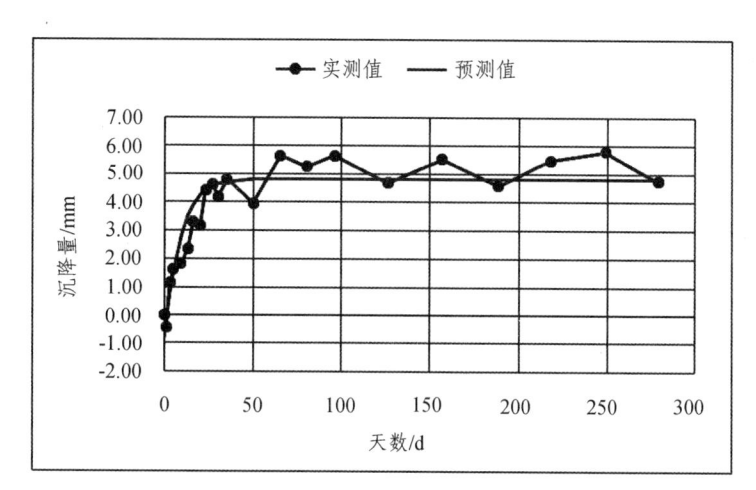

图 16.7　Boltzmann 模型在 0180418G1 的实测曲线与预测曲线对比图

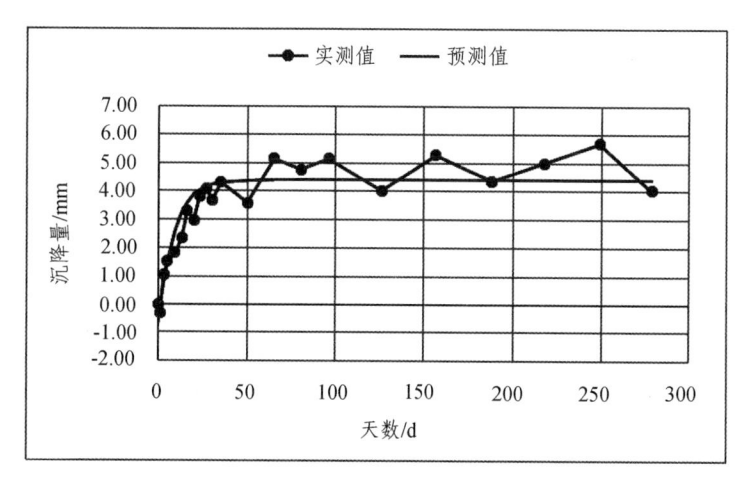

图 16.8　Boltzmann 模型在 0180418G2 的实测曲线与预测曲线对比图

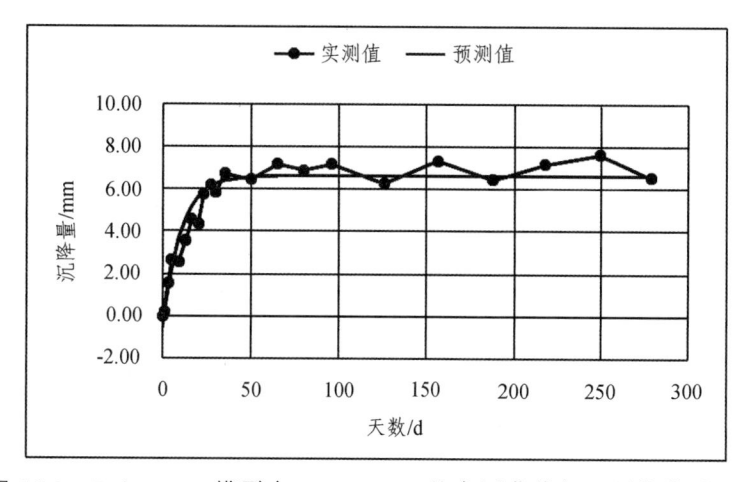

图 16.9　Boltzmann 模型在 0180495G1 的实测曲线与预测曲线对比图

表 16.3　DK180+418~DK181+126 段沉降预测成果表

测点编号	实测总沉降量/mm	预测模型	预测工后沉降量/mm	相关系数	S_t/S_∞
0180418G1	4.75	Boltzmann 模型	0.07	0.937	0.986
0180418G2	4.04	Boltzmann 模型	0.36	0.929	0.919
0180495G1	6.55	Boltzmann 模型	0.08	0.965	0.988

通过运用 Boltzmann 模型对渝万铁路实测沉降数据的分析，得到以下结论：

（1）从图 16.2、图 16.7、图 16.8 和图 16.9 可以看出，Boltzmann 模型能大体反映出沉降趋势。但从图 16.1、图 16.3、图 16.4、图 16.5、图 16.6 可以看出，Boltzmann 模型的拟合效果较差，未能很好地反映沉降数据的变化趋势。

（2）从表 10.1~表 10.3 可以看出，虽然除了测点 0085500L1 的相关系数为 0.72，其余 8 个测点的预测数据的相关系数大于 0.92，满足《客运专线铁路变形观测评估技术手册》中的要求，但是相关系数和 S_t/S_∞ 值的波动较大，且其中有 5 个测点的预测工后沉降量小于 0，不符合实际。

综合以上分析，Boltzmann 模型对于渝万高速铁路量级小、波动大的观测数据的适用性较差，稳定性较差。不适宜用于渝万高速铁路的沉降预测。

17 Gompertz 模型

17.1 基本原理

Gompertz（龚帕兹）模型是由英国统计学家与数学家 B.Gompertz 提出的，具有 3 个参数，呈 S 形，早期主要用于模拟植物的生长高度，后来在生物学、经济学、统计学和工程学等领域内应用广泛，其基本数学表达式为可表示为

$$y = k \cdot e^{-ae^{-bt}} \qquad (17\text{-}1)$$

式中，k、a、b 为参数；t 为时间序列；y 为对应不同时间 t 的数据预测值。

Gompertz 模型具有 3 个典型阶段，以植物生长为例，在初期阶段，植物生长缓慢，速率较小；待植物生长到一定程度时，为快速生长阶段；到生长后期，生长已基本完成，生长速率降低，其高度最终处于在某一稳定数值上。植物的这种生长规律能够较好地模拟铁路的沉降特性。在具体应用时，根据铁路沉降观测数据，代入式（17-1）中，由数学算法将参数 k、a、b 拟合出来，当 $t \to \infty$ 时的函数值即为铁路的最终沉降量，即参数 k 值。目前估算参数 k、a、b 的方法有多种，如三段法、Bryant 法、二次对数法、拐点法、多项式拟合法、高斯最小二乘法、非线性回归最小二乘法等。

一般情况下，为求解方便，对于有 n 个观测量的拟合求解，通常采用三段法求解拟合，将 n 个数据分为三段，通过增减个别数据，使得每段数据包含有 $n = n/3$ 个数据。通过求解联立 3 个方程的方程组来对模型中的 3 个参数 k、a、b 进行求解。

设 S_1、S_2、S_3 分别为各段数据的倒数和，则有

$$S_1 = \sum_{t=1}^{n} \frac{1}{S}, \quad S_2 = \sum_{t=n+1}^{2n} \frac{1}{S}, \quad S_3 = \sum_{t=2n+1}^{3n} \frac{1}{S} \qquad (17\text{-}2)$$

将式（17-2）代入式（17-1）得

$$\left. \begin{array}{l} S_1 = \displaystyle\sum_{t=1}^{n} \frac{1}{S} = \frac{n}{k} + \frac{ae^{-b}(1-e^{-nb})}{k(1-e^{-b})} \\[2mm] S_2 = \displaystyle\sum_{t=n+1}^{2n} \frac{1}{S} = \frac{n}{k} + \frac{ae^{-(n-1)b}(1-e^{-nb})}{k(1-e^{-b})} \\[2mm] S_3 = \displaystyle\sum_{t=2n+1}^{3n} \frac{1}{S} = \frac{n}{k} + \frac{ae^{-(2n+1)b}(1-e^{-nb})}{k(1-e^{-b})} \end{array} \right\} \qquad (17\text{-}3)$$

求解方程组（17-3），得出 3 个模型参数的解

$$\left.\begin{aligned}a &= \frac{(s_1-s_2)^2(1-e^{-b})k}{[(s_1-s_2)-(s_2-s_3)]e^{-b}(1-e^{-nb})} \\ b &= \frac{1}{n}\ln\frac{s_1-s_2}{s_2-s_3} \\ k &= \frac{n}{s_1-\frac{(s_1-s_2)^2}{(s_1-s_2)-(s_2-s_3)}}\end{aligned}\right\} \quad (17\text{-}4)$$

17.2 实际应用

为了对各模型的建模精度进行比较，本节从工程实际出发，从渝万铁路中抽取了 3 段典型路基为例进行分析，其施工里程分别为：DK84+920～DK85+760、DK169+737～DK171+031、DK180+418～DK181+126，其中 DK84+920～DK85+760 段路基在施工过程中进行了加固和防护措施（包含对基地增加土工格栅、水泥搅拌桩或多向水泥搅拌桩），后两段路基填土高度 5～7 m，为本线路路基填筑高度较高段，3 段路基填筑完成后观测最短周期的已达 6 个月，观测频次满足设计及相关文件要求。

17.2.1 DK84+920～DK85+760 段

DK84+920～DK85+760 段地质情况与第 2.2 节所述相同。从中选取测点 0085500G1、0085500G2 和 0085500L1 进行所得数据统计，观测时间从 2014 年 12 月 29 日开始，到 2015 年 8 月 1 日为止。观测时间间隔及实测沉降数据见第 2 章。

以沉降数据作为样本值进行模型建模，模型的实测结果与预测结果如图 17.1～图 17.3 所示，沉降预测成果如表 17.1 所示。

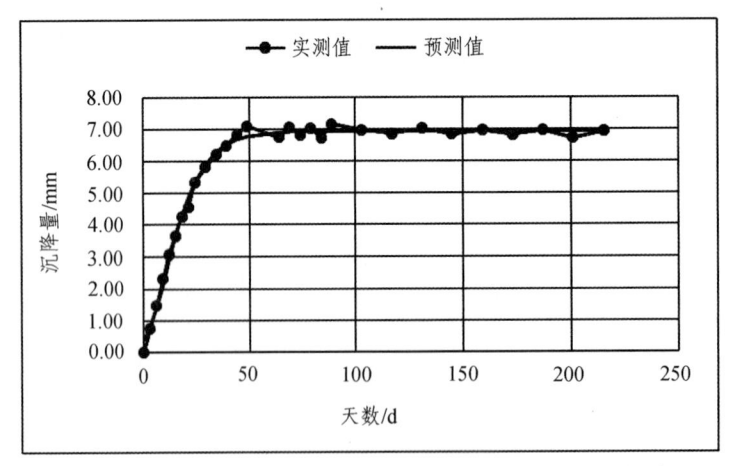

图 17.1 Gompertz 模型在 0085500G1 的实测曲线与预测曲线对比图

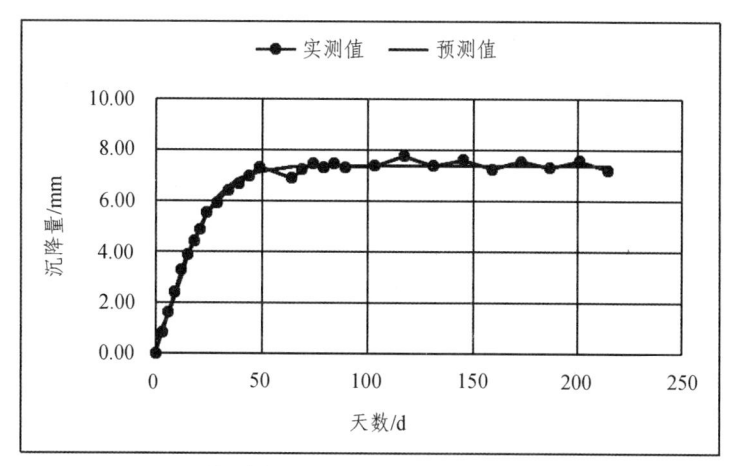

图 17.2 Gompertz 模型在 0085500G2 的实测曲线与预测曲线对比图

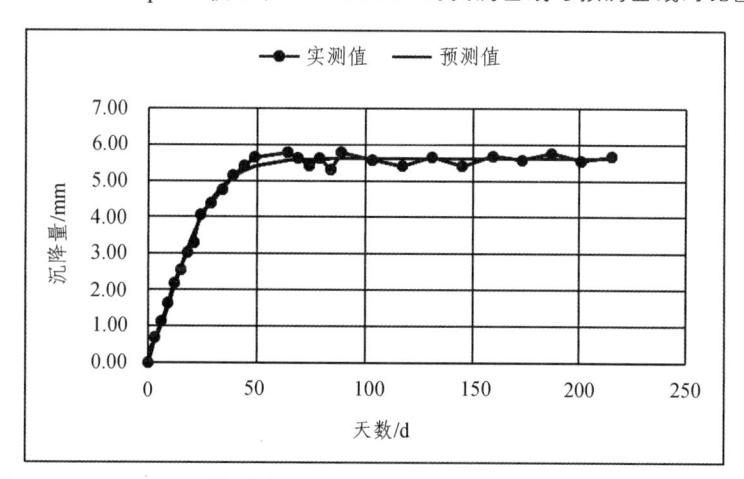

图 17.3 Gompertz 模型在 0085500L1 的实测曲线与预测曲线对比图

表 17.1　DK84+920～DK85+760 段沉降预测成果表

测点编号	实测总沉降量/mm	预测模型	预测工后沉降量/mm	相关系数	S_t/S_∞
0085500G1	6.94	Gompertz 模型	−0.01	0.997	1.000
0085500G2	7.17	Gompertz 模型	0.17	0.996	0.977
0085500L1	5.67	Gompertz 模型	−0.06	0.996	1.000

17.2.2　DK169+737～DK171+031 段

DK169+737～DK171+031 段地质情况与第 2.2 节所述相同。从中选取测点 0170495L2、0170900L2 和 0171031L2 进行所得数据统计,其中,0170495L2 和 0170900L2 的观测时间从 2015 年 3 月 17 日开始,到 2015 年 12 月 8 日为止,0171031L2 的观测时间从 2015 年 3 月 29 日开始,到 2015 年 12 月 8 日为止。观测时间间隔及实测沉降数据见第 2 章。

以沉降数据作为样本值进行模型建模,模型的实测结果与预测结果如图 17.4～图 17.6 所示,沉降预测成果如表 17.2 所示。

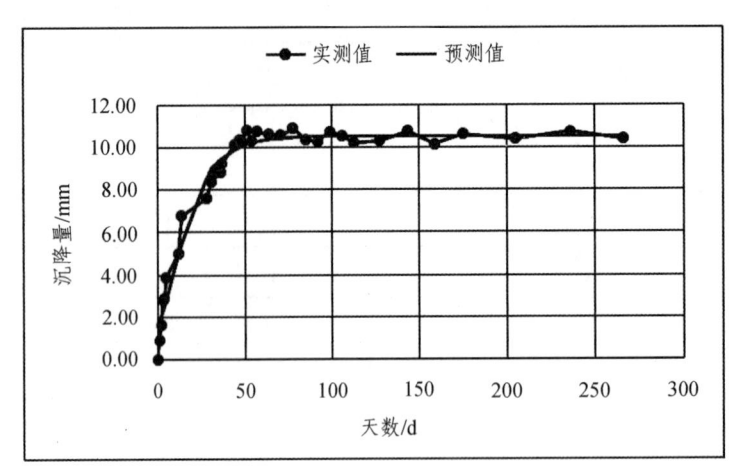

图 17.4 Gompertz 模型在 0170495L2 的实测曲线与预测曲线对比图

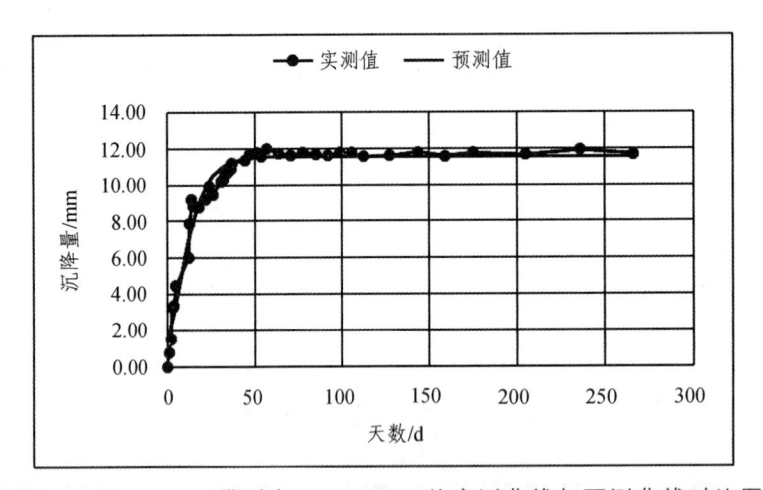

图 17.5 Gompertz 模型在 0170900L2 的实测曲线与预测曲线对比图

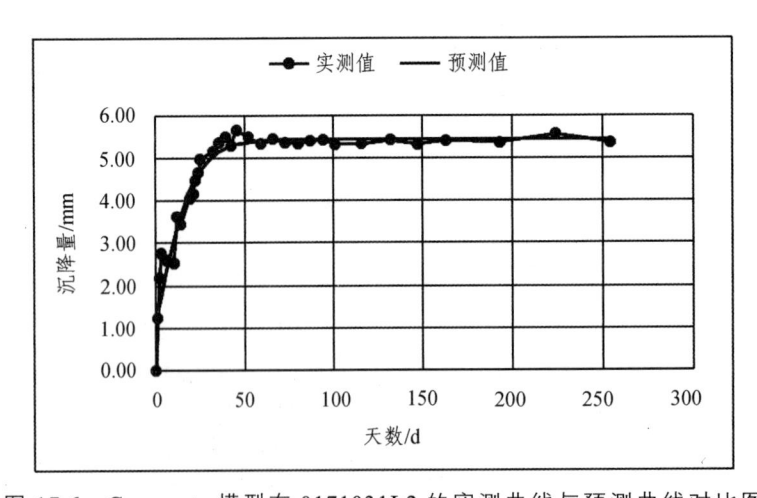

图 17.6 Gompertz 模型在 0171031L2 的实测曲线与预测曲线对比图

表17.2 DK169+737~DK171+031段沉降预测成果表

测点编号	实测总沉降量/mm	预测模型	预测工后沉降量/mm	相关系数	S_t/S_∞
0170495L2	10.40	Gompertz模型	0.13	0.987	0.988
0170900L2	11.67	Gompertz模型	-0.11	0.986	1.000
0171031L2	5.37	Gompertz模型	0.07	0.970	0.987

17.2.3　DK180+418~DK181+126段

DK180+418~DK181+126段地质情况与第2.2节所述相同。从中选取测点0180418G1、0180418G2和0180495G1进行所得数据统计，观测时间从2015年3月22日开始，到2015年12月26日为止。观测时间间隔及实测沉降数据见第2章。

以沉降数据作为样本值进行模型建模，模型的实测结果与预测结果如图17.7~图17.9所示，沉降预测成果如表17.3所示。

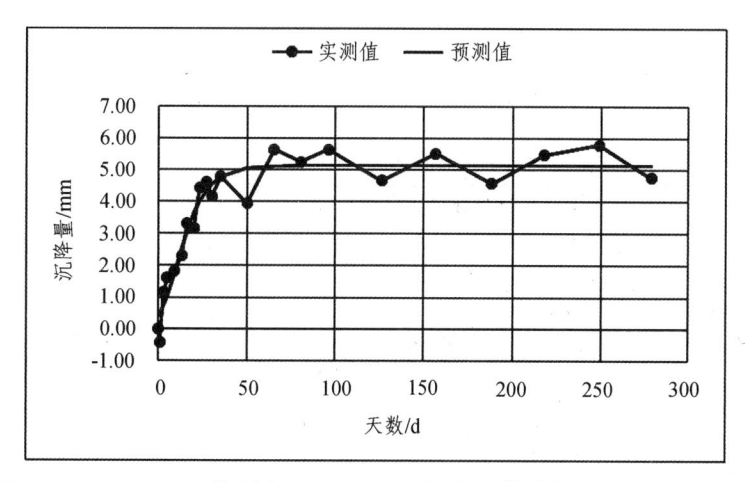

图17.7　Gompertz模型在0180418G1的实测曲线与预测曲线对比图

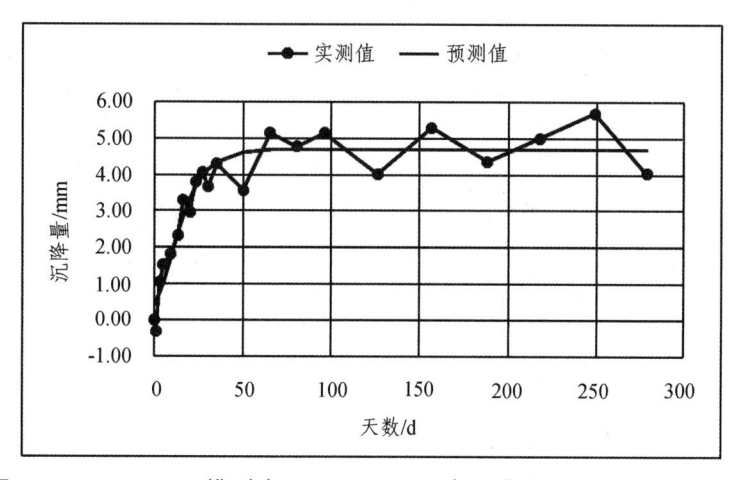

图17.8　Gompertz模型在0180418G2的实测曲线与预测曲线对比图

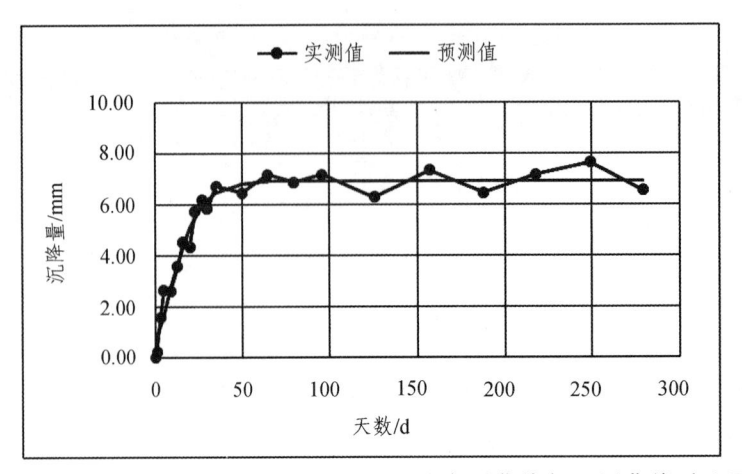

图 17.9　Gompertz 模型在 0180495G1 的实测曲线与预测曲线对比图

表 17.3　DK180＋418～DK181＋126 段沉降预测成果表

测点编号	实测总沉降量/mm	预测模型	预测工后沉降量/mm	相关系数	S_t/S_∞
0180418G1	4.75	Gompertz 模型	0.39	0.963	0.924
0180418G2	4.04	Gompertz 模型	0.66	0.952	0.860
0180495G1	6.55	Gompertz 模型	0.38	0.980	0.945

通过运用 Gompertz 模型对渝万铁路实测沉降数据的分析，得到以下结论：

（1）从图 17.1～图 17.9 可以看出，Gompertz 模型能大体反映出沉降趋势。但相较而言，在前两个铁路沉降监测段预测曲线的拟合效果更为良好，回归曲线与实测数据更为接近。

（2）从表 17.1～表 17.3 可以看出，Gompertz 模型曲线的相关系数较高，均大于 0.92，满足《客运专线铁路变形观测评估技术手册》中的要求，且相关系数和 S_t/S_∞ 值的波动较小，说明 Gompertz 模型的适用性和稳定性较好。但存在部分数据的预测工后沉降量为负值的情况，说明 Gompertz 模型并不是完全适用于渝万铁路的实测沉降数据的预测，部分数据需要做进一步的处理和分析。

综合以上分析，对于渝万高速铁路量级小、波动大的观测数据而言，Gompertz 模型的相关性和稳定性良好，存在部分数据预测工后沉降量小于 0 的情况，需要对部分数据进行进一步的处理和分析。

18 Kalman 滤波模型

18.1 基本原理

卡尔曼（Kalman）滤波是 1960 年由卡尔曼提出的一种"最优化自回归数据处理算法"，它是在线性最小方差估计的基础上的数学结构比较简单的最优线性递推滤波方法。它是当前应用最广的一种动态数据处理方法，具有最小无偏方差性。正是由于它具有这种特性，而且能够很好地剔除随机干扰噪声，因此被广泛地用在动态数据处理上。

卡尔曼滤波是由一系列递推数学公式描述。其信号模型是由离散的状态方程和观测方程组成的。计算步骤是首先根据前一时刻的状态估计，由状态方程求出观测时刻的一步预测值。然后，根据当前时刻的实时观测值和验前信息，计算出预测值的修正值，从而求出最优估计。

离散系统卡尔曼滤波的数学模型由状态方程和观测方程构成，可表示为

$$X_k = F_{k/k-1} X_{k-1} + G_{k-1} W_{k-1} \tag{18-1}$$

$$L_k = H_k X_k + V_k \tag{18-2}$$

式中，X_k 为系统在 k 时刻的 $n \times 1$ 阶状态向量；$F_{k/k-1}$ 为系统从 $k-1$ 时刻到 k 时刻的 $n \times n$ 阶状态转移矩阵；G_{k-1} 为系统在 $k-1$ 时刻的 $n \times r$ 阶动态噪声矩阵；W_{k-1} 为系统在 $k-1$ 时刻的 $r \times 1$ 阶动态噪声；L_k 为系统在 k 时刻的 $m \times 1$ 阶观测向量；H_k 为系统在 k 时刻的 $m \times n$ 阶观测矩阵；V_k 为系统在 k 时刻的 $m \times 1$ 阶观测噪声。

根据最小二乘原理，可推得随机离散线性系统的 Kalman 滤波递推公式为

状态一步预测方程

$$\hat{X}_{k/k-1} = F_{k/k-1} \hat{X}_{k-1} \tag{18-3}$$

滤波增益矩阵

$$J_k = P_{k/k-1} H_k^T (H_k P_{k/k-1} H_k^T + R_k)^{-1} \tag{18-4}$$

状态一步预测协方差阵

$$P_{k/k-1} = F_{k/k-1} P_{k-1} F_{k/k-1}^T + G_{k-1} Q_{k-1} G_{k-1}^T \tag{18-5}$$

状态估计方程

$$\hat{X}_k = \hat{X}_{k/k-1} + J_k (L_k - H_k \hat{X}_{k/k-1}) \tag{18-6}$$

状态估计协方差阵

$$\boldsymbol{P}_k = (I - J_k H_k) P_{k/k-1} \qquad (18\text{-}7)$$

式中，J_k 为系统在 k 时刻的 $n \times m$ 阶滤波增益矩阵；R_k 为系统在 k 时刻的 $m \times m$ 阶观测噪声的协方差阵；Q_{k-1} 为系统在 $k-1$ 时刻的 $r \times r$ 阶动态噪声的协方差阵，I 为单位阵。

在计算 Kalman 滤波值的过程中，确定初值的大小是其中非常关键的一步。Kalman 滤波初值包括初始状态向量 X_0，状态转移矩阵 F，观测矩阵 H，观测噪声的协方差阵 R，动态噪声的协方差阵 Q，状态预测协方差阵 P_0。滤波初值的确定方法如下

$$X_0 = [\text{第一期观测值 变化速率}]^T$$

$$F = \begin{bmatrix} 1 & \Delta T_k \\ 0 & 1 \end{bmatrix}$$

$$H = [1 \quad 0]$$

$$R = \text{沉降量的方差}$$

$$Q = 4\Delta T_k^{-4} R$$

$$P_0 = \begin{bmatrix} R & 0 \\ 0 & \dfrac{2R}{\Delta T_k^2} \end{bmatrix}$$

在确定滤波初值后，启动卡尔曼滤波递推算法，依据 k 时刻的观测值 L_k，递推计算出 k 时刻的状态估计值 $\hat{X}_k (k=1,2,3,\cdots)$，如此反复进行递推式预报与滤波。

18.2 实际应用

为了对各模型的建模精度进行比较，本节从工程实际出发，从渝万铁路中抽取了 3 段典型路基为例进行分析，其施工里程分别为：DK84+920~DK85+760、DK169+737~DK171+031、DK180+418~DK181+126，其中 DK84+920~DK85+760 段路基在施工过程中进行了加固和防护措施（包含对基地增加土工格栅、水泥搅拌桩或多向水泥搅拌桩），后两段路基填土高度 5~7 m，为本线路路基填筑高度较高段，3 段路基填筑完成后观测最短周期的已达 6 个月，观测频次满足设计及相关文件要求。

18.2.1 DK84+920~DK85+760 段

DK84+920~DK85+760 段地质情况与第 2.2 节所述相同。从中选取测点 0085500G1、0085500G2 和 0085500L1 进行所得数据统计，观测时间从 2014 年 12 月 29 日开始，到 2015 年 8 月 1 日为止。观测时间间隔及实测沉降数据见第 2 章。

以沉降数据作为样本值进行模型建模，模型的实测结果与预测结果如图 18.1～图 18.3 所示，沉降预测成果如表 18.1 所示。

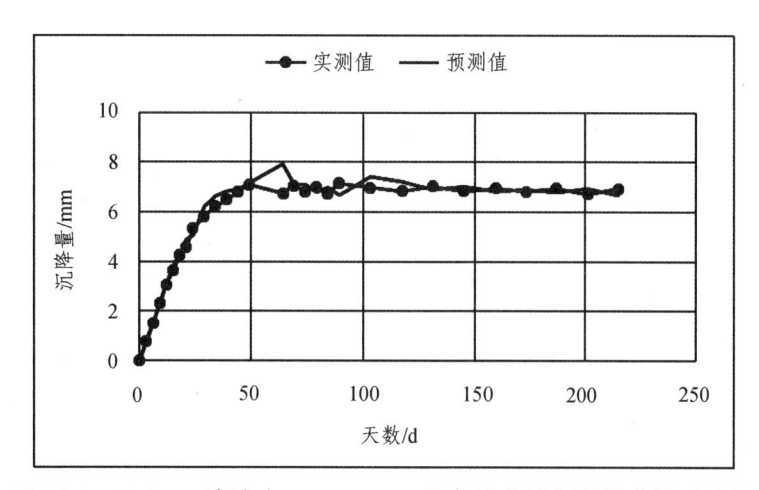

图 18.1 Kalman 滤波在 0085500G1 的实测曲线与预测曲线对比图

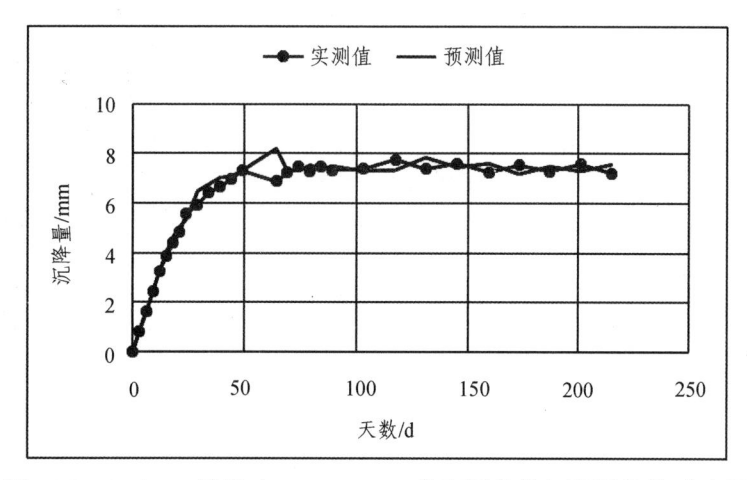

图 18.2 Kalman 滤波在 0085500G2 的实测曲线与预测曲线对比图

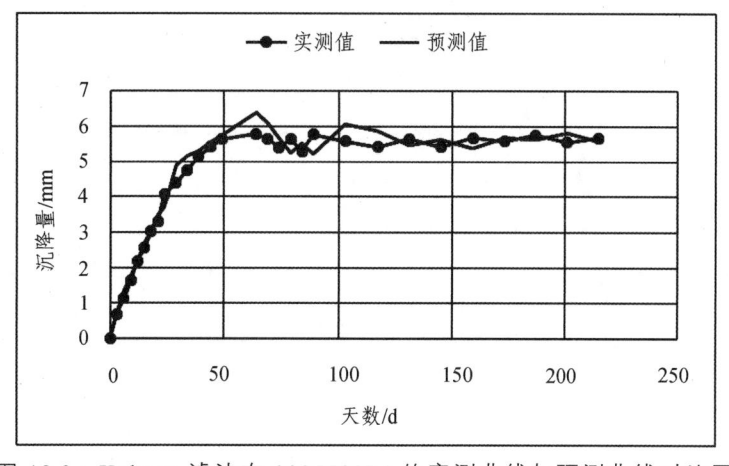

图 18.3 Kalman 滤波在 0085500L1 的实测曲线与预测曲线对比图

表 18.1　DK84+920~DK85+760 段沉降预测成果表

测点编号	实测总沉降量/mm	预测模型	预测工后沉降量/mm	相关系数	S_t/S_∞
0085500G1	6.94	Kalman 滤波模型	−13.82	0.990	1.000
0085500G2	7.21	Kalman 滤波模型	−14.51	0.989	1.000
0085500L1	5.67	Kalman 滤波模型	−11.32	0.987	1.000

18.2.2　DK169+737~DK171+031 段

DK169+737~DK171+031 段地质情况与第 2.2 节所述相同。从中选取测点 0170495L2、0170900L2 和 0171031L2 进行所得数据统计，其中，0170495L2 和 0170900L2 的观测时间从 2015 年 3 月 17 日开始，到 2015 年 12 月 8 日为止，0171031L2 的观测时间从 2015 年 3 月 29 日开始，到 2015 年 12 月 8 日为止。观测时间间隔及实测沉降数据见第 2 章。

以沉降数据作为样本值进行模型建模，模型的实测结果与预测结果如图 18.4~图 18.6 所示，沉降预测成果如表 18.2 所示。

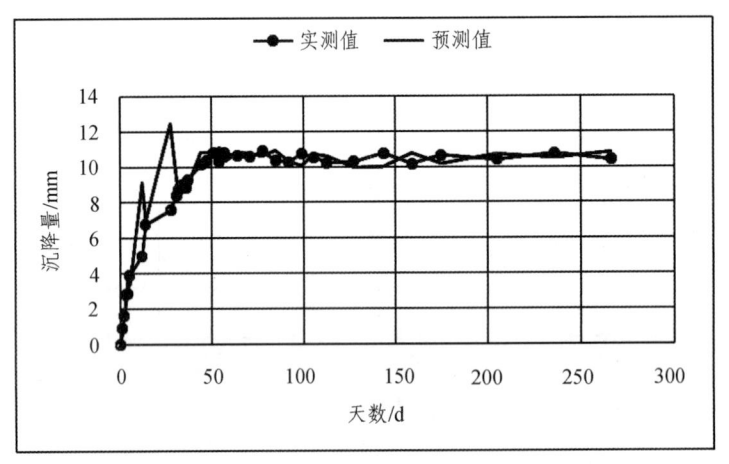

图 18.4　Kalman 滤波在 0170495L2 的实测曲线与预测曲线对比图

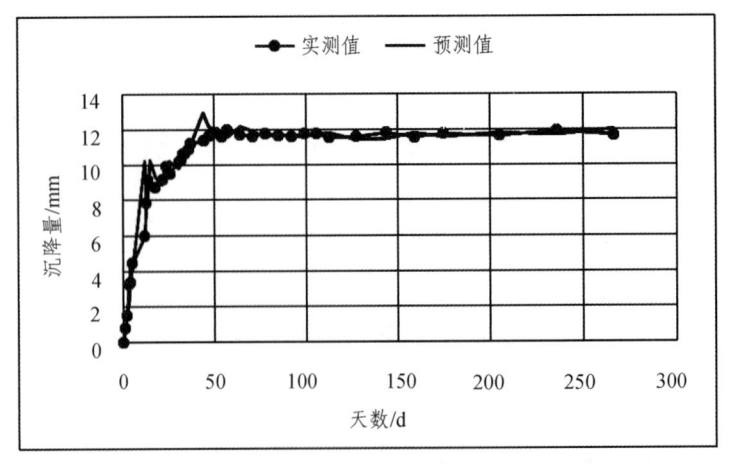

图 18.5　Kalman 滤波在 0170900L2 的实测曲线与预测曲线对比图

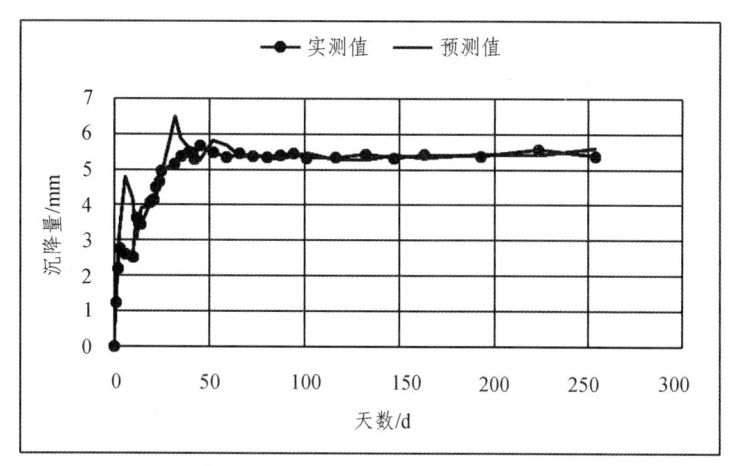

图 18.6 Kalman 滤波在 0171031L2 的实测曲线与预测曲线对比图

表 18.2 DK169+737~DK171+031 段沉降预测成果表

测点编号	实测总沉降量/mm	预测模型	预测工后沉降量/mm	相关系数	S_t/S_∞
0170495L2	10.40	Kalman 滤波模型	-20.91	0.940	1.000
0170900L2	11.67	Kalman 滤波模型	-23.42	0.970	1.000
0171031L2	5.37	Kalman 滤波模型	-10.80	0.918	1.000

18.2.3 DK180+418~DK181+126 段

DK180+418~DK181+126 段地质情况与第 2.2 节所述相同。从中选取测点 0180418G1、0180418G2 和 0180495G1 进行所得数据统计，观测时间从 2015 年 3 月 18 日开始，到 2015 年 12 月 26 日为止。观测时间间隔及实测沉降数据见第 2 章。

以沉降数据作为样本值进行模型建模，模型的实测结果与预测结果如图 18.7~图 18.9 所示，沉降预测成果如表 18.3 所示。

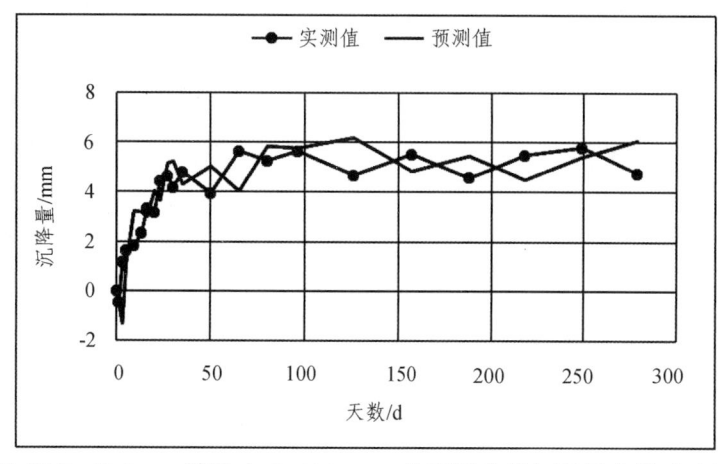

图 18.7 Kalman 滤波在 0180418G1 的实测曲线与预测曲线对比图

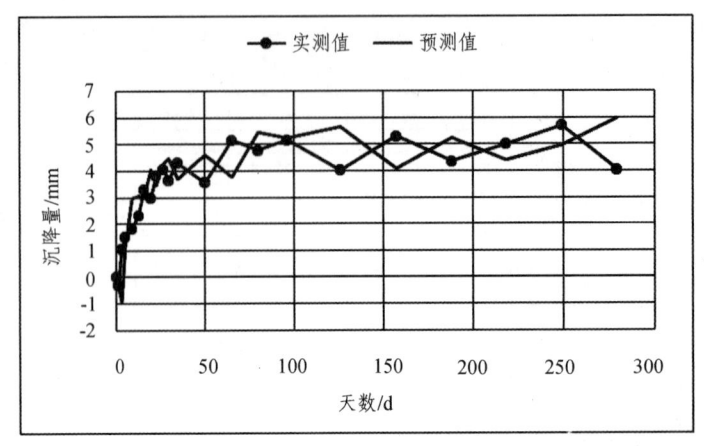

图 18.8　Kalman 滤波在 0180418G2 的实测曲线与预测曲线对比图

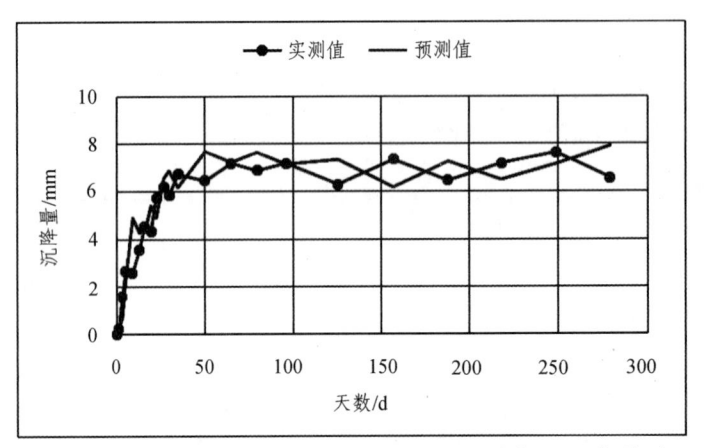

图 18.9　Kalman 滤波在 0180495G1 的实测曲线与预测曲线对比图

表 18.3　DK180+418~DK181+126 段沉降预测成果表

测点编号	实测总沉降量/mm	预测模型	预测工后沉降量/mm	相关系数	S_t/S_∞
0180418G1	4.75	Kalman 滤波模型	−9.83	0.878	1.000
0180418G2	4.04	Kalman 滤波模型	−8.56	0.858	1.000
0180495G1	6.55	Kalman 滤波模型	−13.44	0.934	1.000

本章通过运用 Kalman 滤波模型对渝万铁路实测沉降数据的分析，得到以下结论：

（1）从图 18.1~图 18.9 可以看出，Kalman 滤波模型能大体反映出沉降趋势，且实测数据越多，拟合效果越好。

（2）从表 18.1~表 18.3 可以看出，Kalman 滤波模型的相关系数在测点 0180418G1、0180418G2 未达到 0.92，不满足《客运专线铁路变形观测评估技术手册》中的要求，说明其稳定性较差，需要对数据进行处理和分析。预测工后沉降量均为负值，说明 Kalman 滤波模型不适宜用于长期预测。

综合以上分析，对于渝万高速铁路量级小、波动大的观测数据而言，Kalman 滤波模型的相关性和稳定性一般，且无法用于长期预测，并不适宜用于渝万铁路的沉降预测。

19 幂指函数模型

19.1 基本原理

幂指函数既像幂函数，又像指数函数，二者的特点兼而有之。作为幂函数，其幂指数确定不变，而幂底数为自变量；相反地，指数函数却是底数确定不变，而指数为自变量。幂指函数就是幂底数和幂指数同时都含有自变量的函数。这种函数的推广，就是广义幂指函数。

由于幂指函数 $y=\left(1+\dfrac{1}{x}\right)^x$ 的曲线形式与桩基在荷载作用下的发展规律较为相似，将其用来对桩基沉降的预测。通过变换，确定幂指函数预测的表达式为

$$y_t = a\left(1+\dfrac{1}{b*t}\right)^t \tag{19-1}$$

式中，y_t 为时刻对应的预测值，mm；t 为以墩身开始浇筑为坐标原点的累计时间，d；a，b 为待定参数且为正。通过时间序列和对应的沉降值就可求出 a，b 两个待定参数，建立幂指曲线方程，从而可以对今后的 y_t 进行预测，得到桩基沉降的预测值。

对方程等号两边取对数并求极限，利用洛必达法则求其极限，整理得

$$\lim_{t\to\infty}\ln\dfrac{y_t}{a}=\dfrac{1}{b} \tag{19-2}$$

$$y_\infty = a\mathrm{e}^{\frac{1}{b}} \tag{19-3}$$

为了使表达式看起来更加直观，把 y_t 改成 S_t，表示 t 时刻桩基础的累计沉降量，mm；把 y_∞ 改成 S_∞，表示桩基的最终沉降量，mm；b 是与土层信息、布桩形式等因素相关的参数，将 a 用 S_∞ 和 b 表示

$$a = \dfrac{S_\infty}{\mathrm{e}^{\frac{1}{b}}} \tag{19-4}$$

所以最终的表达式为

$$S_t = \dfrac{S_\infty}{\mathrm{e}^{\frac{1}{b}}}\left(1+\dfrac{1}{b*t}\right)^t \tag{19-5}$$

模型的特点如下：

（1）不通过原点性。函数中时间 t 因在分母上所以 t 不能取 0，故函数曲线不过原点。

（2）单调递增性。由于 $t>0$，$S_\infty>0$，$t>0$，对式（19-5）等号两边取对数后求导，分析可得

$$S'_t = \left[\ln\left(1+\frac{1}{b*t}\right) - \frac{1}{1+b*t}\right] \frac{S_\infty}{e^{\frac{1}{b}}} \left(1+\frac{1}{b*c}\right)^t > 0 \quad (19\text{-}6)$$

（3）有界性。当 t 趋于无穷时，S_t 趋于 S_∞，即

$$\lim_{t\to\infty} S_t = S_\infty \quad (19\text{-}7)$$

（4）前期快速增长性。当时，分别取的值为 0.05，0.1 和 0.2，其曲线图像如图 19.1 所示。

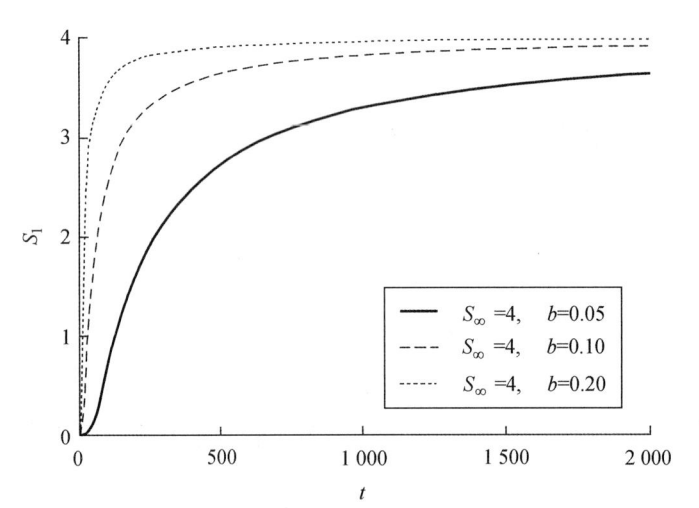

图 19.1　取不同值时幂指函数的曲线形式

由图 19.1 可以看出 b 的值越大，函数值前期增长速度越快，函数的总体趋势是前期的增长速度明显高于后期。因为砂土、砾土等土层在附加荷载作用下产生的超静孔隙水压力消散速度较快，导致地基在荷载施加前期固结沉降较快，所以该函数模型更适合预测以粗颗粒为主的土层的桩基沉降。

参数的确定方法如下：

幂指函数中有两个参数，S_∞，b 为求得参数的值，采用最小二乘法建立目标函数：

$$J = \sum_{i=1}^{n}(S_t - \bar{S}_t)^2 \quad (19\text{-}8)$$

式中，J 为目标函数；n 为沉降观测次数；S_t 为 t 时刻桩基的预测值；$\bar{S}_t$ 为 t 时刻桩基的实测值，当目标函数的值为最小值时，求得 S_∞，b 的值。

根据曲线拟合建立自定义函数，输入桩基的沉降实测值，通过多次假定 S_∞，b 的初值，对参数进行反演计算，使目标函数达到最小值，最后确定参数 S_∞，b 的值。

19.2 实际应用

为了对各模型的建模精度进行比较,本节从工程实际出发,从渝万铁路中抽取了3段典型路基为例进行分析,其施工里程分别为:DK84+920~DK85+760、DK169+737~DK171+031、DK180+418~DK181+126,其中DK84+920~DK85+760段路基在施工过程中进行了加固和防护措施(包含对基地增加土工格栅、水泥搅拌桩或多向水泥搅拌桩),后两段路基填土高度5~7 m,为本线路路基填筑高度较高段,3段路基填筑完成后观测最短周期的已达6个月,观测频次满足设计及相关文件要求。

19.2.1 DK84+920~DK85+760 段

DK84+920~DK85+760段地质情况与第2.2节所述相同。从中选取测点0085500G1、0085500G2和0085500L1进行所得数据统计,观测时间从2014年12月29日开始,到2015年8月1日为止。观测时间间隔及实测沉降数据见第2章。

以沉降数据作为样本值进行模型建模,模型的实测结果与预测结果如图19.2~图19.4所示,沉降预测成果如表19.1所示。

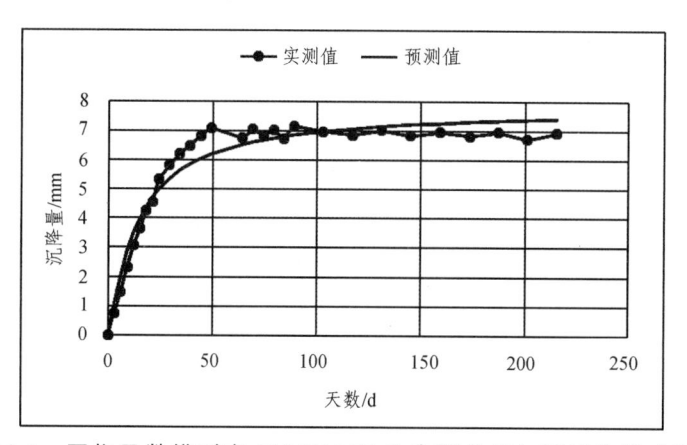

图19.2 幂指函数模型在0085500G1的实测曲线与预测曲线对比图

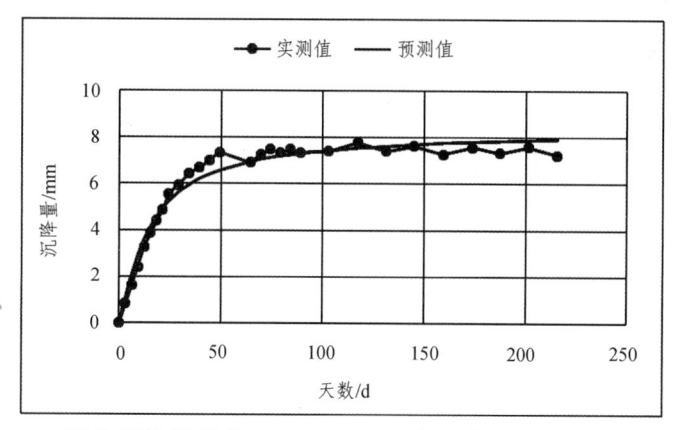

图19.3 幂指函数模型在0085500G2的实测曲线与预测曲线对比图

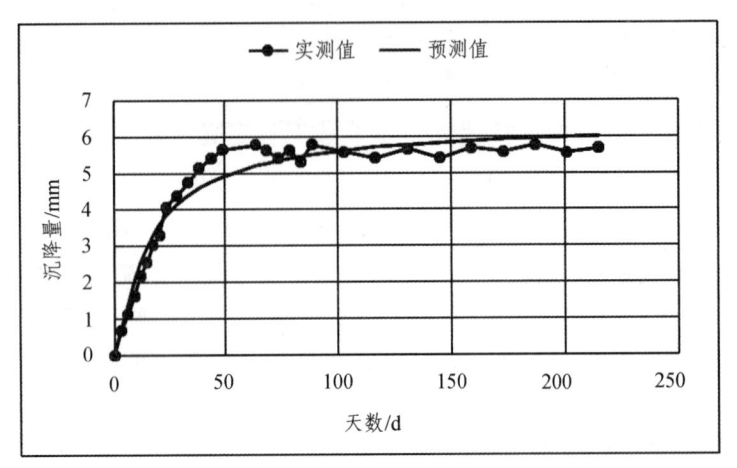

图 19.4 幂指函数模型在 0085500L1 的实测曲线与预测曲线对比图

表 19.1 DK84+920~DK85+760 段沉降预测成果表

测点编号	实测总沉降量/mm	预测模型	预测工后沉降量/mm	相关系数	S_t/S_∞
0085500G1	6.94	幂指函数模型	0.897	0.979	0.886
0085500G2	7.21	幂指函数模型	1.166	0.987	0.861
0085500L1	5.67	幂指函数模型	0.742	0.979	0.884

19.2.2 DK169+737~DK171+031 段

DK169+737~DK171+031 段地质情况与第 2.2 节所述相同。从中选取测点 0170495L2、0170900L2 和 0171031L2 进行所得数据统计，其中，0170495L2 和 0170900L2 的观测时间从 2015 年 3 月 17 日开始，到 2015 年 12 月 8 日为止，0171031L2 的观测时间从 2015 年 3 月 29 日开始，到 2015 年 12 月 8 日为止。观测时间间隔及实测沉降数据见第 2 章。

以沉降数据作为样本值进行模型建模，模型的实测结果与预测结果如图 19.5~图 19.7 所示，沉降预测成果如表 19.2 所示。

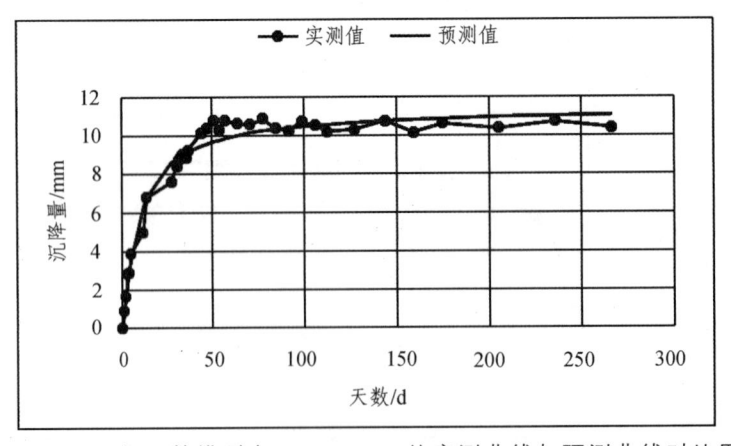

图 19.5 幂指函数模型在 0170495L2 的实测曲线与预测曲线对比图

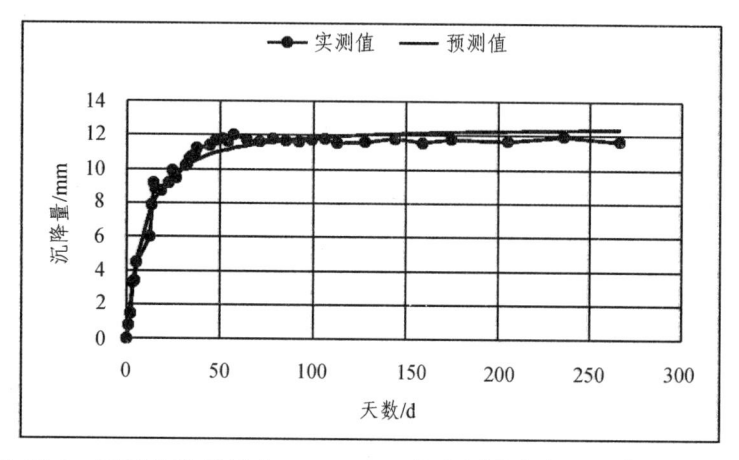

图 19.6　幂指函数模型在 0170900L2 的实测曲线与预测曲线对比图

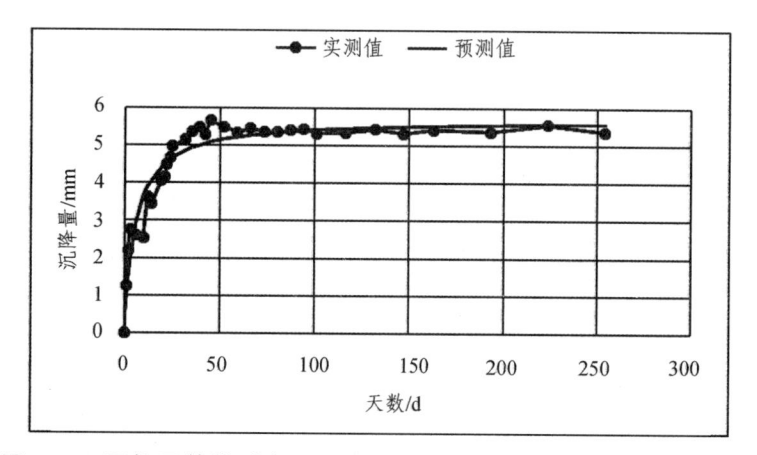

图 19.7　幂指函数模型在 0171031L2 的实测曲线与预测曲线对比图

表 19.2　DK169+737~DK171+031 段沉降预测成果表

测点编号	实测总沉降量/mm	预测模型	预测工后沉降量/mm	相关系数	S_t/S_∞
0170495L2	10.40	幂指函数模型	1.03	0.987	0.910
0170900L2	11.67	幂指函数模型	1.08	0.988	0.916
0171031L2	5.37	幂指函数模型	0.33	0.963	0.942

19.2.3　DK180+418~DK181+126 段

DK180+418~DK181+126 段地质情况与第 2.2 节所述相同。从中选取测点 0180418G1、0180418G2 和 0180495G1 进行所得数据统计，观测时间从 2015 年 3 月 22 日开始，到 2015 年 12 月 26 日为止。观测时间间隔及实测沉降数据见第 2 章。

以沉降数据作为样本值进行模型建模，模型的实测结果与预测结果如图 19.8~图 19.10 所示，沉降预测成果如表 19.3 所示。

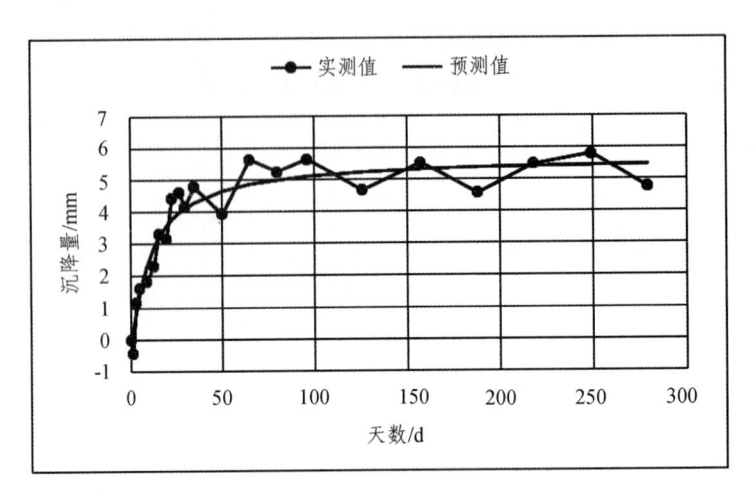

图 19.8 幂指函数模型在 0180418G1 的实测曲线与预测曲线对比图

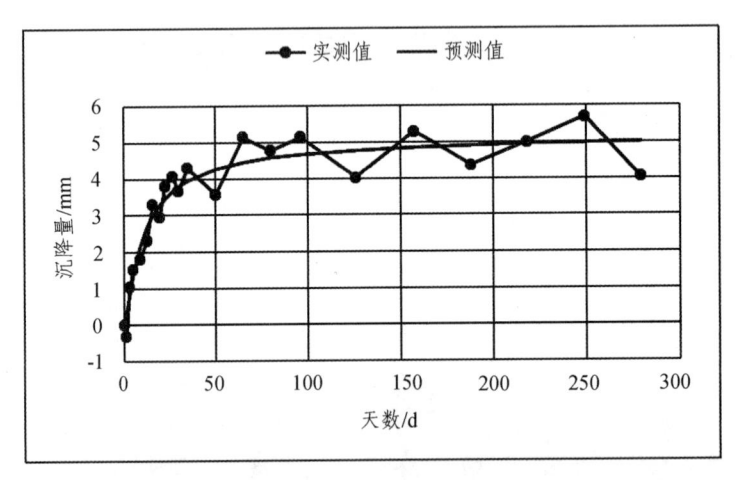

图 19.9 幂指函数模型在 0180418G2 的实测曲线与预测曲线对比图

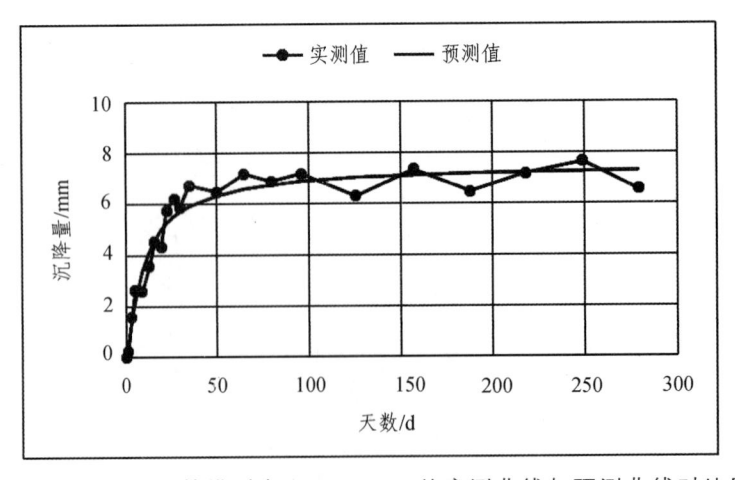

图 19.10 幂指函数模型在 0180495G1 的实测曲线与预测曲线对比图

表 19.3　DK180+418~DK181+126 段沉降预测成果表

测点编号	实测总沉降量/mm	预测模型	预测工后沉降量/mm	相关系数	S_t/S_∞
0180418G1	4.75	幂指函数模型	0.94	0.962	0.835
0180418G2	4.04	幂指函数模型	1.14	0.958	0.780
0180495G1	6.55	幂指函数模型	1.00	0.976	0.867

通过运用幂指函数模型法对渝万铁路实测沉降数据的分析，得到以下结论：

（1）从图 19.2~图 19.10 可以看出，幂指函数模型法能大体反映出沉降趋势，且实测数据越多，拟合效果越好。

（2）从表 19.1~表 19.3 可以看出，幂指函数模型的相关系数较高，均大于 0.92，满足《客运专线铁路变形观测评估技术手册》中的要求，且相关系数和 S_t/S_∞ 值的波动较小，说明幂指函数模型的稳定性良好。但 S_t/S_∞ 值整体偏小，虽然满足大于 75% 的条件，但与其他模型相比仍偏低，说明其预测的精度不足，需要对其进行进一步的改进。

综合以上分析，对于渝万高速铁路量级小、波动大的观测数据而言，幂指函数模型的相关性和稳定性良好，精度略低，需要对其进行改进。

20 对数曲线模型

20.1 基本原理

曲线拟合法适应性比较强，拟合数值类型范围比较广，能对大量现场监测数据进行较好的拟合，建立预测模型。拟合曲线的相关系数 R^2 越接近于 1，说明拟合效果越高。

将沉降量 S 与时间 t 的关系，视为按对数规律变化。表达式为

$$S = a\ln t + b \tag{20-1}$$

式中，a、b 为系数。将现场沉降监测数据代入方程式，可求出 a 和 b 的值，得到完整表达式，因此可以用该式计算任意时间 t 对应的沉降量。

20.2 实际应用

为了对各模型的建模精度进行比较，本节从工程实际出发，从渝万铁路中抽取了 3 段典型路基为例进行分析，其施工里程分别为：DK84+920~DK85+760、DK169+737~DK171+031、DK180+418~DK181+126，其中 DK84+920~DK85+760 段路基在施工过程中进行了加固和防护措施（包含对基地增加土工格栅、水泥搅拌桩或多向水泥搅拌桩），后两段路基填土高度 5~7 m，为本线路路基填筑高度较高段，3 段路基填筑完成后观测最短周期的已达 6 个月，观测频次满足设计及相关文件要求。

20.2.1 DK84+920~DK85+760 段

DK84+920~DK85+760 段地质情况与第 2.2 节所述相同。从中选取测点 0085500G1、0085500G2 和 0085500L1 进行所得数据统计，观测时间从 2014 年 12 月 29 日开始，到 2015 年 8 月 1 日为止。观测时间间隔及实测沉降数据见第 2 章。

以沉降数据作为样本值进行模型建模，模型的实测结果与预测结果如图 20.1~图 20.3 所示，沉降预测成果如表 20.1 所示。

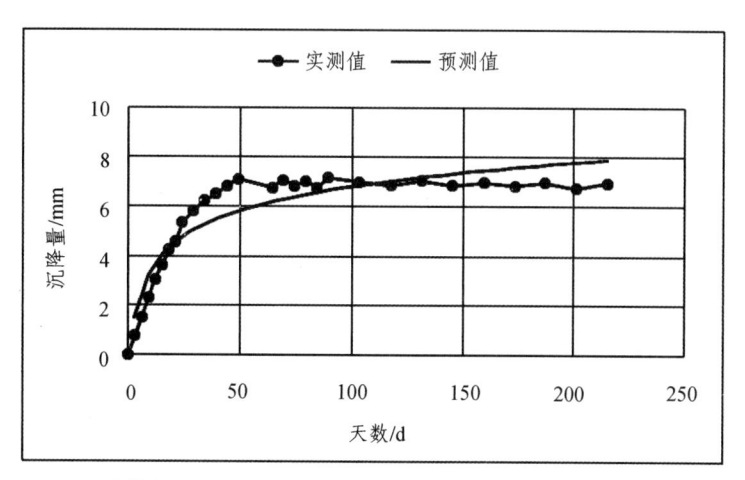

图 20.1 对数曲线模型在 0085500G1 的实测曲线与预测曲线对比图

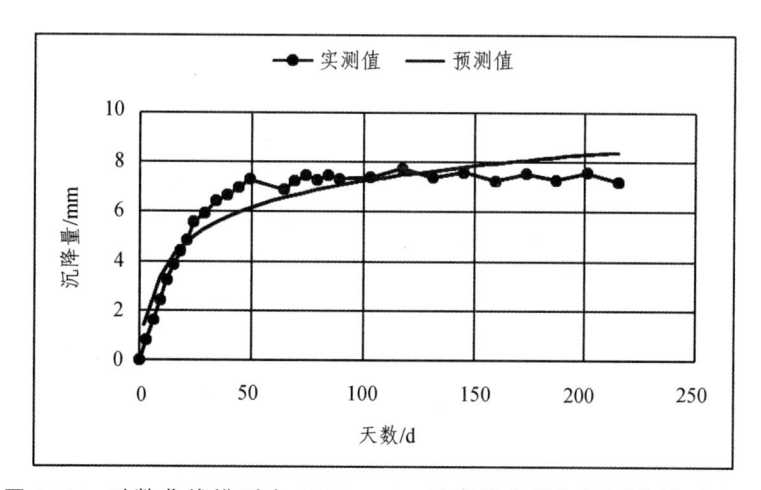

图 20.2 对数曲线模型在 0085500G2 的实测曲线与预测曲线对比图

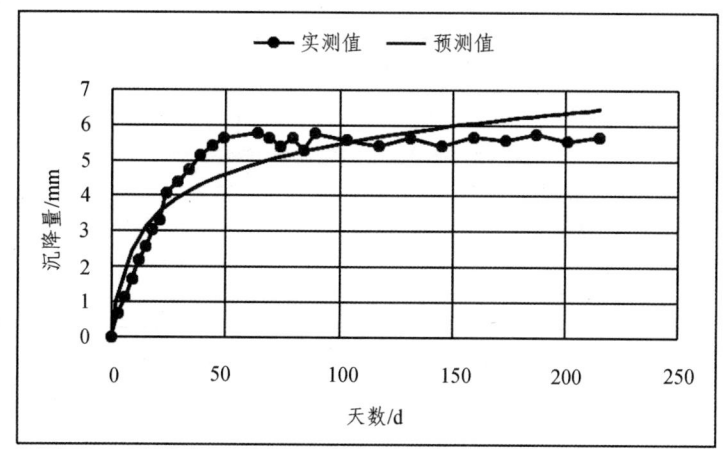

图 20.3 对数曲线模型在 0085500L1 的实测曲线与预测曲线对比图

表 20.1　DK84+920~DK85+760 段沉降预测成果表

测点编号	实测总沉降量/mm	预测模型	预测工后沉降量/mm	相关系数	S_t/S_∞
0085500G1	6.94	对数曲线模型	8.22	0.912	0.458
0085500G2	7.21	对数曲线模型	9.23	0.932	0.439
0085500L1	5.67	对数曲线模型	7.22	0.925	0.440

20.2.2　DK169+737~DK171+031 段

DK169+737~DK171+031 段地质情况与第 2.2 节所述相同。从中选取测点 0170495L2、0170900L2 和 0171031L2 进行所得数据统计，其中，0170495L2 和 0170900L2 的观测时间从 2015 年 3 月 17 日开始，到 2015 年 12 月 8 日为止，0171031L2 的观测时间从 2015 年 3 月 29 日开始，到 2015 年 12 月 8 日为止。观测时间间隔及实测沉降数据见第 2 章。

以沉降数据作为样本值进行模型建模，模型的实测结果与预测结果如图 20.4~图 20.6 所示，沉降预测成果如表 20.2 所示。

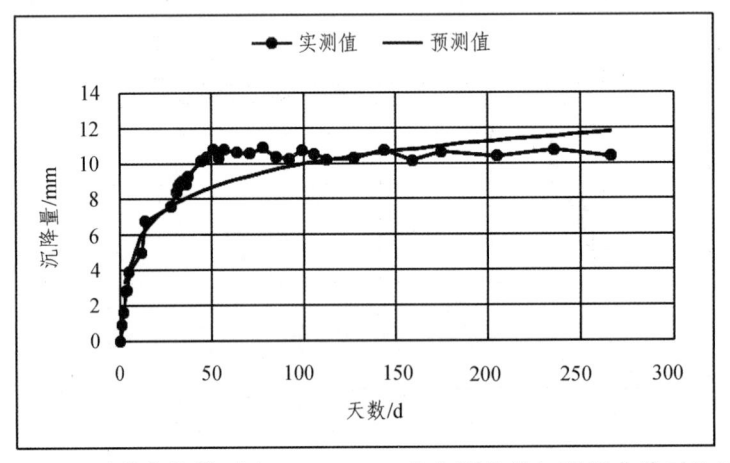

图 20.4　对数曲线模型在 0170495L2 的实测曲线与预测曲线对比图

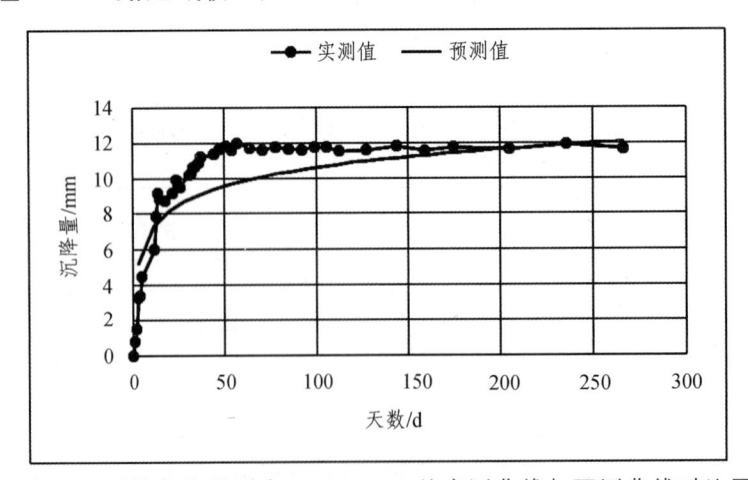

图 20.5　对数曲线模型在 0170900L2 的实测曲线与预测曲线对比图

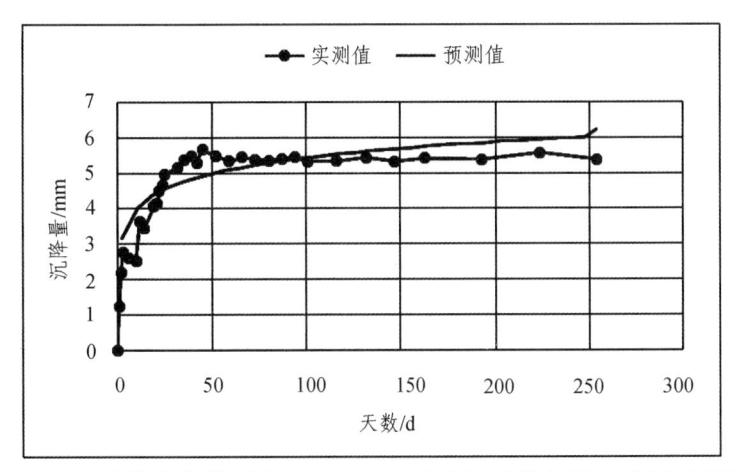

图 20.6 对数曲线模型在 0171031L2 的实测曲线与预测曲线对比图

表 20.2 DK169+737~DK171+031 段沉降预测成果表

测点编号	实测总沉降量/mm	预测模型	预测工后沉降量/mm	相关系数	S_t/S_∞
0170495L2	10.40	对数曲线模型	10.23	0.784	0.504
0170900L2	11.67	对数曲线模型	7.28	0.912	0.616
0171031L2	5.37	对数曲线模型	3.27	0.886	0.622

20.2.3 DK180+418~DK181+126 段

DK180+418~DK181+126 段地质情况与第 2.2 节所述相同。从中选取测点 0180418G1、0180418G2 和 0180495G1 进行所得数据统计,观测时间从 2015 年 3 月 22 日开始,到 2015 年 12 月 26 日为止。观测时间间隔及实测沉降数据见第 2 章。

以沉降数据作为样本值进行模型建模,模型的实测结果与预测结果如图 20.7~图 20.9 所示,沉降预测成果如表 20.3 所示。

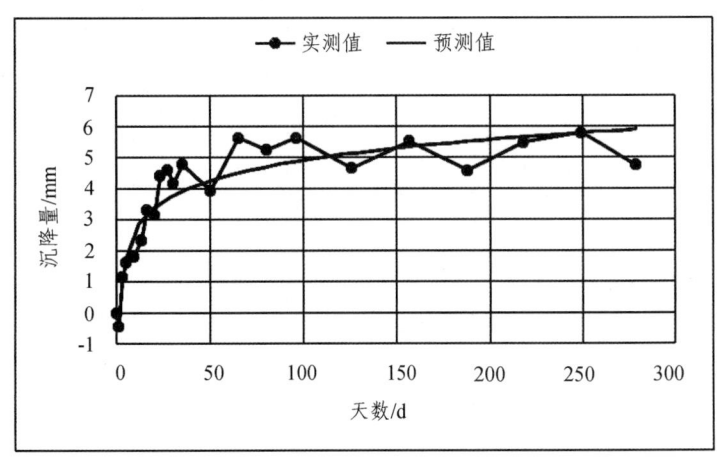

图 20.7 对数曲线模型在 0180418G1 的实测曲线与预测曲线对比图

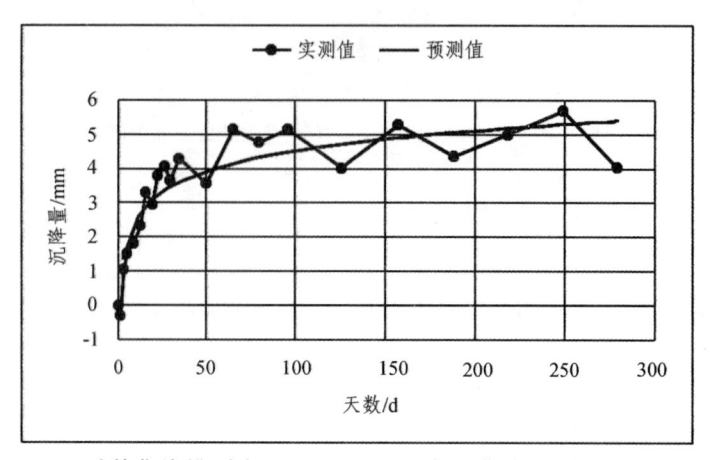

图 20.8 对数曲线模型在 0180418G2 的实测曲线与预测曲线对比图

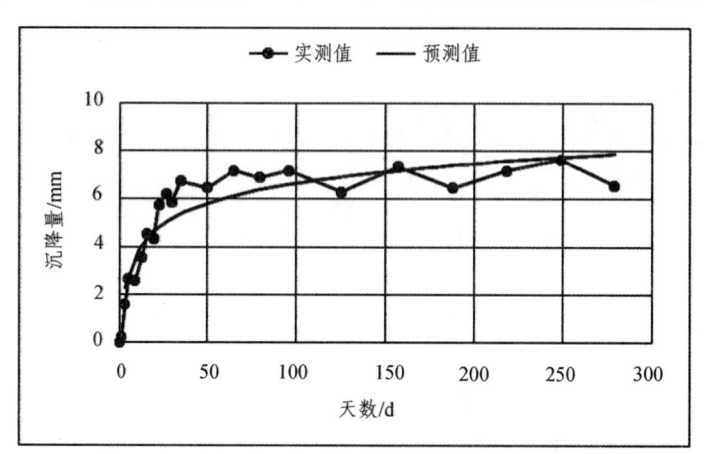

图 20.9 对数曲线模型在 0180495G1 的实测曲线与预测曲线对比图

表 20.3 DK180+418～DK181+126 段沉降预测成果表

测点编号	实测总沉降量/mm	预测模型	预测工后沉降量/mm	相关系数	S_t/S_∞
0180418G1	4.75	对数曲线模型	5.83	0.916	0.449
0180418G2	4.04	对数曲线模型	5.59	0.916	0.420
0180495G1	6.55	对数曲线模型	7.27	0.925	0.474

本章通过运用对数曲线模型对渝万铁路实测沉降数据的分析，得到以下结论：

（1）从图 20.1～图 20.9 可以看出，对数曲线模型拟合不准确，地面沉降的过程并不完全符合对数曲线模型。

（2）从表 20.1～表 20.3 可以看出，虽然个别点位的相关系数大于 0.92，但是每个点位的 S_t/S_∞ 值过低，预测工后沉降量过大，因此可以认为对数曲线模型不能得到合格的预测结果。

综合以上分析，对数曲线模型对于渝万高速铁路量级小、波动大的观测数据的适用性较差，不适宜用于渝万高速铁路的沉降预测。

21 Richards 模型

21.1 基本原理

Richards 模型是由 Richards 于 1959 年提出的一种生长曲线模型，其数学表达式为

$$S = \frac{a}{[1+\exp(b-ct)]^{\frac{1}{d}}} \tag{21-1}$$

式中，t 为时间；S 为 t 时刻的沉降量；a 为最终沉降量；b、c、d 为模型参数，且均大于 0。

Richards 模型曲线呈 S 形，可以反映出事物发生、发展、成熟、达到极限的生长过程。该模型具有以下特点：

（1）不通过坐标原点，当 $t=0$ 时，$S = \dfrac{a}{(1+e^b)^{\frac{1}{d}}} \neq 0$，因此，Richards 模型曲线不通过原点。

（2）具有上限值，当 t 趋向于无穷大时，S 趋向于 a，即 $\lim\limits_{t \to \infty} S = a$，因此，Richards 模型曲线具有上限值。

（3）单调性，将式（21-1）对时间求导数，可得沉降速率的表达式

$$S' = \frac{ac}{d} \frac{\exp(b-ct)}{[1+\exp(b-ct)]^{1+\frac{1}{d}}} \tag{21-2}$$

因此，Richards 模型曲线单调递增。

（4）满足固结度条件，根据固结度定义，则有

$$U = \frac{s_t - s_0}{s_\infty - s_0} = \frac{\dfrac{a}{[1+\exp(b-ct)]^{1+\frac{1}{d}}} - \dfrac{a}{(1+e^b)^{\frac{1}{d}}}}{a - \dfrac{a}{(1+e^b)^{\frac{1}{d}}}} \tag{21-3}$$

由（21-3）式可见，当 $t=0$ 时，$U=0$；当 t 趋近于无穷大时，U 趋近于 1；其他时间 $0<U<1$。因此，Richards 模型满足固结度条件。

另外，还可以证明 Richards 模型曲线呈 S 形，这里不再详细介绍。由以上分析可以看出，Richards 模型曲线与沉降曲线在图形上非常相似。因此，本文采用 Richards 模型对沉降情况进行预测分析。

21.2 实际应用

为了对各模型的建模精度进行比较，本节从工程实际出发，从渝万铁路中抽取了 3 段典型路基为例进行分析，其施工里程分别为：DK84+920～DK85+760、DK169+737～DK171+031、DK180+418～DK181+126，其中 DK84+920～DK85+760 段路基在施工过程中进行了加固和防护措施（包含对基地增加土工格栅、水泥搅拌桩或多向水泥搅拌桩），后两段路基填土高度 5～7 m，为本线路路基填筑高度较高段，3 段路基填筑完成后观测最短周期的已达 6 个月，观测频次满足设计及相关文件要求。

21.2.1 DK84+920～DK85+760 段

DK84+920～DK85+760 段地质情况与第 2.2 节所述相同。从中选取测点 0085500G1、0085500G2 和 0085500L1 进行所得数据统计，观测时间从 2014 年 12 月 29 日开始，到 2015 年 8 月 1 日为止。观测时间间隔及实测沉降数据见第 2 章。

以沉降数据作为样本值进行模型建模，模型的实测结果与预测结果如图 21.1～图 21.3 所示，沉降预测成果如表 21.1 所示。

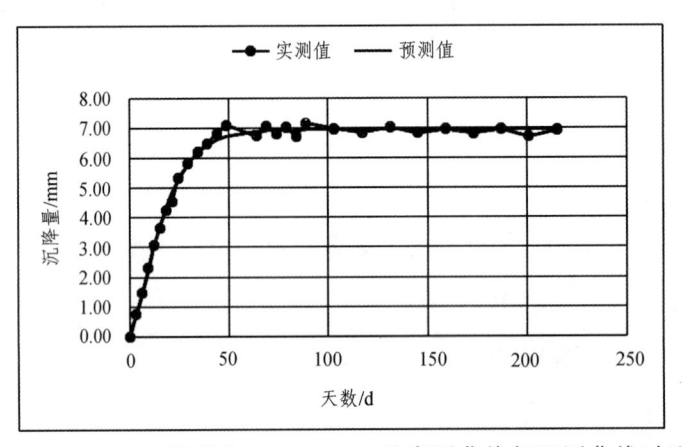

图 21.1 Richards 模型在 0085500G1 的实测曲线与预测曲线对比图

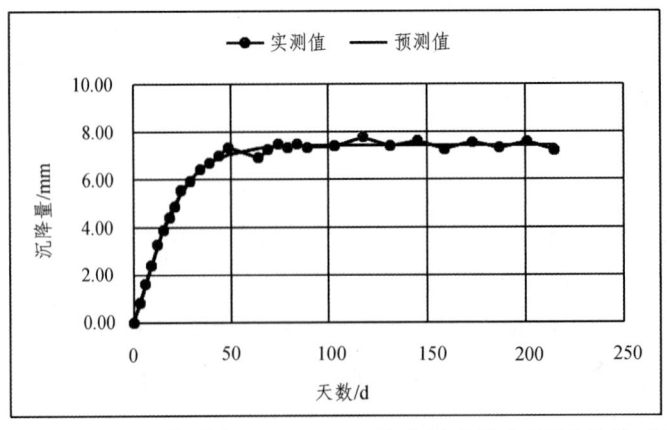

图 21.2 Richards 模型在 0085500G2 的实测曲线与预测曲线对比图

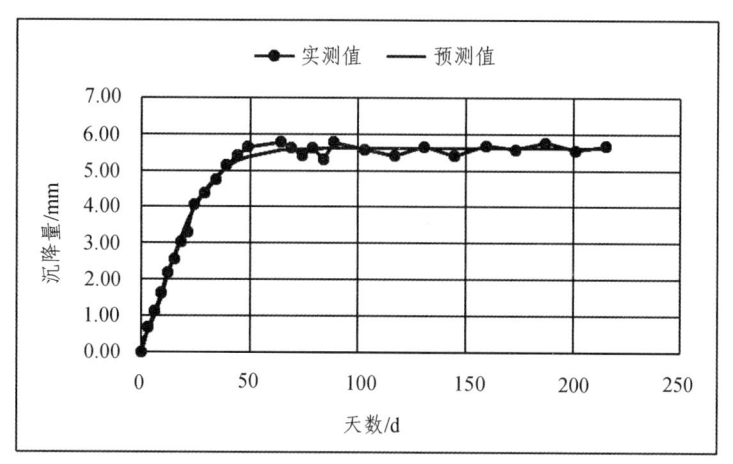

图 21.3 Richards 模型在 0085500L1 的实测曲线与预测曲线对比图

表 21.1 DK84+920~DK85+760 段沉降预测成果表

测点编号	实测总沉降量/mm	预测模型	预测工后沉降量/mm	相关系数	S_t/S_∞
0085500G1	6.94	Richards 模型	0.10	0.998	0.998
0085500G2	7.21	Richards 模型	0.22	0.998	0.970
0085500L1	5.67	Richards 模型	-0.05	0.996	1.000

21.2.2 DK169+737~DK171+031 段

DK169+737~DK171+031 段地质情况与第 2.2 节所述相同。从中选取测点 0170495L2、0170900L2 和 0171031L2 进行所得数据统计,其中,0170495L2 和 0170900L2 的观测时间从 2015 年 3 月 17 日开始,到 2015 年 12 月 8 日为止,0171031L2 的观测时间从 2015 年 3 月 29 日开始,到 2015 年 12 月 8 日为止。观测时间间隔及实测沉降数据见第 2 章。

以沉降数据作为样本值进行模型建模,模型的实测结果与预测结果如图 21.4~图 21.6 所示,沉降预测成果如表 21.2 所示。

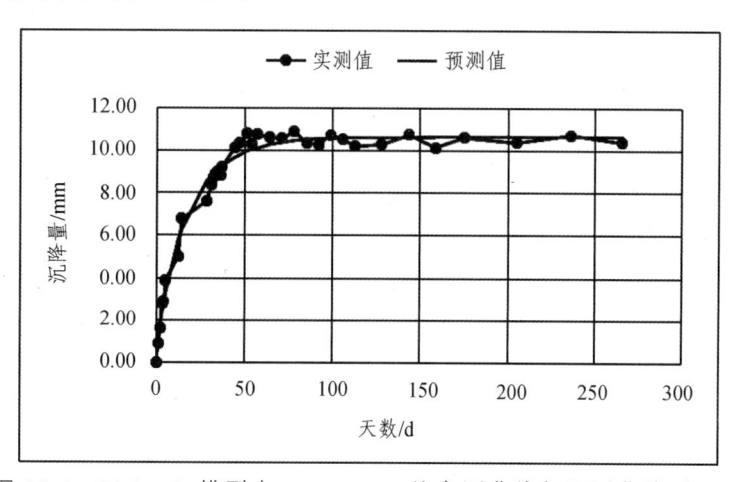

图 21.4 Richards 模型在 0170495L2 的实测曲线与预测曲线对比图

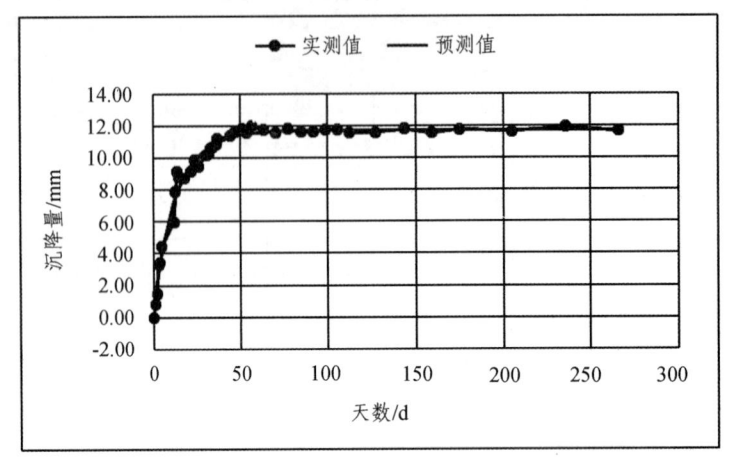

图 21.5　Richards 模型在 0170900L2 的实测曲线与预测曲线对比图

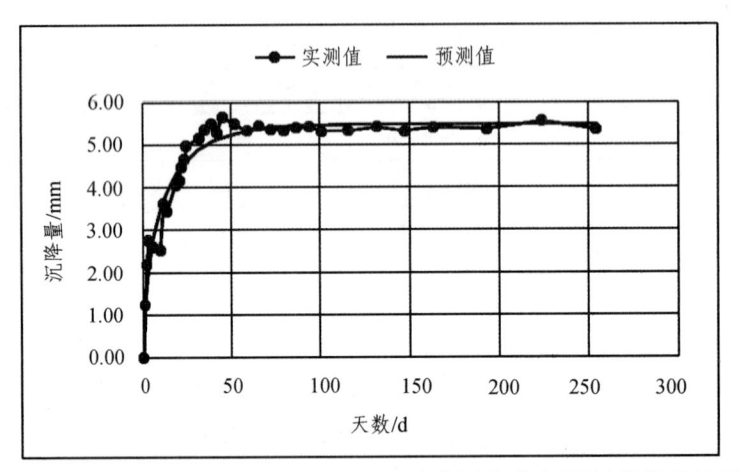

图 21.6　Richards 模型在 0171031L2 的实测曲线与预测曲线对比图

表 21.2　DK169+737～DK171+031 段沉降预测成果表

测点编号	实测总沉降量/mm	预测模型	预测工后沉降量/mm	相关系数	S_t/S_∞
0170495L2	10.40	Richards 模型	0.24	0.977	0.992
0170900L2	11.67	Richards 模型	0.07	0.994	0.993
0171031L2	5.37	Richards 模型	0.13	0.978	0.977

21.2.3　DK180+418～DK181+126 段

DK180+418～DK181+126 段地质情况与第 2.2 节所述相同。从中选取测点 0180418G1、0180418G2 和 0180495G1 进行所得数据统计，观测时间从 2015 年 3 月 22 日开始，到 2015 年 12 月 26 日为止。观测时间间隔及实测沉降数据见第 2 章。

以沉降数据作为样本值进行模型建模，模型的实测结果与预测结果如图 21.7～图 21.9 所示，沉降预测成果如表 21.3 所示。

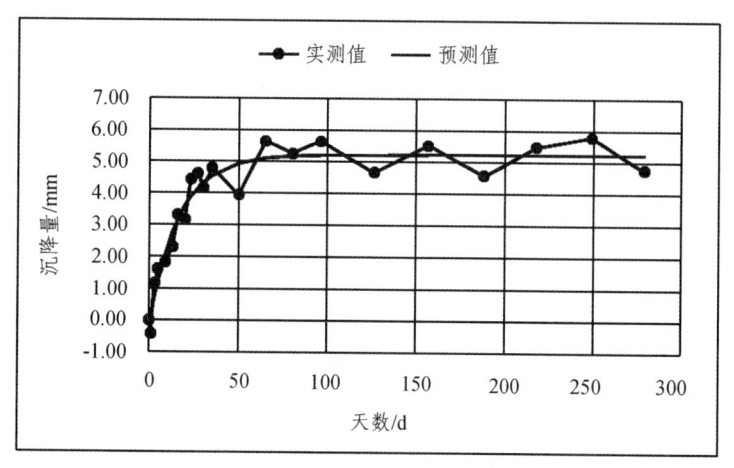

图 21.7　Richards 模型在 0180418G1 的实测曲线与预测曲线对比图

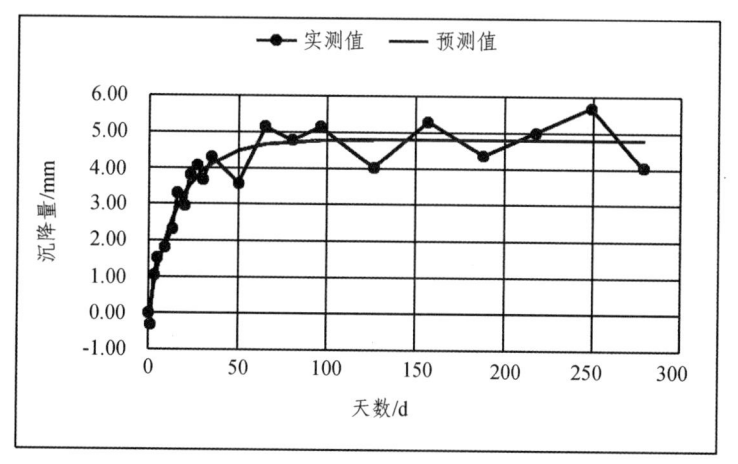

图 21.8　Richards 模型在 0180418G2 的实测曲线与预测曲线对比图

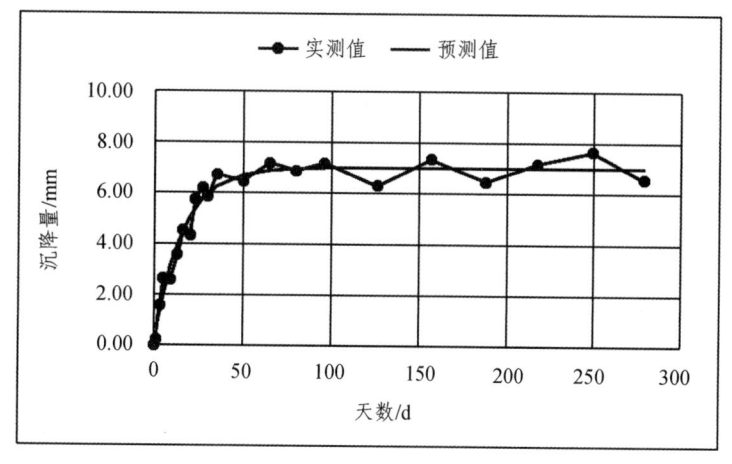

图 21.9　Richards 模型在 0180495G1 的实测曲线与预测曲线对比图

表 21.3 DK180+418~DK181+126 段沉降预测成果表

测点编号	实测总沉降量/mm	预测模型	预测工后沉降量/mm	相关系数	S_t/S_∞
0180418G1	4.75	Richards 模型	0.47	0.968	0.910
0180418G2	4.04	Richards 模型	0.75	0.961	0.844
0180495G1	6.55	Richards 模型	0.44	0.983	0.936

通过运用 Richards 模型对渝万铁路实测沉降数据的分析，得到以下结论：

（1）从图 21.1~图 21.6 可以看出，Richards 能大体反映出沉降趋势，且预测曲线在中后期的拟合效果较为良好。但从图 21.7~图 21.9 可以看出，由于后期实测数据波动较大，Richards 曲线不能很好地进行拟合。

（2）从表 21.1~表 21.3 可以看出，Richards 的相关系数较高，均在 0.92 以上，能够达到《客运专线铁路变形观测评估技术手册》中的要求，但在点 0180418G1、0180418G2 和 0180495G1 处 S_t/S_∞ 值较其余六个点有所下降，这可能也和这 3 个点后期实测数据波动较大有关。

综合以上分析，Richards 相关性较为良好，对于渝万高速铁路量级小、波动大的观测数据的适用性和稳定性较为良好，适宜用于渝万高速铁路的沉降预测。

22 移动算数平均预测模型

22.1 基本原理

移动平均法是根据时间序列逐项移动,依次计算包含一定项数的平均数,形成平均数时间序列,并据此对预测对象进行预测。其特点为移动平均可以消除或减少时间序列数据受偶然性因素干扰而产生的随机变动影响,移动平均法一般适用于水平型和直线型历史数据,对于短期预测中较准确,长期预测效果较差。

移动平均法可以分为:一次移动平均法和二次移动平均法。

22.1.1 一次移动平均法

1. 一次移动平均法的特点

(1)预测值是离预测期最近的一组历史数据。

(2)参加平均的历史数据的个数是固定不变的。

(3)参加平均的历史数据随着预测期的向前推进而不断更新。

2. 一次移动平均法的适用范围

一次移动平均法只能用来对下一期进行预测,不能用于长期预测。

3. 一次移动平均法的预测模型

设时间为 $x_1, x_2, \cdots, x_N$,即样本容量为 N,有 N 个历史数据,是指每次移动地求算术平均值。若每次按 $n(1 \leqslant n \leqslant N)$ 个数据移动地求平均值,那么在第 t 时点的移动平均值 M_t 为

$$M_t = \frac{x_t + x_{t-1} + x_{t-2} + \cdots + x_{t-n+1}}{n} = \frac{1}{n} \sum_{i=t-n+1}^{t} x_i \quad (22\text{-}1)$$

式中, $1 \leqslant n \leqslant t \leqslant N$,而 M_t 作为第 t 时点的预测值。

由公式(22-1)可以容易地推出如下迭代公式

$$M_t = \frac{1}{n}(x_{t-1} + x_{t-2} + \cdots + x_{t-n+1} + x_{t-n}) + \frac{1}{n}(x_t - x_{t-n}) = M_{t-1} + \frac{1}{n}(x_t - x_{t-n}) \quad (22\text{-}2)$$

跨越期数 n 的确定:必须选择合理的移动跨期,跨期越大对预测的平滑影响也越大,移动平均数滞后于实际数据的偏差也越大。跨期太小则又不能有效消除偶然因素的影响。跨期取值可在 3~20 间选取。

该方法的局限性:不适应斜坡形历史数据的预测以及需要改进扩大预测的适用范围。

22.1.2 二次移动平均法

该方法的预测模型

$$\hat{Y}_{t+T} = a_t + b_t T \tag{22-3}$$

式中，$\hat{Y}_{t+T}$ 为 $t+T$ 期的预测值，t 为本期（离预测值最近的一期），T 为本期到预测值的间隔数，a_t、b_t 为参数。

22.2 实际应用

为了对各模型的建模精度进行比较，本节从工程实际出发，从渝万铁路中抽取了 3 段典型路基为例进行分析，其施工里程分别为：DK84+920~DK85+760、DK169+737~DK171+022、DK180+418~DK181+126，其中 DK84+920~DK85+760 段路基在施工过程中进行了加固和防护措施（包含对基地增加土工格栅、水泥搅拌桩或多向水泥搅拌桩），后两段路基填土高度 5~7 m，为本线路路基填筑高度较高段，3 段路基填筑完成后观测最短周期的已达 6 个月，观测频次满足设计及相关文件要求。

22.2.1 DK84+920~DK85+760 段

DK84+920~DK85+760 段地质情况与第 2.2 节所述相同。从中选取测点 0085500G1、0085500G2 和 0085500L1 进行所得数据统计，观测时间从 2014 年 12 月 29 日开始，到 2015 年 8 月 1 日为止。观测时间间隔及实测沉降数据见第 2 章。

实测及预测曲线如图 22.1~图 22.3 所示，以沉降数据作为样本值进行模型建模，模型沉降数据预测结果列于表 22.1 所示。

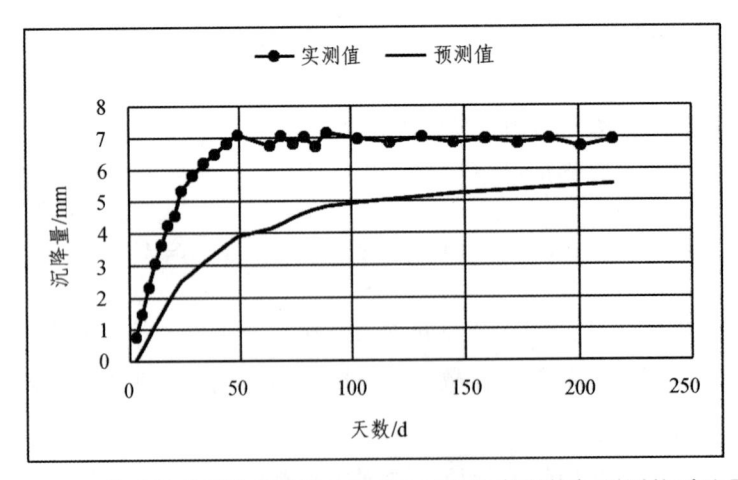

图 22.1 移动算数平均模型在 0085500G1 的实测值与预测值对比图

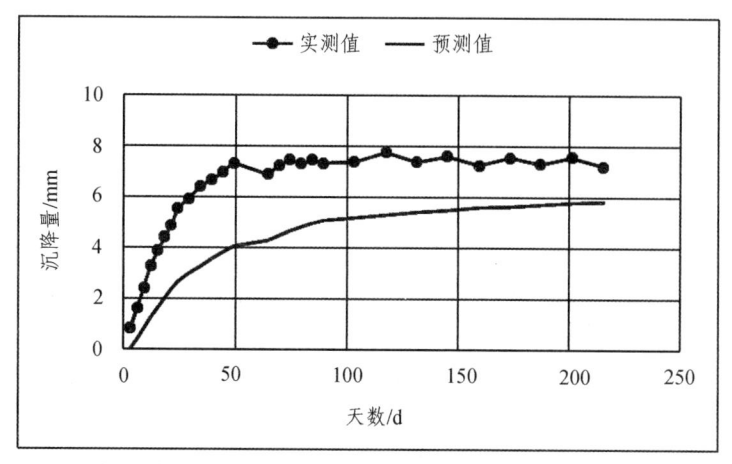

图 22.2 移动算数平均模型在 0085500G2 的实测值与预测值对比图

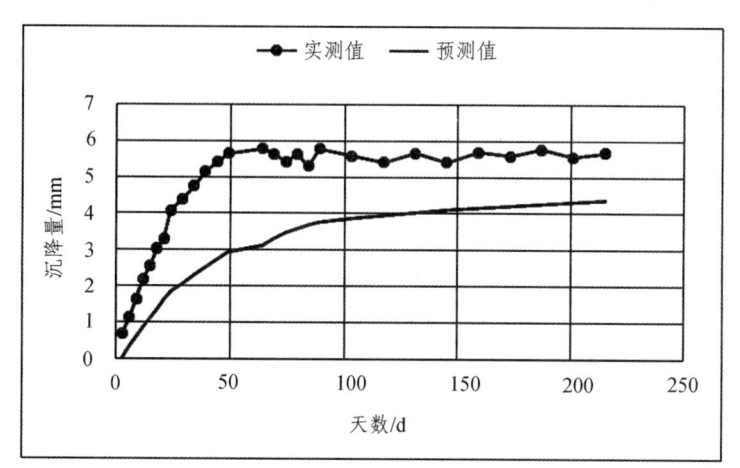

图 22.3 移动算数平均模型在 0085500L1 的实测值与预测值对比图

表 22.1 DK84+920~DK85+760 段沉降预测成果表

测点编号	实测总沉降量/mm	预测模型	预测工后沉降量/mm	相关系数	S_t/S_∞
0085500G1	6.94	移动算数平均法	—	0.933	—
0085500G2	7.21	移动算数平均法	—	0.949	—
0085500L1	5.67	移动算数平均法	—	0.936	—

22.2.2 DK169+737~DK171+022 段

DK169+737~DK171+022 段地质情况与第 2.2 节所述相同。从中选取测点 0170495L2、0170900L2 和 0171022L2 进行所得数据统计，其中，0170495L2 和 0170900L2 的观测时间从 2015 年 3 月 17 日开始，到 2015 年 12 月 8 日为止，0171022L2 的观测时间从 2015 年 3 月 29 日开始，到 2015 年 12 月 8 日为止。观测时间间隔及实测沉降数据见第 2 章。

实测及预测曲线如图 22.4~图 22.6 所示，以沉降数据作为样本值进行模型建模，模型的沉降数据预测结果列于表 22.2 所示。

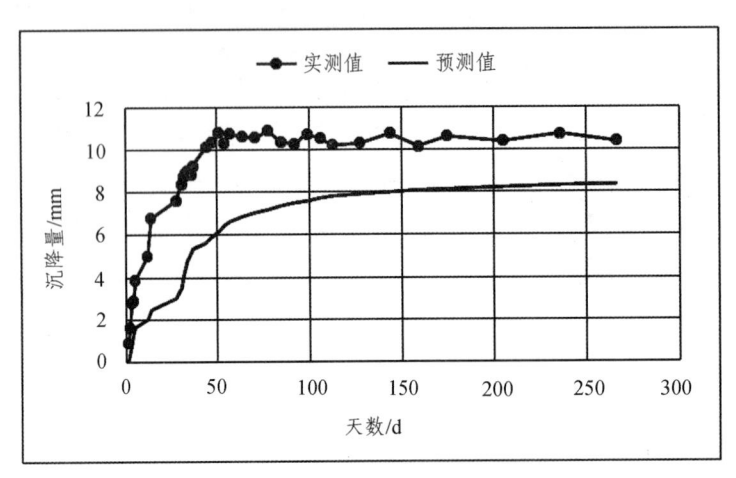

图 22.4　移动算数平均模型在 0170495L2 的实测值与预测值对比图

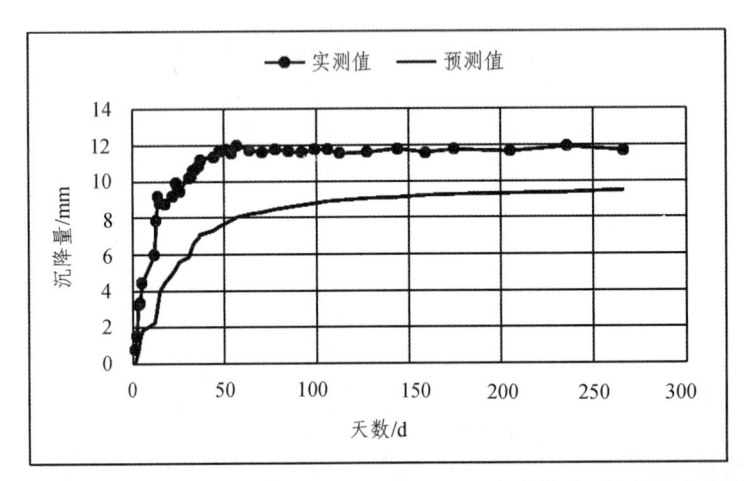

图 22.5　移动算数平均模型在 170900L2 的实测值与预测值对比图

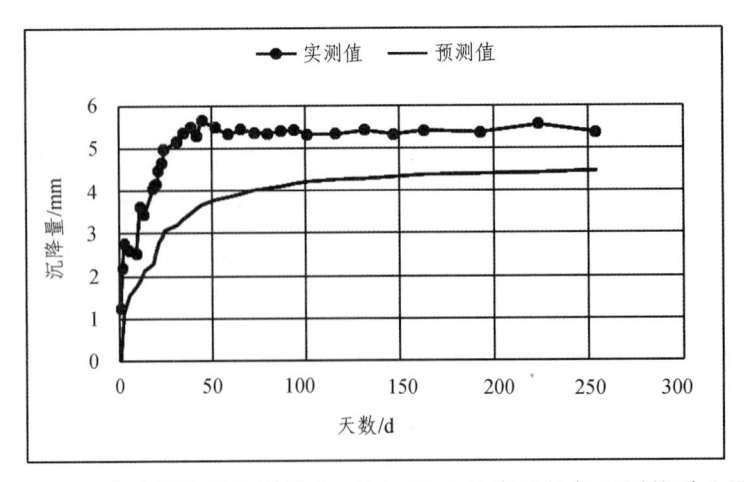

图 22.6　移动算数平均模型在 0171022L2 的实测值与预测值对比图

表 22.2　DK169+737~DK171+022 段沉降预测成果表

测点编号	实测总沉降量/mm	预测模型	预测工后沉降量/mm	相关系数	S_t/S_∞
0170495L2	10.40	移动算数平均法	—	0.928	—
0170900L2	11.67	移动算数平均法	—	0.940	—
0171022L2	5.37	移动算数平均法	—	0.955	—

22.2.3　DK180+418~DK181+126 段

DK180+418~DK181+126 段地质情况与第 2.2 节所述相同。从中选取测点 0180418G1、0180418G2 和 0180495G1 进行所得数据统计，观测时间从 2015 年 3 月 22 日开始，到 2015 年 12 月 26 日为止。

实测及预测曲线如图 22.7~图 22.9 所示，以沉降数据作为样本值进行模型建模，模型的沉降数据预测结果列于表 22.3 所示。

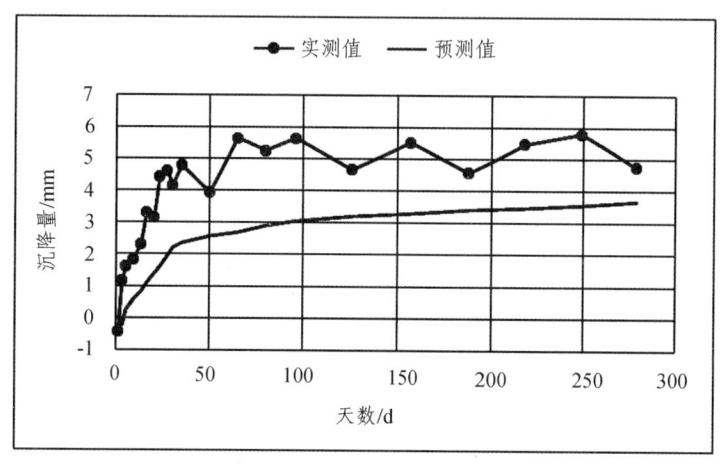

图 22.7　移动算数平均模型在 0180418G1 的实测值与预测值对比图

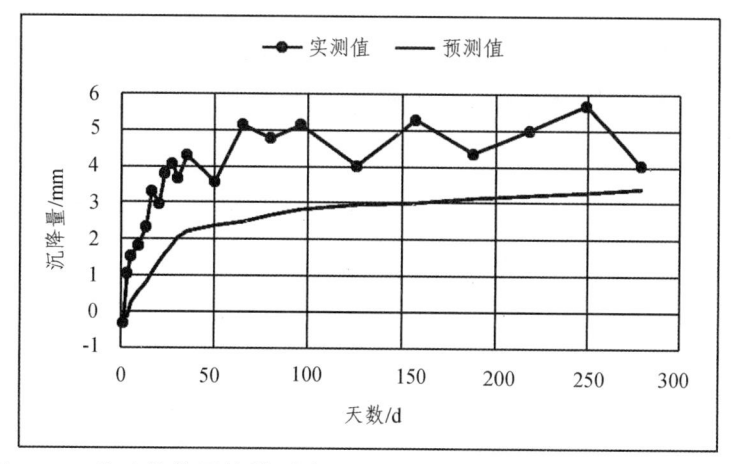

图 22.8　移动算数平均模型在 0180418G2 的实测值与预测值对比图

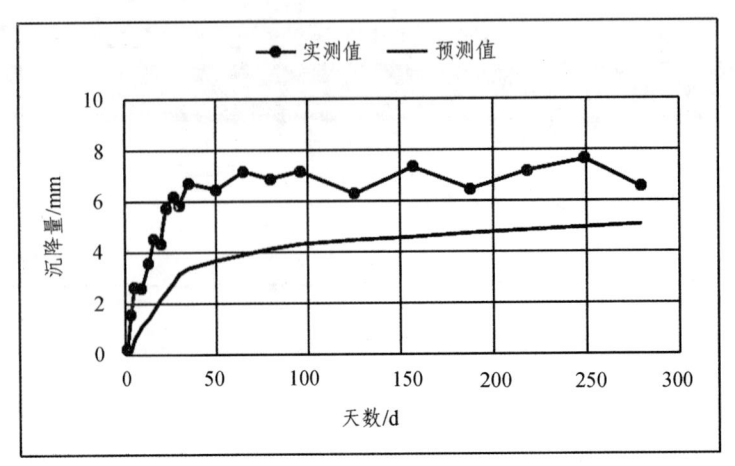

图 22.9 移动算数平均模型在 0180495G1 的实测值与预测值对比图

表 22.3 DK180+418~DK181+126 段沉降预测成果表

测点编号	实测总沉降量/mm	预测模型	预测工后沉降量/mm	相关系数	S_t/S_∞
0180418G1	4.75	移动算数平均法	—	0.909	—
0180418G2	4.04	移动算数平均法	—	0.906	—
0180495G1	6.55	移动算数平均法	—	0.938	—

通过运用移动算术平均法对渝万铁路实测沉降数据的分析，得到以下结论：

（1）从图 22.1~图 22.9 可以看出，移动算术平均模型的预测曲线无法很好地拟合实测曲线，整体均小于实测值。

（2）从表 22.1~表 22.3 可以看出，移动算术平均模型的相关系数普遍较低，其中 0180418G1 和 0180418G2 均未达到 0.92，不能达到《客运专线铁路变形观测评估技术手册》中的要求。此外，因为算法的原理限制，所以移动算术平均模型无法预测工后沉降量以及 S_t/S_∞ 值。

综合以上分析，移动算数平均模型相关性较差，且无法预测工后沉降量以及 S_t/S_∞ 值。因此，并不适合用于渝万铁路沉降数据的预测。

23 Weibull 曲线模型

23.1 基本原理

Weibull 曲线模型是一种常见的反 S 形成长曲线模型，理论公式为

$$y(t) = L - ae^{-bt^r} \tag{23-1}$$

式中，L、a、b、r 为参数。渐近线为直线 $y = L$；参数 b 为响应变量 y 与初值改变到终值的速度有关；参数 r 用来增加数据拟合的灵活性。该模型具有以下几个特征：

（1）为单调递增函数。

（2）在拐点处发生凹凸性变化，其图形呈 S 形。

（3）当 $t < t_{拐点}$ 时，$y'' > 0$，曲线为快速增长阶段；$t > t_{拐点}$ 时，$y'' < 0$，曲线虽仍然呈增长趋势，但是速度减慢，且逐渐趋于零。

Weibull 曲线模型在预测精度要求不高时，完全可以用于路基工程的沉降预测，但在预测精度要求很高时，即对于沉降控制标准为毫米级的高速铁路路基，则较难完全预测出路基沉降的整个变化过程。

23.2 实际应用

为了对各模型的建模精度进行比较，本节从工程实际出发，从渝万铁路中抽取了 3 段典型路基为例进行分析，其施工里程分别为：DK84 + 920 ~ DK85 + 760、DK169 + 737 ~ DK171 + 031、DK180 + 418 ~ DK181 + 126，其中 DK84 + 920 ~ DK85 + 760 段路基在施工过程中进行了加固和防护措施（包含对基地增加土工格栅、水泥搅拌桩或多向水泥搅拌桩），后两段路基填土高度 5 ~ 7 m，为本线路路基填筑高度较高段，3 段路基填筑完成后观测最短周期的已达 6 个月，观测频次满足设计及相关文件要求。

23.2.1 DK84 + 920 ~ DK85 + 760 段

DK84 + 920 ~ DK85 + 760 段地质情况与第 2.2 节所述相同。从中选取测点 0085500G1、0085500G2 和 0085500L1 进行所得数据统计，观测时间从 2014 年 12 月 29 日开始，到 2015 年 8 月 1 日为止。观测时间间隔及实测沉降数据见第 2 章。

以沉降数据作为样本值进行模型建模，模型的实测结果与预测结果如图 23.1 ~ 图 23.3 所示，沉降预测成果如表 23.1 所示。

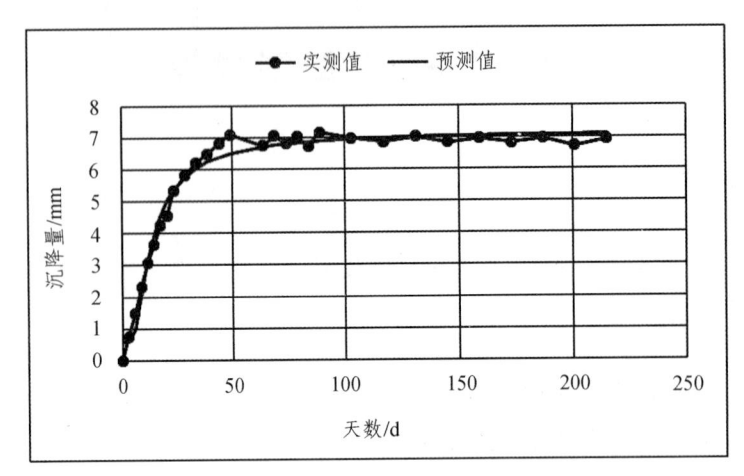

图 23.1　Weibull 模型在 0085500G1 的实测曲线与预测曲线对比图

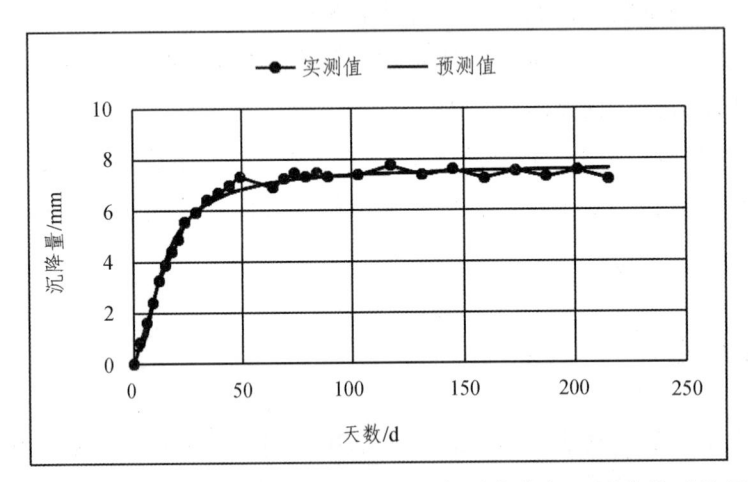

图 23.2　Weibull 模型在 0085500G2 的实测曲线与预测曲线对比图

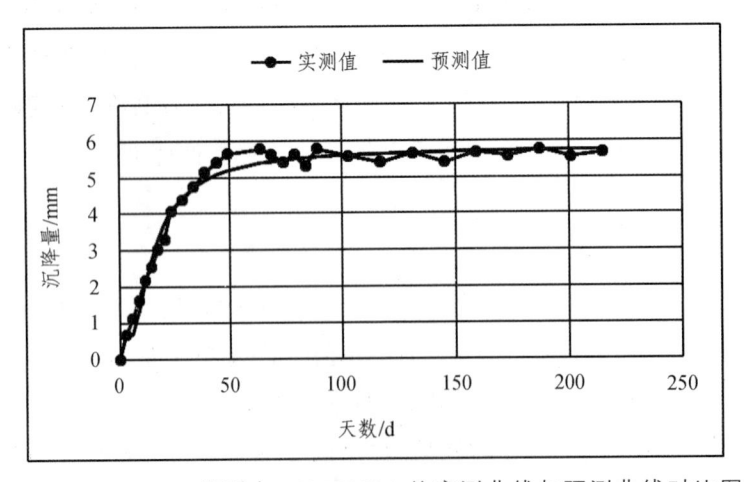

图 23.3　Weibull 模型在 0085500L1 的实测曲线与预测曲线对比图

表 23.1 DK84+920~DK85+760 段沉降预测成果表

测点编号	实测总沉降量/mm	预测模型	预测工后沉降量/mm	相关系数	S_t/S_∞
0085500G1	6.94	Weibull 模型	0.23	0.991	0.968
0085500G2	7.21	Weibull 模型	0.54	0.993	0.930
0085500L1	5.67	Weibull 模型	0.14	0.989	0.976

23.2.2 DK169+737~DK171+031 段

DK169+737~DK171+031 段地质情况与第 2.2 节所述相同。从中选取测点 0170495L2、0170900L2 和 0171031L2 进行所得数据统计，其中，0170495L2 和 0170900L2 的观测时间从 2015 年 3 月 17 日开始，到 2015 年 12 月 8 日为止，0171031L2 的观测时间从 2015 年 3 月 29 日开始，到 2015 年 12 月 8 日为止。观测时间间隔及实测沉降数据见第 2 章。

以沉降数据作为样本值进行模型建模，模型的实测结果与预测结果如图 23.4~图 23.6 所示，沉降预测成果如表 23.2 所示。

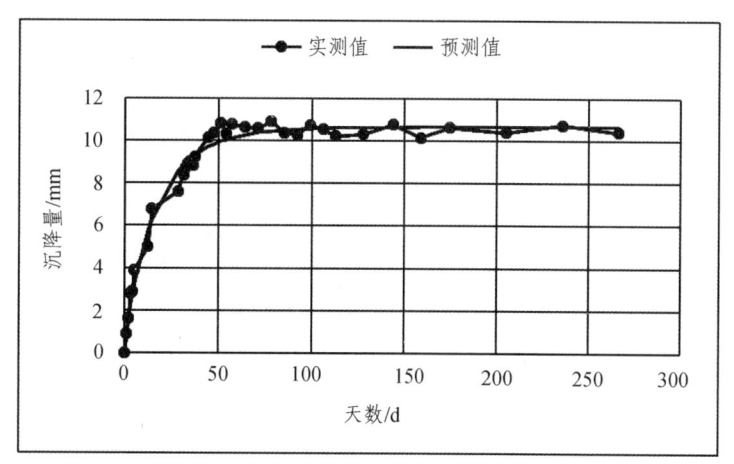

图 23.4 Weibull 模型在 0170495L2 的实测曲线与预测曲线对比图

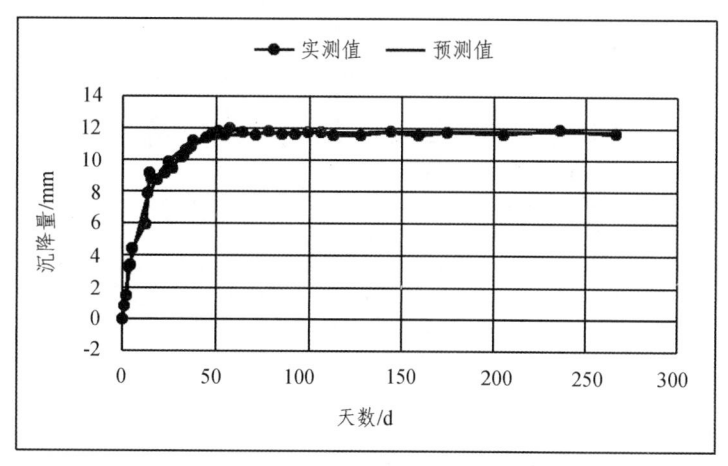

图 23.5 Weibull 模型在 0170900L2 的实测曲线与预测曲线对比图

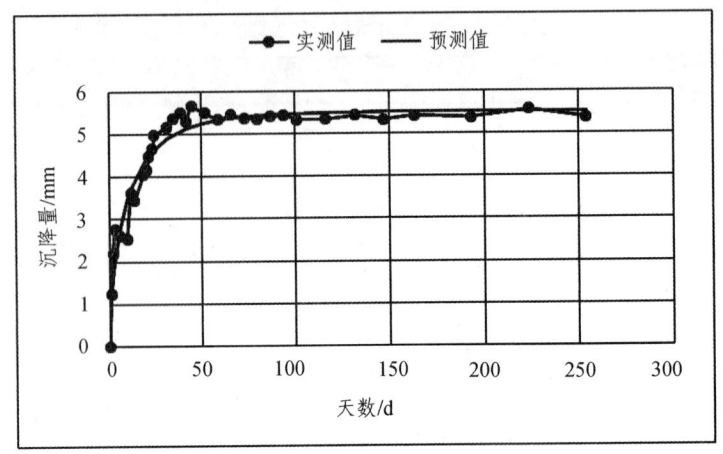

图 23.6 Weibull 模型在 0171031L2 的实测曲线与预测曲线对比图

表 23.2 DK169+737~DK171+031 段沉降预测成果表

测点编号	实测总沉降量/mm	预测模型	预测工后沉降量/mm	相关系数	S_t/S_∞
0170495L2	10.40	Weibull 模型	0.25	0.992	0.977
0170900L2	11.67	Weibull 模型	0.09	0.993	0.992
0171031L2	5.37	Weibull 模型	0.14	0.975	0.974

23.2.3 DK180+418~DK181+126 段

DK180+418~DK181+126 段地质情况与第 2.2 节所述相同。从中选取测点 0180418G1、0180418G2 和 0180495G1 进行所得数据统计，观测时间从 2015 年 3 月 22 日开始，到 2015 年 12 月 26 日为止。观测时间间隔及实测沉降数据见第 2 章。

以沉降数据作为样本值进行模型建模，模型的实测结果与预测结果如图 23.7~图 23.9 所示，沉降预测成果如表 23.3 所示。

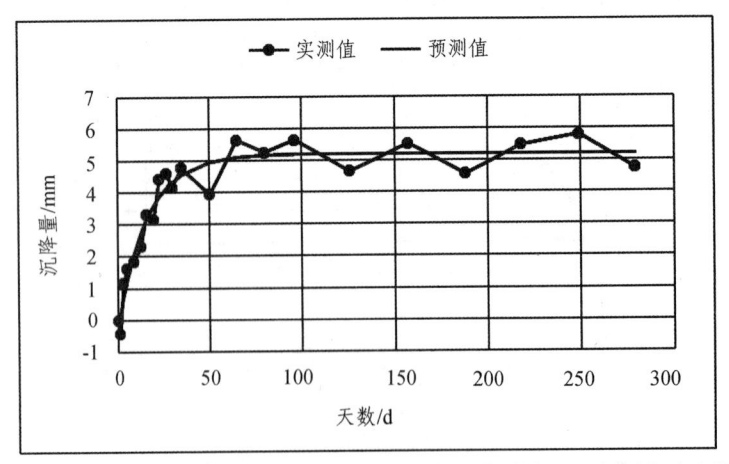

图 23.7 Weibull 模型在 0180418G1 的实测曲线与预测曲线对比图

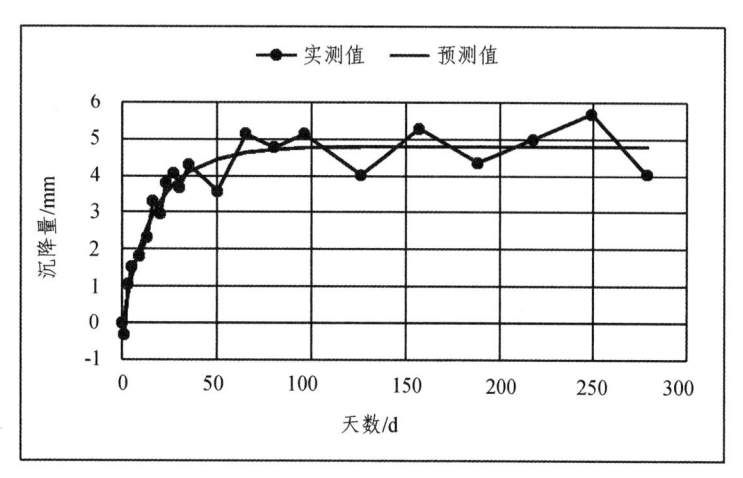

图 23.8 Weibull 模型在 0180418G2 的实测曲线与预测曲线对比图

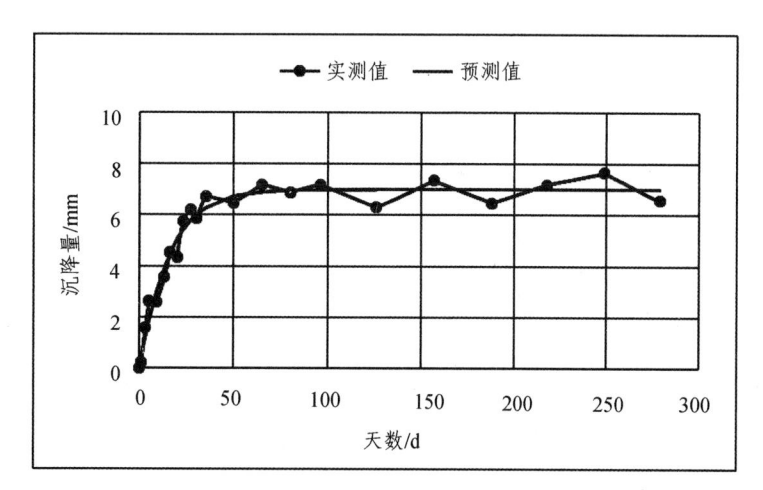

图 23.9 Weibull 模型在 0180495G1 的实测曲线与预测曲线对比图

表 23.3　DK180+418~DK181+126 段沉降预测成果表

测点编号	实测总沉降量/mm	预测模型	预测工后沉降量/mm	相关系数	S_t/S_∞
0180418G1	4.75	Weibull 模型	0.46	0.968	0.911
0180418G2	4.04	Weibull 模型	0.76	0.960	0.842
0180495G1	6.55	Weibull 模型	0.44	0.983	0.938

本章通过运用 Weibull 曲线模型对渝万铁路实测沉降数据的分析，得到以下结论：

（1）从图 23.1~图 23.9 中可以看出，Weibull 模型整体上拟合程度良好，回归曲线与实测数据较为接近，在后期的预测也基本稳定。

（2）从表 23.1~表 23.3 中可以看出，Weibull 模型的预测工后沉降量在毫米级以内，相关系数接近 1，能达到《客运专线铁路变形观测评估技术手册》中的要求，相关系数和 S_t/S_∞ 值的波动较小，具有较高的参考价值。

综合以上分析，Weibull 模型对于渝万高速铁路量级小、波动大的观测数据的适用性较好，稳定性较好，适宜用于渝万高速铁路的沉降预测。

参考文献

[1] 付宏渊. 高速公路路基沉降预测及施工控制[M]. 北京：人民交通出版社，2007.

[2] 陈善雄，宋剑，周全能，等. 高速铁路沉降变形观测评估理论与实践[M]. 北京：中国铁道出版社，2010.

[3] 铁路工程沉降变形观测与评估技术规程（Q/CR 9230-2016）[S]. 北京：中国铁道出版社，2017.

[4] 王明慧，杨玉松，张桥. 重庆市货运量灰色预测模型研究[J]. 企业导报，2012（4）：128-129.

[5] 王明慧，张桥，陈尚云. 基于 GM（1,1）模型群的全国铁路货物发送量预测研究[J]. 西南交通大学学报，2012，47（增刊）：11-14.

[6] 王明慧，张桥. 基于 GM（1,1）模型群的重庆货运量预测研究[J]. 科技和产业，2012（6）：23-25，70.

[7] 王明慧，张桥. 基于 GM（1,1）模型群的高速铁路路基沉降预测研究[J]. 数学的实践与认识，2013（19）：108-117.

[8] 王明慧，张桥. 基于 G（1,1）模型的物流产业增加值预测研究[J]. 交通运输工程与信息学报，2015（2）：1-3，9.

[9] 王明慧，王作钰，高玉明，等. 基于改进型灰色理论模型的山区高速铁路路基沉降变形分析[J]. 铁道标准设计，2017（12）：5-9.

[10] 田锟. 麻阳高速武穴段软基沉降监测及预测研究[D]. 武汉：湖北工业大学，2020.

[11] 何良德，姜晔. 双曲型曲线模型在路基沉降预测中的应用[J]. 河海大学学报（自然科学版），2009，37（02）：200-205.

[12] 李白露. 改进的"三点法"预测模型在高速铁路桥梁沉降观测中的应用研究[J]. 高速铁路技术，2014，5（04）：52-56.

[13] 陈文龙. 改进的三点法在高铁路基沉降中的应用[J]. 路基工程，2011（03）：151-154.

[14] 于宝兴，李仲勤. 高速铁路路基过渡段沉降预测研究及方法优化[J]. 测绘工程，2018，27（05）：72-76+80.

[15] 沈长江，朱良，徐锋，等. 三点法在高铁桥梁沉降变形预测中的改进[J]. 城市勘测，2014（04）：152-155.

[16] 黎军丰. 公路软土路基沉降预测方法综述[J]. 科技情报开发与经济, 2010, 20（14）: 182-186.

[17] 廖世芳. 戈壁地区高速铁路沉降变形监测与预测研究[D]. 西安: 西安科技大学, 2012.

[18] 刘射洪, 袁聚云, 赵昕. 地基沉降预测模型研究综述[J]. 工业建筑, 2014, 44（S1）: 738-741+681.

[19] 秦友艳, 许小健. 利用实码加速遗传算法优化抛物线沉降预测模型[J]. 公路工程, 2009, 34（03）: 162-164.

[20] 王丽琴, 靳宝成, 杨有海, 等. 黄土路基工后沉降预测模型对比研究[J]. 铁道学报, 2008, （01）: 43-7.

[21] 姜廷文. 兰新高速铁路新疆段路基沉降变形监测与预测方法研究[D]. 兰州交通大学, 2017.

[22] 苏春晖, 周俊, 潘海泽. 泰勒展开式修正指数曲线法在路基沉降预测中的应用分析[J]. 工程建设与设计, 2013, （04）: 83-5.

[23] 舒梦雪. 修正指数曲线法在软土路基沉降预测中的应用[J]. 交通科技, 2014, （01）: 61-4.

[24] 高燕希, 莫志兵, 魏金胜. 指数曲线法在软土地基沉降预测中的优化与应用[J]. 交通科学与工程, 2011, 27（02）: 1-5.

[25] 谭凯. 沉降速率法在软基沉降分析中的应用[J]. 西部交通科技, 2011（03）: 7-10.

[26] 杨晶, 楼晓明, 黄江枫, 等. 常见沉降预测方法在软基堆载预压实例中的应用比较[J]. 工程勘察, 2011, 39（03）: 18-23.

[27] 左昌群, 刘代国, 丁少林, 等. 基于分形理论的隧道地表沉降分析及预测[J]. 长江科学院院报, 2016, 33（04）: 51-56.

[28] 马豪豪. 公路地基沉降计算方法研究[D]. 西安: 长安大学, 2011.

[29] 李爽, 郭晓昕, 王文国, 等. 星野法在某发电厂地基沉降预测中的应用[J]. 水利科技与经济, 2015, 21（08）: 99-100.

[30] 张成良. 两种预测软基沉降方法的对比分析[J]. 路基工程, 2013（04）: 179-181.

[31] 马石城, 胡军霞, 马一跃. 高铁路基后期沉降预测方法的运用分析[J]. 湘潭大学自然科学学报, 2014, 36（01）: 38-44.

[32] 谌博. 路堤沉降与稳定观测数据处理方法对比分析[J]. 公路工程, 2013, 38（02）: 145-147+169.

[33] 金亮星, 李小刚. 泊松曲线法在填海造地道路软基沉降预测中的应用[J]. 铁道科学与工程学报, 2013, 10（05）: 52-56.

[34] 王富麒. 改进 BP 算法的灰色神经网络模型在高铁沉降预测中的应用研究[D]. 赣州：江西理工大学，2013.

[35] 周姗姗. 高速公路软土路基沉降影响因素研究及灰色预测[D]. 北京：中国地质大学（北京），2007.

[36] 王瑞甫. 高填方路基沉降计算及预测方法研究[D]. 长沙：湖南大学，2003.

[37] 秦亚琼. 基于实测数据的路基沉降预测方法研究及工程应用[D]. 长沙：中南大学，2008.

[38] 陈刚. 建筑物沉降变形监测数据处理与预测方法研究[D]. 赣州：江西理工大学，2011.

[39] 王杜江. BP 神经网络模型预测高速铁路路基沉降的适用性分析[J]. 地下水，2014，36（03）：168-170.

[40] 程龙，张晓梅. 小波神经网络模型在高铁路基沉降预测中的应用研究[J]. 测绘与空间地理信息，2016，39（04）：218-221+224.

[41] 丁鸽，花向红，田茂，等. 改进的小波神经网络在沉降预测中的应用[J]. 测绘地理信息，2013，38（06）：27-29.

[42] 张灿，琚娟，郭志. 基于神经网络的深基坑沉降预测模型比较[J]. 地下空间与工程学报，2013，9（06）：1315-1319.

[43] 郭江涛. 基于非参数局部多项式估计的沉降评估分析方法[D]. 成都：西南交通大学，2018.

[44] 王朋飞. 基于 EMD-SVR 的地表沉降量时间序列预测研究[D]. 北京：北京工业大学，2017.

[45] 周密. 非等时距皮尔曲线在高路堤沉降预估中的应用[J]. 中外公路，2006（03）：42-44.

[46] 张振武，徐晓宇，王桂尧. 基于实测沉降资料的路基沉降预测模型比较研究[J]. 中外公路，2005（04）：26-29.

[47] 曾俊铖，张继文，彭志鹏，等. 京沪高速铁路 CFG 桩复合地基沉降预测分析[J]. 铁道建筑，2009（07）：69-71.

[48] 王聪燚，余湘娟，高磊. 考虑不同软基处理方式下路基沉降预测模型对比分析[J]. 科学技术与工程，2014，14（05）：151-154.

[49] 刘云川，张龙生，严绍洋，等. 路堤沉降的皮尔模型预测[J]. 中国水运（理论版），2007（08）：108-109.

[50] 李现宾,肖丹. Sloboda模型在隧道围岩变形预测中适用性分析[J]. 科学技术与工程, 2014, 14（03）: 263-267.

[51] 蒋建平,高广运. 抗压长支盘桩极限承载力的Sloboda模型预测[J]. 煤炭学报, 2010, 35（01）: 51-54.

[52] 王丽梅,潘辉,魏建文. Sloboda树高生长模型在火炬松人工林中的应用研究[J]. 北华大学学报（自然科学版）, 2004（02）: 159-161.

[53] 玉宝,王百田. 晋西刺槐人工林Sloboda高生长模型[J]. 林业资源管理, 2012（01）: 66-69.

[54] 孔洋,阮怀宁,黄雪峰. 扩展的朗格缪尔模型在沉降预测中的应用研究[J]. 河北工程大学学报（自然科学版）, 2017, 34（02）: 22-25.

[55] 欧阳春飞. 两种曲线模型在软土地基沉降预测中的对比研究[J]. 地下水, 2020, 42（02）: 108-110.

[56] 徐卫平,赵松琴,吴勇. Boltzmann模型在高速铁路路基沉降预测中的应用[J]. 山西建筑, 2013, 39（36）: 167-168.

[57] 刘胜利,赵文光,秦尚林,等. 基于Boltzmann函数的桩基极限承载力预测[J]. 土木工程与管理学报, 2011, 28（04）: 30-33+57.

[58] 陈志杰,陈哲,赵凤岐. 软基沉降拟合的Boltzmann曲线模型研究[J]. 煤炭工程, 2014, 46（12）: 90-92+96.

[59] 王开拓,辛全才,蔡生如. Gompertz模型在大坝沉降安全监测中的应用[J]. 水力发电, 2017, 43（12）: 97-100.

[60] 张宇亭,孙浩,王金祥. Gompertz曲线模型在海堤软土地基沉降预测中的应用研究[J]. 水道港口, 2009, 30（04）: 257-260+276.

[61] 杜勇立. 单桩承载力预测的PSO—Gompertz模型研究[J]. 公路工程, 2012, 37（05）: 87-91.

[62] 熊鑫,陈竹安,危小建. 改进的卡尔曼灰色模型在隧道沉降预测中的应用[J]. 江西测绘, 2019（01）: 9-12+29.

[63] 袁明月,文鸿雁,聂光裕,等. 高铁变形分析中自适应Kalman滤波算法应用研究[J]. 公路工程, 2015, 40（01）: 55-58+62.

[64] 韩亚坤,周吕,陈冠宇,等. 灰色GM（1,1）与Kalman滤波模型用于变形预测的比较分析[J]. 地理空间信息, 2015, 13（02）: 156-158+15.

[65] 文鸿雁,周吕,韩亚坤,等. 基于卡尔曼滤波的GM（1,1）模型在高铁隧道沉降变形分析中的应用[J]. 大地测量与地球动力学, 2014, 34（01）: 88-91.

[66] 吴少华, 程朋根, 胡智仁. 卡尔曼-非等时距加权灰色线性组合模型探讨[J]. 测绘科学, 2016, 41（05）: 137-142.

[67] 胡纪元, 文鸿雁, 周吕, 等. 小波多尺度 Kalman 滤波模型在高铁隧道沉降变形上的应用[J]. 桂林理工大学学报, 2014, 34（01）: 79-84.

[68] 李洪涛, 张拥军, 刘思佳, 等. 幂指函数在桥梁桩基沉降预测中的应用研究[J]. 土工基础, 2019, 33（03）: 343-346.

[69] 沙爱敏, 吕凡任, 尹继明, 等. 基于变权重组合预测模型的软土路基沉降预测研究[J]. 数学的实践与认识, 2019, 49（21）: 115-122.

[70] 王凯. 黄土地区重载铁路路隧过渡段地基动力响应及累积沉降特性研究[D]. 北京: 北京交通大学, 2018.

[71] 杨三强, 段士超, 刘娜, 等. 黄土质高填方路基沉降变形与预测[J]. 河北大学学报（自然科学版）, 2020, 40（05）: 454-460.

[72] 杨发群, 邱卫宁, 王俊丰, 等. Excel 规划求解在桥墩沉降趋势分析中的应用[J]. 测绘地理信息, 2012, 37（06）: 20-22.

[73] 肖衡林, 李丽华, 郭小川, 等. 山区高填方路堤沉降预测方法[J]. 应用基础与工程科学学报, 2015, 23（01）: 154-161.

[74] 张爽, 陶双江, 刘中宁, 等. 回归预测模型在隧道监测中的应用分析[J]. 测绘信息与工程, 2011, 36（01）: 45-46+54.

[75] 任云志, 周飞, 陆鹏宇. 基于 Richards-BP 模型的地表沉降特征预测模型研究[J]. 交通科技, 2015（01）: 89-92.

[76] 欧阳嘉, 黄细和, 罗金荣. 基于加权组合预测模型的城市用水量预测[J]. 市政技术, 2016, 34（03）: 115-119.

[77] 徐卫东, 伍锡锈, 欧海平. 基于时间序列分析和灰色理论的建筑物沉降预测模型研究[J]. 测绘地理信息, 2012, 37（06）: 23-25.

[78] 王明涛. 确定组合预测权系数最优近似解的方法研究[J]. 系统工程理论与实践, 1999, 20（7）: 104-109.

[79] 丁建荣. 基于最优组合模型的路基沉降预测方法[J]. 土工基础, 2014, 28（03）: 100-102.

[80] 杨友元. 基于变权重组合模型的路基沉降预测方法[J]. 铁道建筑, 2012（03）: 85-88.